女性 形体与健美训练 图解

[英]马克·韦勒 编著
李振华 田 筠 主译
刘 真 李 昊 汤玉春 郭雨霁 王乐怡 张 静 田 筠 李振华 译

山东科学技术出版社

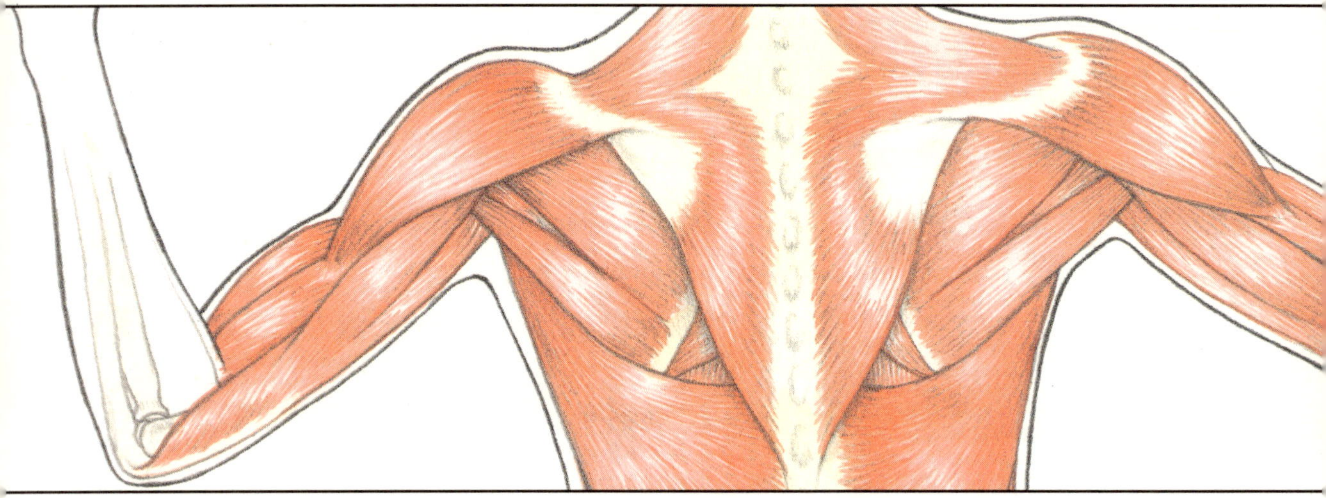

女 性
形体与健美训练
图 解

[英] 马克·韦勒　编著

李振华　田　筠　主译

刘　真　李　昊　汤玉春　郭雨霁
王乐怡　张　静　田　筠　李振华　译

NH
NEW HOLLAND

献词

献给我已故的父母，我希望你们也能看到这本书。谨以本书献给你们，感谢你们给予我的全部。时间不但没有使记忆褪色，反而使其更加清晰。

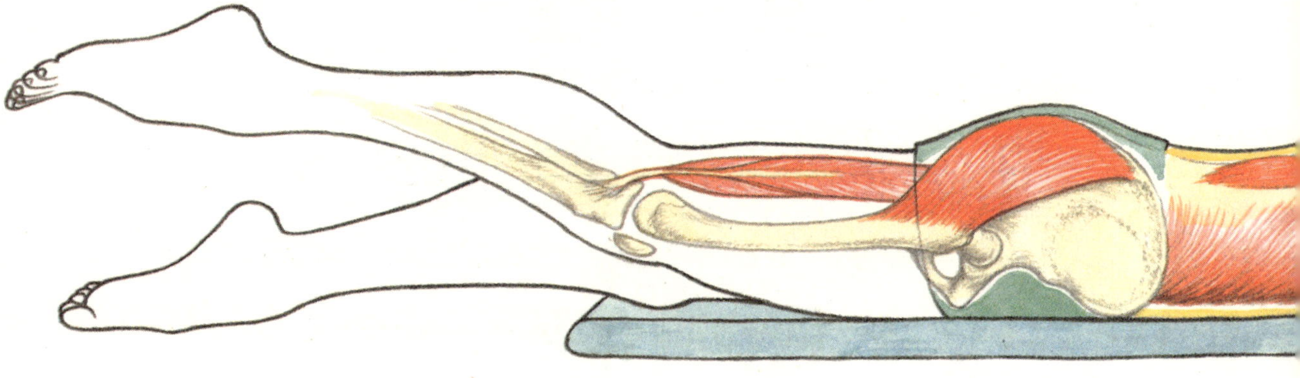

作者致谢

在过去的19年里，优秀的老师和学生为我在健康科学领域里的旅程铺平了道路。感谢我的同事Sally Lee和Tanya Wyatt，你们是我所知最好的健康和形体专家。这本书是创造性的合作产物。感谢艺术家James Berrange对这项计划的热情、建议和参与，没有你们，这本书只能是一个空想。感谢New holland 和Mcgraw-hill的团队。谢谢，非常感谢。

本书的出版得到了许多人的帮助，非常感谢如下人员：

- 感谢Cape town大学健康科学系Graham Louw教授，您是我的良师益友。
- 感谢Groote Schuur解剖博物馆馆长Caroline Powrie的慷慨大方。
- 感谢Cape town Long street的Virgin Active 健身房为我们生活带来的便利。
- 感谢Cape town城市芭蕾舞团极其出色的模特Lara Turk和Terri Bruning。
- 感谢ETA的Glennis Harris的信任。
- 感谢ACSM 的David Brewer和Christa Dickey、Lippincott David O’Brien和Gill Watson、Williams以及Wilkins，感谢他们所提供的方便和许可。

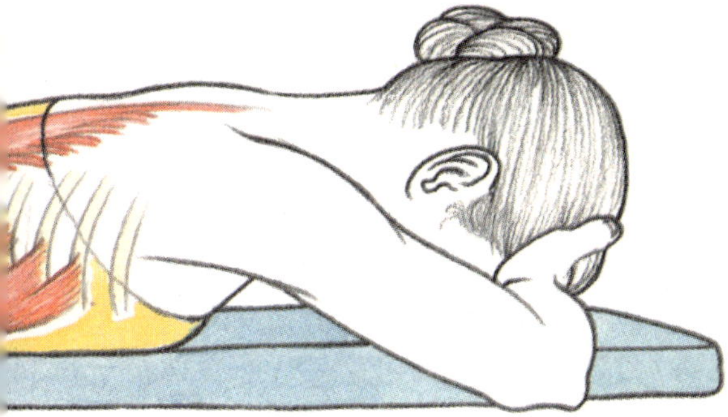

免责声明：在没有适当的指导和监护下，许多运动有造成损伤的风险。建议你在开始训练前进行恰当的健康评估。如果你是初学者，建议你请教合格的教练。本书不包括医疗建议，作者和出版商不对任何人由于使用本书信息而造成的损失和伤害承担任何责任。

首版，2008，New Holland出版有限公司（英国）
伦敦•开普敦•悉尼•奥克兰
www.newhollandpublishers.com

Gafield House，85-88 Edgware Road
伦敦 W2 2EA，英国

80 McKenzie Street，开普敦 8001
南非

Unit 1，66 Gibbes Street， Chatswood，NSW 2067
澳大利亚

218 Lake Road，Northcote，奥克兰
新西兰

ISBN 978 1 84537 952 0

主编：Krystyna Mayer
策划：Peter Crump
插图：James Berrange、Evan Oberholster
顾问：Naomi Craft博士，BSc，MBBS，MRCGP
制作：Marion Storz
编导：Rosemary Wilkinson

1 0 9 8 7 6 5 4 3 2 1

新加坡Pica Digital Pte公司再版
Tien Wah Press公司在新加坡印刷

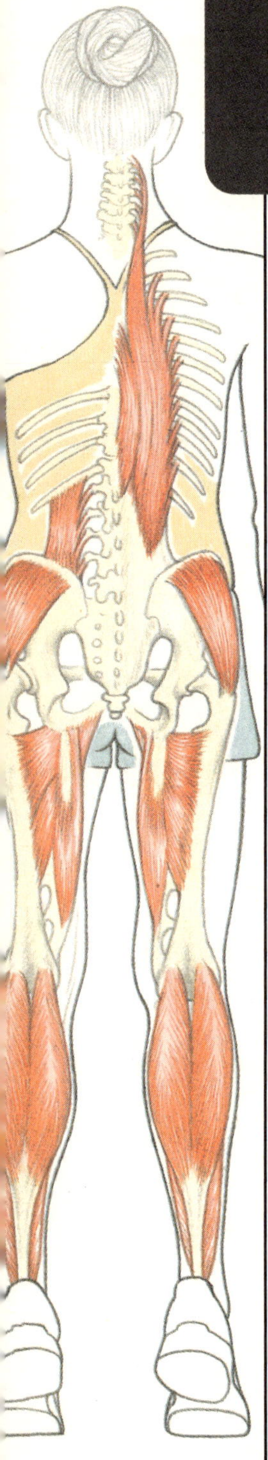

目 录

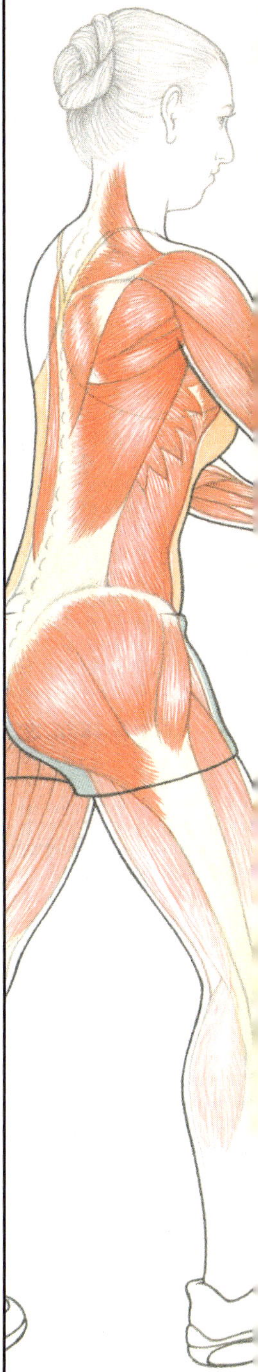

第一部分 人体解剖和锻炼计划 提高自己，塑造更佳的形体

近十年来的研究表明，女性应采用与男性不同的方式锻炼身体。另外，由于生理上的差异及在生命周期的不同阶段，女性的锻炼计划应该根据其自身的类型进行调整，并在其一生的不同阶段进行改变。《女性形体与健美训练图解》将详细的训练信息、练习图解、女性特定的训练分析，以及如何正确地进行每一项训练等知识综合起来展示给你。本书对于那些饶有兴趣地想了解自己的身体并打算制定适合自身个性化锻炼计划的女士，以及从事训练科学和训练解剖的人士，如教练、教师和学生来说，是独具特色的指导、参考和教学用书。

本书的使用方法

《女性形体与健美训练图解》不仅用图片和文字针对各项训练进行分析，而且对如何正确地进行各项训练进行指导。

前言部分解释了基本解剖运动术语及训练分析，还有健康及身体类型自评，这些有助于你选择个性化锻炼计划。你如何选择日常训练的实例计划，应建立在评价所得到的、自身需要的基础之上。

本书的核心是锻炼部分。包括有氧训练、姿势稳定的发展，胸部、腿部、髋部、背部、肩部和臂部的训练运动，以及静态的伸展运动。每一部分首先介绍训练涉及的身体部位或训练包括的类型。每一种锻炼都有单独介绍，并给出定义、介绍相关背景。本书“训练项目”部分中不仅介绍了如何进行锻炼，还提供了直观的技术锻炼分析，描述了哪些肌肉在运动中发挥作用，哪些肌肉在稳定身体姿势中发挥作用。起始姿势通常用黑白线条图描绘。

成人躯体有600多块肌肉及206块骨头组成。本书重点描述了主要参与运动及稳定的肌肉70块左右，许多较小的肌肉和脊柱区深层的短肌以及手、足肌并没有详细描述，否则只分析一项训练和运动就需要许多的篇幅了。

训练页结构概图

训练名称

快速参考条

背景信息以及训练实例

动作过程

如何进行锻炼。

图解描述锻炼的主要肌肉

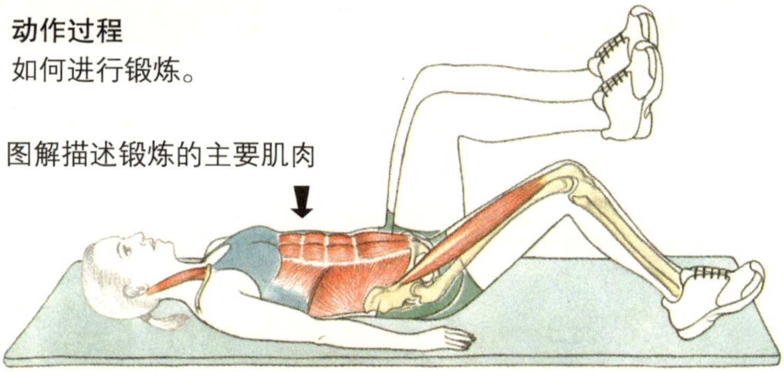

动作要领

•基本锻炼指导。

附加线条图

•起始姿势或其他有用信息。

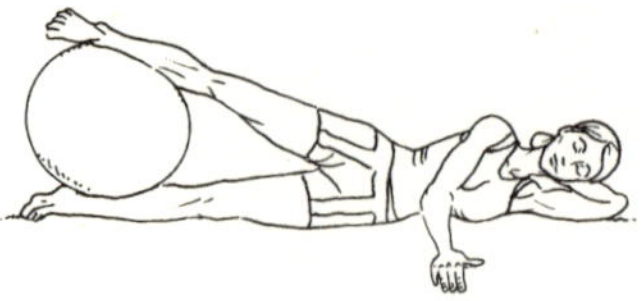

训练分析

技术方面：描述参与运动的主要关节、关节的运动、与运动及姿势稳定有关的肌群。

运动分析	关节1
主要关节	髋关节
关节运动	
主要运动肌群	

主要稳定肌群	

解剖学定义及术语

解剖学有其自己的语言，尽管技术性很强，但它很有逻辑性，多数起源于拉丁语和希腊语的词根。这使你学习和理解肌肉、骨骼和其他解剖部位的名称更加容易。

肌肉骨骼系统

身体有约12个截然不同的系统，它们相互作用，控制着复杂的躯体功能。本书重点图解和分析了控制运动和姿势的系统，它们称为骨骼系统和肌肉系统，共称为肌肉骨骼系统。

骨骼系统包括骨骼、韧带（骨与骨之间的连接）、关节，成人有206块骨头，重8～9千克。骨骼系统充当着运动支架，肌肉附着于骨骼并跨越关节。在它们跨过自由运动关节的部位，肌肉的收缩可以引起关节运动。

肌肉系统有三种类型的肌组织，称为心肌、平滑肌和骨骼肌。

心肌形成心壁；平滑肌存在于内脏器官，如胃壁和血管壁。这两种类型的肌肉不自主的受自主神经系统和激素活动支配。在女性身体里的大约700块肌肉中，有约650块是骨骼肌，平均身体重量的一半是肌肉，其中四分之三是水分。

肌肉通过肌腱连接到关节，这些连接点称为起点和止点。起点是近端的连接点（靠近肢体的根部），或者是靠近身体的中线或中央，通常是运动最少的腱性组织，在肌肉收缩时充当锚点。止点是远端的连接点（远离肢体根部），或者是远离身体的中线或中央，通常是运动多的部位，可以被拉向起点。

知道了肌肉的起点和止点之后，肌肉跨过哪个或哪几个关节以及对这个或这些关节哪种运动产生影响，就是锻炼分析的关键点。

肌肉附着点

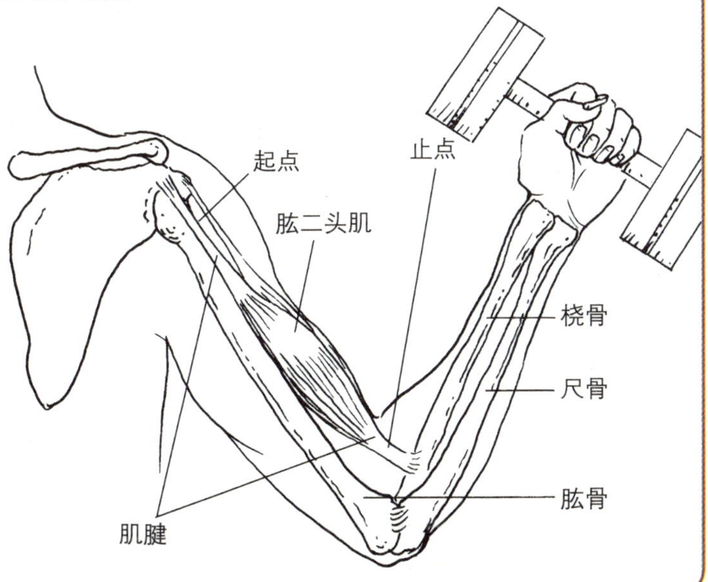

解剖学姿势和方位术语

当学习解剖学以及分析运动时，我们应参照人体标准姿势，通常称为“解剖学姿势”。所有的运动和解剖结构的位置都是按照这种标准姿势来描述的。

解剖学姿势描述如下：身体直立，面向前方，双下肢及双足并立，双上肢自然下垂于躯干两侧，掌心向前。

解剖学方位术语

在描述身体结构的位置以及它们与身体其他部分的关系方面，有位置和方向的标准术语。人体是一个复杂的三维结构，知道了正确的解剖方位术语，可以帮助你了解身体的一个点和另一个点，理解其与其他解剖结构的关系。不管一个人是站立、坐下还是躺下，都应使用这些标准的术语来描述。

解剖学方位术语

位置	定义	应用举例
前	近腹者为前	腹肌位于身体的前面
后	近背者为后	腘绳肌位于腿的后面
上	近头者为上	肩位于髋之上
下	近足者为下	髋位于肩之下
外侧	居身体正中面远者为外侧	膝关节的外面是它的外侧
内侧	居身体正中面近者为内侧	膝关节的内面是它的内侧
近	靠近躯干或者肢体的根部。有时用于指肌肉的起始部	髋位于膝的近端
远	远离身体中央、中线或者肢体的根部。有时用来指远离肌肉起始部的某点	脚趾头是下肢的最远端
浅	近体表面者为浅	股直肌是股四头肌的最浅部
深	距离体表面远者为深	心脏比保护它的肋骨更深
俯卧	面朝下躺着	俯卧挺身，就像它的名字一样，是一种从俯卧位开始的姿势
仰卧	面朝上躺着	元宝收腹是从仰卧位开始的姿势

关节运动

知道并了解身体的运动以及运动发生的关节，对于分析运动来说是十分必要的。

关节的类型

一些身体的关节是固定或者半固定的，只允许很小的运动或者不允许运动。例如，颅骨通过称为缝的关节相连，形成固定关节；但是在脊柱和骨盆相连处，骶髂关节（骶骨和髂骨的耳状面构成的关节）是半固定关节，可以进行微小的运动。第三种是滑膜关节，形成可以朝不同方向自由运动的关节，运动方向取决于关节面的形状、大小和结构。

滑膜关节是最常见的关节。它们以环绕关节的关节囊为特征，关节囊的内膜在运动的刺激下可以分泌滑液。典型的滑膜关节包括肩关节、膝关节、髋关节和踝关节，还有手、足、脊柱的关节。在所有的关节中，膝关节是最复杂的，髋关节是最强壮的，肩关节的稳定性最差。

关节的活动

在进行举重、跑步等活动时，神经刺激和肌肉收缩的联合作用促使滑膜关节产生运动。例如，当肱二头肌弯曲时，重物之所以能上升，是因为肱二头肌连接臂骨和前臂骨（尺骨和桡骨），当肱二头肌缩短时，前臂上举，肘关节的角度变小。

关节运动指南

对于大多数主要的关节来说，关节运动都有通用名称，但是有一些特殊的运动只发生在某个特殊的关节。一般关节运动都发生在相似的、运动的解剖学平面上，如肩、髋和膝关节屈曲都发生在相同的平面。这使得学习关节运动和进行运动分析更加容易和有逻辑性。在下一页的图表中，一般运动列在前面，后面列出的是只发生在特殊关节的特殊运动。

总体来说，关节移动产生的运动都是对称的，如肩关节屈，膝关节伸，脊柱旋转，肩胛骨下降等。严格来说，以肢体或身体的某部分来命名运动是不正确的，例如，“下肢伸展”并不能清楚地表明下肢的哪一部分发生运动——是膝关节、髋关节还是踝关节。

运动通常都是对称的。相对于向前运动，必定有向后运动来返回开始的起始位置。典型的对称的运动是屈和伸，收和展，旋内与旋外，前进与后退。在训练部分的分析里你将会看到这些对称运动。

就像在第9页中描述的，所有运动的命名都是假定人是按解剖学姿势站立的，例如，不管人是站立、仰卧还是坐着，“屈肘”都是相同的。

女性和男性身体的差异

骨架不同

女性的骨架通常比男性小而平滑。总体上，女性比男性矮7%，体积小8%。但骨架的比例则不同，女性的躯干通常比较长，从腰到足的比例要长。不同的体型（见14页）之间也存在差异，瘦型体质者通常比同等高的男性的腿要长，这增大了扭转力矩，造成了膝关节损伤的风险增大。女性较男性的重心要低，这使得女性有较好的平衡能力。

肌肉与结缔组织

基本身体力量测量显示，女性比男性少30%～50%的力量。其中主要是上肢力量，男性比女性高出40%的上肢力量。女性通常比男性的肌组织要少，而脂肪却要多。另外，男性又高又宽的骨架提供了更大的扭转力矩。但是，女性肌肉和男性肌肉本身是相同的，它们的内在质量和能力是相同的，女性每个肌单位能够产生与男性每个肌单位相同的力量，而且通过训练，女性肌肉的力量可以得到提高。

在某些运动中，像攀登、跳舞和体操方面，较低的重心、弹性、力量/体重比率、短力臂等，使女性拥有相对更好的力量比率。

脂肪组织

身体脂肪共有两种类型，一种储存在器官和肌肉中，这是各种各样的生命进程所必需的；另一种存在人的皮下，多余的脂肪都储存在脂肪组织中。

男性的高睾酮和生长激素水平造成了更多的肌肉组织、更高的基础能量代谢，因此，男性可以比女性吃的更多、消耗更多的能量。另一方面，女性体内的雌激素增加了女性体内脂肪的储存。

女性体内比男性体内有更多的必需脂肪（12%，男性为3%），也有更高的脂肪比例。20岁左右健康女性的体内脂肪比例是23%～27%。男性却只有16%。过了45岁，健康女性将会有32%的体内脂肪，男性却只有25%。

在男性，脂肪沉积主要发生在胃周围。在女性，脂肪沉积在髋和臀之间、大腿内侧、臂后部的小块区域、脐周围和膝内侧。乳房也是充满了包绕着乳腺的脂肪。

女性比男性更容易发生体重改变，特别是开始于绝经早期、久坐或者超重。

较高的脂肪水平是女性正常生理的一部分，锻炼咨询应该分清多余和健康的脂肪水平，设立切合实际的目标和期望。

主要关节运动

一般运动	平面	描述	举例
展	冠状面	远离中线运动	髋外展
收	冠状面	朝向中线运动	髋内收
屈	矢状面	减小两个结构之间的夹角	将前臂朝向上臂运动，站姿杠铃弯举
伸	矢状面	增大两个结构之间的夹角	将前臂远离上臂运动，像上面站姿杠铃弯举之后，杠铃放下的过程
旋内	横切面	绕骨的垂直轴朝中线旋转	拉力器夹胸
旋外	横切面	绕骨的垂直轴朝远离中线旋转	转体
环转	所有平面	肩关节和髋关节的完整圆周运动	肩关节环转
特殊运动			
1. 踝关节运动			
跖屈	矢状面	足向下运动	站姿提踵（向上段）
背屈	矢状面	足向胫骨前面运动	站姿提踵（向下段）
2. 前臂运动（桡尺关节）			
旋前	横切面	从肘将腕、手旋向内侧	站姿哑铃弯举
旋后	横切面	从肘将腕、手旋向外侧	手做环转运动
3. 肩胛骨运动			
下降	冠状面	肩胛骨向下运动，例如向下挤肩胛骨	为了稳定肩带骨，例如，屈髋收腹
上升	冠状面	肩胛骨向上运动，例如弯腰弓背	坐姿哑铃肩上推举
展（前进）	横切面	使肩胛骨远离脊柱运动	坐姿低位拉力器划船
收（后退）	横切面	使肩胛骨靠近脊柱运动	同上
向下旋转（旋内）	冠状面	肩胛骨向下旋转，向上旋转的回复	胸前外侧下拉
向上旋转（旋外）	冠状面	肩胛骨向上旋转，肩胛骨下边界向外上方运动	同上

4. 肩关节运动			
水平外展/伸（横向外展）	横切面	肱骨从身体中线向外运动	平卧哑铃飞鸟
水平内收/屈（横向内收）	横切面	肱骨向身体中线运动	同上
5. 脊柱/躯干运动			
侧屈	冠状面	躯干在冠状面上远离中线运动	坐姿平衡球侧屈伸展

肌肉附着点

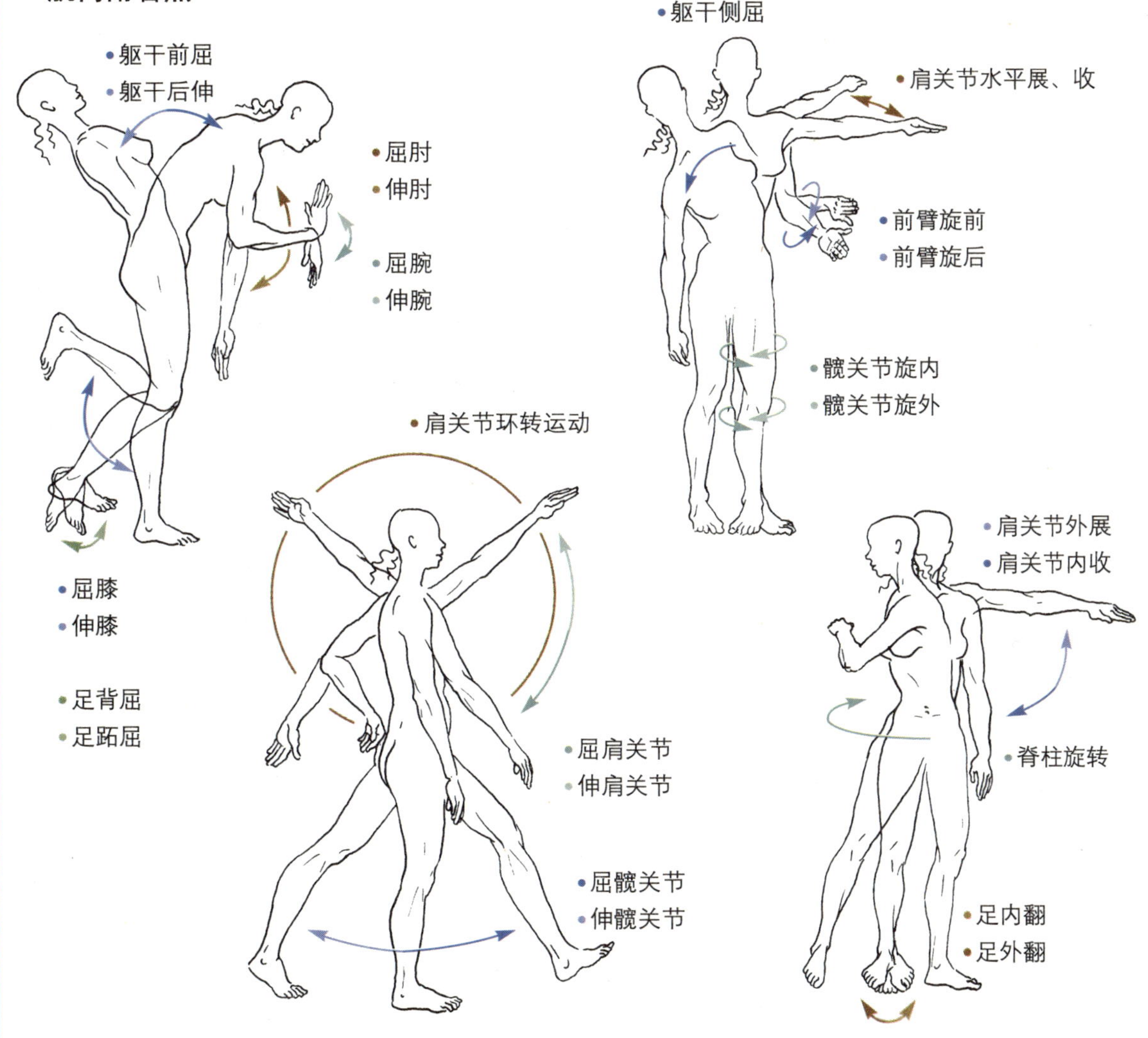

锻炼分析和原则

锻炼分析的目的

通过锻炼分析，你能够了解在某一运动中，哪些肌肉和关节参与其中，以及它们是怎样运动的。改变运动或者不正确运动，将影响参与运动的肌肉以及影响它们运动的方式。锻炼分析还能使你知道，是否想要锻炼的肌肉确实是在被使用，同时你能知道你是否在做正确的锻炼。

体型

体型的字面意思是“身体类型”。这一术语被用于区分人类的体质类型，人类可以划分为三种体型：肥胖型体质指那些相对偏胖的人；体育型体质指那些相对肌骨骼强壮或者肌肉发达的人；瘦型体质指那些相对线性或者苗条的人。通过评价体型，你可以知道自己倾向于哪种体型。反之，体型也代表某种特征，例如，瘦型体质者通常比肥胖型体质者具有更好的有氧运动能力，而肥胖型体质者通常具有较好的力量。

肥胖型体质

女性肥胖型体质者倾向于梨形（意味着她们的重量主要集中在髋部），在绝经后转变为苹果形，这是由于这一时期腹内脂肪的沉积增加引起的。男性肥胖型体质者多数为苹果形，这是由于腹内脂肪的关系。总的来说，肥胖型体质者通过锻炼能够比其他体型者更容易减肥。女性比男性更容易肥胖。

体育型体质

女性体育型体质倾向于漏斗形，拥有小的腰围和健壮的胸部及髋部，而且胸围和髋围相等。这种体型很流行，但是相对于男性在女性中较少见。

瘦型体质

瘦型体质的女性通过锻炼会增加体重，她们比其他体型的女性有着较少的曲率和体形。当他们希望通过锻炼较快地取得效果时，较长的力臂以及较少的肌肉组织增加了她们对姿势和力量条件的要求。

起点

当你点燃了锻炼的热情后，需要经过三个截然不同的阶段。知道了这些会帮助你展望到每一阶段的效果。在这一过程中，从一个阶段到另一个阶段是很少顺顺利利的，很容易出现小错误或者重复出现小错误，但是通过不懈努力，你肯定会成功的。如果你很容易厌倦，你可以在锻炼中加入些变化。在锻炼开始阶段拥有一个伙伴是个不错的选择。

三个阶段

抗拒阶段

在最初的阶段（持续6～12周），你的锻炼动力不足，但是抗拒锻炼的动力却很高。关键是坚持，做好安排。锻炼内容应该不太复杂，而且允许犯错，但又能使你觉得具有挑战性，很值得去尝试。这一阶段通常会显露出在评价阶段没有出现的问题，还会导致你重新考虑你的锻炼计划的目标和选择是否可行。到了第3周，你可能不会发现什么生理上的改变，但是会感觉很好。大多数的人会说他们感觉睡眠好多了。

转变阶段

在第二阶段（持续3～6个月），生理上的改变应该开始出现。你可能开始过度训练，以期得到更多的改变。事实上，你应该采用最小的训练量来获得最大的成果。利用三个月体型重新评价系统，以你测试成绩的改变情况为基础，对你的计划进行必要的调整。你应该开始意识到你形体和健康的微妙改变，有规律的训练能使健美效果达到顶峰。

内在阶段

当你的锻炼动机来自内心，并已经使它成为生活习惯时，你就达到了这一阶段。这时你可能很享受训练的某些部分，如有氧运动或游泳，并把它们作为你日常生活中不可缺少的一部分。为了改变训练的停滞不前以及习以为常，请你尝试每三个月就改变一次计划，或者去咨询专家，制定个性化的训练计划，获得更多技术信息和技能。

应该知道的原则

功能训练就是通过日复一日的运动来锻炼你的身体。大多数的功能训练是复合训练，是同时运用多个肌肉和关节做密集的链条和负重运动。功能训练是与健康相关的形体训练的一部分，每天的健美训练确保了你所需的最佳生活质量；它通常被解释为心血管健康、弹性、力量、耐力等的变化，心血管健康是最重要的，因为它对我们的健康有着非常大地影响。

锻炼的原则应该遵循自然法则。了解了这些会帮助你安全有效的锻炼，并能取得最佳效果。

SAID（对强加需求的特异适应）原则

根据SAID（对强加需求的特异适应）原则，你的身体会根据你所进行的锻炼而产生反应，通过一个适应过程而发生改变。这意味着通过规律的伸展运动（刺激），当你的身体变得更加柔软易弯曲（适应性更好）、可以进行逐渐增大的运动量时，你身体的柔韧性（反应性）就会提高。你身体健康的每一组成部分都可以被发展和训练，对反应的适应也是特异性的。如果你经常跑步，你会成为一名比较好的赛跑运动员；如果你经常骑车，你会成为一名比较好的自行车运动员。你应根据你想要的反应来制定特异性的锻炼计划。

本原则还说明了为什么在功能位置、以最贴近生活的方式进行训练很重要。例如，站立姿势训练能够增强脊柱、躯干和腿的稳定性，有利于它们进行日常活动。适应的速度会根据每个人的具体训练情况而改变，但是那些刚开始锻炼或者功能在最低范围内的人很可能提高的最快。

超负荷原则

为了获得健康程度的提高，训练刺激必须超过你当前身体的能力。如果你希望变得强壮，你必须采用超过你当前能力的重量刺激来训练。这种刺激的量称为超负荷量。注意，过量的超负荷训练会导致运动损伤。

FITT原则

任何锻炼计划和练习指导的超负荷量都有四种变量，分别是：频率（F），强度（I），类型（T）和持续时间（T）。如果这些变量没有存在于你的锻炼计划中，那么，它是不完整的。你可以通过调整这四种变量的任意一种，来加大你的超负荷量。

逐级递增原则

经过一段时间的锻炼，你应该对最初的训练刺激进行调整。为了克服训练的平台期，超负荷训练应逐级增加。

可逆性原则

就像人们经常说的：利用它或者失去它。这是可逆性原则的简要说明。通过训练刺激得到的身体适应性的改变，会因为刺激的不连续性而消失。

休息与训练均衡原则

休息、恢复阶段与训练阶段一样，也是训练的一部分，两者必须均衡。休息过多会导致退步；训练过多会导致过度训练。

当你取得一定的锻炼成果后，应该及时、适度地调整锻炼计划，使锻炼计划在安全和效率之间找到平衡点。

营养提示

持续的努力训练需要能量维持，为了得到能量，你应该给身体补充足够数量和质量的营养。谷物、豆类、水果、蔬菜、种子和坚果等天然食物是没有或者很少经过处理和精炼的食物，它们包含相对均衡和完整的营养成分，请你在饮食中摄入足够的上述食物；适度摄入咖啡因、酒精、提炼糖、奶制品和动物蛋白，有规律的补充水分。尽量少吃经过工业化处理和提炼、富含添加剂和防腐剂的食物；少吃煎炸食物和快餐。

要尽量减少可“掠夺”身体潜在营养物质的影响因素，包括吸烟、饮酒、应激、药物和污染等，它们可以抑制吸收，增加营养需求，造成消化不良。细嚼慢咽、不挑食，给足够的时间来消化食物等饮食习惯，与健康饮食同等重要。不要为你明显不健康的习惯找理由而修改营养计划。

设计锻炼计划

世上没有绝对完美的计划，但是却存在对每个人来说的完美计划——一个最适合你的需要和目标、能改善你当前虚弱状态和优化力量的计划。为了客观的评价你当前的生理状态，你应该做一些基础的、与健康相关的状态测试。主观评价（我看起来太胖了或者我需要减掉10千克）往往并不准确，因为这只是你的感受而不是客观事实。

专业的健康测试是由合格的健身教练或健康中心给出的测试结果。有资格的健身教练还能向你解释测试结果，并提供更特定的、个人化的建议。

首先，用基础的五部分评价系统（如下）来进行评价。这个系统是从标准规程中演变来的，它评价身体类型以及四个重要的、与身体健康的相关参数，能帮助你选择最适合的锻炼计划，使你能够直接获得最适合自己的锻炼计划。

第一步 锻炼前的检查

这部分将帮助你确认是否为训练做好了准备。在开始测试和训练前，检查你的生理状态是很重要的。如果你对下面的问题回答都是“是”，你应该在开始测试和锻炼之前咨询医生。

1.你是55岁以上的女性吗?

2.在你的家族中，直系男性亲属（兄弟、父亲）中，有55岁以前患心脏病或者猝死的吗?直系女性亲属（姐妹、母亲）中，在65岁以前有上述病史者吗?

3.你有确诊或者可疑的心脏病或者肺部疾病吗?

4.你是HIV阳性吗?

5.你有任何由锻炼引发的神经肌、肌骨骼或者风湿疾病吗?

6.你现在吸烟吗? 或者戒烟不足6个月吗?

7.你的血压超过140/90 mmHg（在不同时间段至少测量2次）吗? 或者你在服用降压药物吗?

8.你的血清总胆固醇超过6 mmol/L吗? 或者高密度脂蛋白低于1 mmol/L吗?

9.你被诊断为胰岛素依赖型糖尿病吗?

10.你现在身体倦怠吗?

11.你有晕倒、不正常的疲劳、疼痛、呼吸急促、心悸或者眩晕经历吗?

12.你曾经被健康专家建议不要锻炼吗?

13.你有没有其他任何可能被训练（运动）加重的疾病或者外伤吗?

14.你怀孕了吗? 或者分娩后不足3个月吗?

15.在最近3个月你进行外科手术了吗?

16.你知道任何其他你不适合进行训练（运动）的原因吗?

第二步 家庭健康评估

这部分将帮助你决定那种锻炼计划更适合你。在一天内按顺序做如下测试。在开始测试前两小时不要进食不易消化的食物，穿着舒适、松弛的衣服。为了测试有效，请准确的按照指导进行评价。在3个月内重复这些评估，之后每6个月进行一次，以得到计划所需要的提高和合理的调整。如果你在任何阶段觉得头晕或者眩晕，请停止进行训练，在再次评估之前咨询医生。

健康测评

身体测量

测量身高（厘米）

直立、脱鞋，从顶点测量垂直长度。

结果 厘米[............]

测量体重（kg）

直立、脱鞋，最好用精细测量工具（很多健身中心都有）。

结果 千克[............]

测量身体质量——体重指数（BMI）

这是测量单位高度内的身体质量。以体重（千克）数值除以高度（厘米）的平方，可以得到结果，单位是kg/cm^2。

结果 kg/cm^2[............]

身体类型测试

请选择与你最接近的体型。

肥胖型体质	体育型体型	瘦型体质
圆形，像苹果形或梨形	沙漏形	直尺形
腰围及髋部比较大	胸围与臀围基本相同，腰围小	腰及髋部窄，胸围小
大骨架	四肢均衡，看起来体型较好	骨架小，瘦，线形
四肢相对短		
手相对较小	直立姿势	上部躯干短，四肢长
腰较高	适当努力就能使体重增减	肩部佝偻
消化系统过于活跃	生理型	为增加体重而努力
体重容易增长		体重容易减少
为减体重而努力		智力型
感情型		

如果你用一只手的拇指和中指环绕你另只手的手腕：

中指和拇指不接触	中指和拇指刚刚接触	中指和拇指重叠

结果 身体类型 [............型]

测试静息心率

坐位，放松，测试桡动脉波动（腕部）或颈动脉搏动（颈部），记录1分钟的脉搏。从0开始计数。

结果 次/分钟[............]

测试柔韧性——坐位触摸

该测试通常是通过测量一个人在坐位触摸板上能触摸到的距离来反映身体柔韧性的。你可以自己在家中用板子和尺子进行测量。坐在地上，脱掉鞋，伸直双腿站立。将尺子放在双腿之间，远离自己，保持尺子在一条直线上，使足底位于26厘米处。把一只手放在另一只手之上，指尖向前，上肢和手完全伸展，向前触摸。向前屈曲时呼气并在最远点屏气3秒钟，以厘米为单位标记距离，三次触摸后的最远点就是你的分数。

结果 厘米[............]

测试耐力——改良俯卧撑直到疲劳

该测试的目标是用一定的节律，尽可能多的完成改良俯卧撑。在向“上”时，双臂要完全伸展，在向“下”时，应离地5 厘米以上，没有时间限制。当不能坚持正确的技术要求和步骤时，停止测试。这一测试也可以给出你的姿势力量。如果你不能按照要求进行测试，如不能使肩、腰、膝在一条直线上，往往意味着较弱的姿势力量。你可以选择做俯卧撑时髋部向上，并做记录，但是这样会过高评价你的耐力。

结果 重复次数[............]

有氧测试—— 3分钟踏步

该测试是全球通用的健康测试之一。它可以测量心血管的恢复，是建立在有氧适应性和恢复的线性关系的基础上的。你恢复的越快，你越适应有氧运动。你需要一个30.5 厘米高的踏步台阶，要足够宽，能将双足都放上去，需要一个秒表和一个设定在96次/分钟的节拍器。根据节拍器的节律，在踏步台阶上跳上跳下连续3分钟，也就是每分钟24个步周期。在3分钟结束后，迅速坐到箱子上，计数脉搏数1分钟。你必须在结束运动后5秒钟内计数脉搏。

结果 心跳[............]

坐位触摸测试

3分钟踏步测试

第三步——测试成绩及结果解释

利用下面的表1、2、3，查找你的分数和在相应年龄组的排名。在表4中写下你的结果，目的是使锻炼计划和测试结果相匹配。利用表4的指导，选择最适合你需要的训练计划。

注意，所有的测试都是相对于被检测人群的，评定的规范也是依此而制定的。另外，利用BMI测试身体组成（脂肪百分比）有最高5%的误差。

表1–体重指数（BMI）评定和身体组成（脂肪百分比）评估

在BMI测试中找到你的BMI值。左边一列表示类别，右边一列表示与你BMI值相关的健康风险，然后根据你的年龄和BMI值找到你的身体组成（脂肪百分比），在表4中写下结果。注意，该指数存在局限性。测试只是粗略的重量测量，对于非常瘦、超重和腹部积聚脂肪的人来说，得分不太准确。如果有条件的话，可以在当地的健身中心或者健康中心用皮肤皱褶厚度测量法进行身体组成检测。利用特定的仪器对特定部位进行检测，然后利用公式计算身体的脂肪百分比。

表2–身体组成评估、坐位触摸测试和俯卧撑测试的分数、排名和分类

找到与你年龄匹配的纵列。找到每一个测试中你分数的所在位置。在表中向左找到与你的分数匹配的排名和分类，将结果填到表4中。

表1

分类	BMI	健康风险	20～39岁	40～59岁	60～79岁
过轻	<18.5	增高	<21%	<23%	<24%
正常	18.5～24.9	一般	21%～32%	23%～33%	24%～35%
过重	25～29.9	增高	33%～38%	34%～39%	36%～41%
肥胖，等级：					
Ⅰ	30～34.9	高	≥39%	≥40%	≥42%
Ⅱ	35～39.9	高	≥39%	≥40%	≥42%
Ⅲ	≥40	高	≥39%	≥40%	≥42%

表2（20～49岁）		20～29岁			30～39岁			40～49岁		
分类	排名	身体组成%	坐位触摸	改良俯卧撑	身体组成%	坐位触摸	改良俯卧撑	身体组成%	坐位触摸	改良俯卧撑
远高于平均	90%+	<14.9	≥43	≥32	<15.5	≥42	≥31	<15.5	≥42	≥31
高于平均	70%~89%	19~15	38~42	22~31	20～15.6	37~41	21~30	20～15.6	37~41	21~30
平均	50%~69%	22.1~19.1	34~37	16~21	23.1~20.1	33~36	14~21	23.1~20.1	33~36	14~21
低于平均	30%~49%	25.4~22.2	29~33	11~15	27~23.2	28~32	10~13	27~23.2	28~32	10~13
远低于平均	10%~29%	32.1~25.5	22~28	2~10	32.8~27.1	21~27	4~9	32.8~27.1	21~27	4~9

表2（50～60岁）分类	排名	50～59岁 身体组成%	坐位触摸	改良俯卧撑	60～69岁 身体组成%	坐位触摸	改良俯卧撑
远高于平均	90%+	<21.6	≥40	≥28	≤21.1	≥37	≥25
高于平均	70%~89%	26.6~21.7	35~39	13~22	27.5~21.2	31.36	12~24
平均	50%~69%	30.1~26.7	30~34	9~12	30.9~27.6	28~30	6~11
低于平均	30%~49%	33.5~30.2	26~29	3~8	34.3~31	24~27	2~5
远低于平均	10%~29%	37.9~33.6	19~25	~	39.3~34.5	18~23	~

表3 静息心率和踏步测试的分数、排名和分类

找到与你年龄匹配的纵列。在每一个测试中，找到分数。根据分数向左找到在表中的排名和分类，记下结果填到表4中。

表3（18～45岁）分类	排名	18~25岁 静息心率	踏步测试	26~35岁 静息心率	踏步测试	36~45岁 静息心率	踏步测试
远高于平均	90%+	≤60	≤83	≤59	≤86	≤59	≤87
高于平均	70%~89%	66~59	100~84	66~60	103~87	66~60	104~88
平均	50%~69%	72~66	112~101	70~67	116~104	71~67	114~105
低于平均	30%~49%	78~73	124~113	76~71	127~117	78~72	127~115
远低于平均	10%~29%	86~79	142~125	84~77	141~128	84~77	143~128

表3（46~65岁）分类	排名	46~55岁 静息心率	踏步测试	56~65岁 静息心率	踏步测试	>65岁 静息心率	踏步测试
远高于平均	90%+	≤60	≤93	≤59	≤92	≤59	≤86
高于平均	70%~89%	66~61	106~94	67~60	106~93	66~60	104~87
平均	50%~69%	72~67	118~107	72~68	116~107	71~67	120~105
低于平均	30%~49%	77~73	126~119	77~73	127~117	76~72	127~121
远低于平均	10%~29%	85~78	138~127	85~78	142~128	88~77	135~128

表4 健康组成	测试	结果/分数		排名		分类	
		评估日期	重评估日期	评估日期	重评估日期	评估日期	重评估日期
体型分类	体型视觉评价	总是相同					
身体构成	BMI/脂肪百分比						
柔韧性	坐位触摸测试						
力量耐力	改良俯卧撑直到疲劳						
静息心率	一分钟静息脉率						
有氧运动适应性	踏步后一分钟心率						

表4—评价结果的记录

利用前面的表中的信息，填写表4。表中还预留了供你三个月内重评估的空格，也可以比较你的体重与身体测量结果的变化。

第四步—选择一种锻炼计划

在你完成了你的测试以后，利用下面的表格来选择最适合你的锻炼计划。在这份锻炼计划中，选择适合你身体类型的部分，用你的第二个适应性测试来决定你的下一个锻炼计划。

选择合适的锻炼计划

如果你的结果是：

大部分低于平均或者远低于平均水平（在力量耐力、身体组成和有氧运动适应性三项中有两项），尤其是如果你刚刚开始健身。

选择：

计划1，初学者阶段向中间阶段迈进。

如果你的结果是：

大部分低于平均水平（在力量耐力、身体组成和有氧运动适应性三项中有两项），尤其是如果你刚刚开始健身。

选择：

计划1，中间阶段向计划2迈进（如果你的有氧运动和身体组成分数低），或者向计划3迈进（如果你的力量分数低）。

如果你的结果是：

大部分在平均或者是高于平均水平，在有氧运动适应性和身体组成中得分不高，但是你并不是刚刚开始健身。

选择：

计划2，然后用你的第二个适应性测试来决定你的下一个计划。这个计划重点在于帮助你达到减轻体重和有氧适应性目标。

如果你的结果是：

大多数在平均或者高于平均水平，在力量耐力和身体组成中的分数比较低，但是你不是刚刚开始健身。

选择：

计划3，然后用你的第二个适应性测试来决定你的下一个锻炼计划。这个计划重点帮助你提高力量、更加健壮。

如果你的结果是：

大部分在平均或者高于平均水平，在力量耐力和柔韧性方面的分数比较低，但是你不是刚刚开始健身。

选择：

计划4，然后用你的第二个适应性测试来决定你的下一个计划。这个计划重点是帮助你提高姿势、功能性力量和柔韧性。

如果你的结果是：

大多数在平均或者高于平均水平，你超过55岁并且/或者想要特别的家庭锻炼计划。

选择：

计划5，如果你考虑进健身房，用你的第二个适应性测试来决定你的下一个计划。这个计划重点是帮助你提高姿势、功能性力量和柔韧性。

如果你的结果是：

柔韧性分数是最低分数，低于平均水平或者更低。

选择：

考虑在你的常规训练结尾，加入特别的伸展计划。在最后的训练部分选择6～12个伸展运动，并且每星期做3次。并注意变化伸展运动的形式。

锻炼计划

这一部分中包含的锻炼计划是个样例，所选取的每一种训练都是包含在第二部分中的。除了计划5以外，包含有氧运动和力量训练，但没有伸展运动。每一种计划都针对不同体型有所变化，请选择适合你自己体型的计划。额外的行走有氧运动、跑/走有氧运动、跑步有氧运动等锻炼计划包含在有氧训练部分，从28页开始。

请注意，这些计划考虑了普遍需求，但是不能考虑到所有特殊的个人需求。在高级阶段，我们建议你咨询一个能给你个性化锻炼计划的、有资质的健身专家。

由于你的遗传特性和适合原则，一旦训练到达了通往高级水平的中间状态，增加的训练需要更专业。只有这样，才会避免急于求成。

如果你采用某种锻炼计划一段时间了，那么你的训练就会达到一个平台期，这时候训练成果就不会像刚刚开始时那样显著。为了克服这一点，你的计划需要更加个性化，训练强度、持续时间和运动类型需要更大的变化。根据季节周期调整办法不错。比如，在冬季，你要重点集中于为有氧运动和力量训练打下好的基础；在春季和夏季，你要重点进行重复训练、缩短时间以及更多的强度练习，这些都有助于达到你的锻炼目标。

力量锻炼指导

• 留出时间进行很好的热身运动，尤其是对那些在特殊训练中需要用到的肌肉和关节。如果首先进行有氧运动，可以将其作为热身运动。

• “最大”指的是利用正确的技巧尽可能的重复。

• 每一个计划都提供了强度表。在28页中有训练强度的详细解释。

• 设置重量时，选择的重量应该能使你以较好的形态完成所有的重复，并且在最后两个重复中感到困难，但又不是不可能完成的。如果你第二天感到身体僵硬，请降低你的训练强度。应有的效果是能注意到训练的效果，但又不给身体带来不适或者疼痛。要学会鉴别“好的疼痛”（训练效果）和“坏的疼痛”（损伤）的区别，后者是一种不可忽视的警告信号。

计划1 — 一般锻炼计划/起步阶段

肥胖型体质

适合刚开始健身者 • 健身房计划 • 频率 3×周（隔天）• 强度4～6/10 • 快速重复 • 休息周期30～60秒

有氧运动：选自原地踏车、划船机、跑步机、椭圆训练机、游泳（避免踏步机）	第1/2周 6～8分钟	第3/4周 8～12分钟	第5/6周 10～20分钟
1. 横杆俯卧撑	2×12	2×15	2×18
2. 双腿夹球半蹲	1×15	2×12	2×15
3. 器械髋内收	1×15	2×12	2×15
4. 器械髋外展	1×15	2×12	2×15
5. 站姿提踵	1×15	2×12	2×15
6. 屈膝伸臂臀上挺	2×12	2×12	2×15
7. 胸前外侧下拉	1×15	2×12	2×15
8. 站姿哑铃侧平举	1×12	2×8	2×12
9. 正握下拉	1×12	2×8	2×12
10. 跪撑收腹	1×12	2×8	2×12
11. 腹肌稳定性训练	1×max	2×max	3×max
12. 二步式收腹	1×max	2×max	3×max

体育型体质

适合刚开始健身者 • 健身房计划 • 频率 3×周（隔天）• 强度4～6/10 • 休息周期30～60秒

有氧运动：选自原地踏车、划船机、跑步机、椭圆训练机、游泳（避免踏步机）	第1/2周 5～8分钟	第3/4周 6～10分钟	第5/6周 8～15分钟
1. 改良式俯卧撑	1×12	2×8	2×12
2. 双腿夹球半蹲	1×12	2×8	2×12
3. 器械髋内收	1×12	2×8	2×12
4. 器械髋外展	1×12	2×8	2×12
5. 站姿提踵	1×12	2×8	2×12
6. 屈膝伸臂臀上挺	1×12	2×8	2×12
7. 胸前外侧下拉	1×12	2×8	2×12
8. 站姿杠铃弯举	1×10	2×8	2×10
9. 正握下拉	1×10	2×8	2×10
10. 跪撑收腹	1×10	2×8	2×10
11. 腹肌稳定性训练	1×max	2×max	3×max
12. 二步式收腹	1×max	2×max	3×max

瘦型体质

适合刚开始健身者 • 健身房计划 • 频率 3×周（隔天）• 强度4～6/10 • 慢速重复 • 休息周期45～90秒

有氧运动：选自原地踏车、踏步机、划船机、跑步机（避免椭圆训练机）	第1/2周 6~8分钟	第3/4周 8~12分钟	第5/6周 10~20分钟
1. 改良式俯卧撑	2×6	2×8	3×6
2. 坐姿蹬腿	2×8	3×6	3×6
3. 杠铃分腿半蹲	2×8	2×8	3×6
4. 站姿提踵	1×15	2×12	2×15
5. 屈膝伸臂臀上挺	2×8	2×8	3×6
6. 胸前外侧下拉	2×8	3×6	3×6
7. 器械支撑俯身划船	2×8	3×6	3×6
8. 站姿杠铃弯举	2×6	2×8	2×8
9. 站姿哑铃侧平举	2×6	2×8	2×8
10. 坐姿肱三头肌训练	2×6	2×8	2×8
11. 腹肌稳定性训练	1×max	2×max	3×max
12. 双腿夹球转体收腹	1×max	2×max	3×max

计划1 — 一般锻炼计划/中间阶段

肥胖型体质

适合刚开始健身者 • 健身房计划 • 频率 3 × 周（隔天） • 强度5 ~ 7/10 • 快速重复 • 休息周期15 ~ 60秒

有氧运动：选自原地踏车、划船机、跑步机、椭圆训练机，游泳（避免踏步机）	第1/2周 15 ~ 25分钟	第3/4周 20 ~ 30分钟	第5/6周 25 ~ 35分钟
1. 推举机卧推	2 × 15	2 × 18	2 × 22
2. 杠铃后弓步	2 × 15	2 × 18	2 × 22
3. 屈膝伸臂臀上挺	2 × 15	2 × 18	2 × 22
4. 平衡球仰卧内收肌稳定性训练	2 × 15	2 × 18	2 × 22
5. 胸前外侧下拉	2 × 15	2 × 18	2 × 22
6. 器械支撑俯身划船	2 × 15	2 × 18	2 × 22
7. 坐姿哑铃肩上推举	2 × 8	2 × 12	2 × 15
8. 正握下拉	2 × 10	2 × 12	2 × 15
9. 弹力带肌腱袖的稳定性训练	2 × 10	2 × 12	2 × 15
10. 腹肌稳定性训练	2 × max	3 × max	3 × max
11. 二步式收腹	2 × max	3 × max	3 × max

体育型体质

适合中间水平 • 健身房计划 • 频率 3 × 周（隔天） • 强度5 ~ 7/10 • 休息周期15 ~ 60秒

有氧运动：原地踏车、划船机、跑步机、椭圆训练机、游泳、踏步机	第1/2周 12 ~ 20分钟	第3/4周 15 ~ 25分钟	第5/6周 18 ~ 30分钟
1. 推举机卧推	2 × 15	3 × 12	3 × 15
2. 坐姿蹬腿	2 × 15	3 × 12	3 × 15
3. 屈膝伸臂臀上挺	2 × 15	3 × 12	3 × 15
4. 拉力器髋外展	2 × 15	3 × 12	3 × 15
5. 胸前外侧下拉	2 × 15	3 × 12	3 × 15
6. 器械支撑俯身划船	2 × 15	3 × 12	3 × 15
7. 坐姿哑铃肩上推举	2 × 12	2 × 15	3 × 12
8. 站姿杠铃弯举	2 × 12	2 × 15	3 × 12
9. 坐姿肱三头肌训练	2 × 12	2 × 15	3 × 12
10. 弹力带肌腱袖的稳定性训练	2 × 12	2 × 15	3 × 12
11. 腹肌稳定性训练	2 × max	3 × max	3 × max
12. 腹部水平固定	1 × max	2 × max	3 × max
13. 二步式收腹	2 × max	3 × max	3 × max

瘦型体质

适合刚开始健身者 • 健身房计划 • 频率 3 × 周（隔天） • 强度5 ~ 7/10 • 慢速重复 • 休息周期45 ~ 90秒

有氧运动：选自原地踏车、踏步机、划船机、跑步机（避免椭圆训练机）	第1/2周 8 ~ 15分钟	第3/4周 10 ~ 18分钟	第5/6周 12 ~ 25分钟
1. 推举机卧推	3 × 6	3 × 8	4 × 6
2. 坐姿蹬腿	3 × 6	3 × 8	4 × 6
3. 器械髋外展	3 × 6	3 × 8	4 × 6
4. 器械辅助引体向上	3 × 6	3 × 8	4 × 6
5. 器械支撑俯身划船	3 × 6	3 × 8	4 × 6
6. 坐姿哑铃肩上推举	2 × 6	3 × 6	3 × 8
7. 站姿杠铃弯举	3 × 6	3 × 8	3 × 8
8. 肱三头肌训练	3 × 6	3 × 8	3 × 8
9. 弹力带肌腱袖的稳定性训练	2 × 8	2 × 8	2 × 8
10. 腹肌稳定性训练	3 × max	3 × max	4 × max
11. 双腿夹球转体收腹	3 × max	3 × max	4 × max

计划2 — 集中减肥有氧运动

肥胖型体质

健身房计划•频率：有氧运动 4×周，负重 3×周（隔天）•强度4～7/10•快速重复•休息周期15～60秒

有氧运动：选自原地踏车、划船机、跑步机、椭圆训练机、游泳（避免踏步机）	第1月 8～20分钟	第2月 20～40分钟	第3月 30～50分钟
1. 推举机卧推	2×15	2×18-20	2×20-25
2. 杠铃后弓步	2×15	2×18	2×20
3. 器械髋内收	2×15	2×18	2×20
4. 俯卧腿弯举	2×15	2×18	2×20
5. 胸前外侧下拉	2×15	2×18	2×20
6. 站姿杠铃弯举	2×12	2×15	2×18-20
7. 正握下拉	2×12	2×15	2×18-20
8. 腹肌稳定性训练	2×max	3×max	4×max
9. 二步式收腹	2×max	3×max	4×max

体育型体质

健身房计划•频率：有氧运动 4×周，负重 3×周（隔天）•强度4～7/10•休息周期15～60秒

有氧运动：选自原地踏车、划船机、跑步机、椭圆训练机、游泳（避免踏步机）	第1月 8～15分钟	第2月 15～35分钟	第3月 35～45分钟
1. 推举机卧推	2×15	2×18～20	2×22
2. 杠铃分腿半蹲	2×15	2×18	2×22
3. 杠铃后弓步	2×15	2×18	2×22
4. 器械髋内收	2×15	2×18	2×22
5. 俯卧腿弯举	2×15	2×18	2×22
6. 胸前外侧下拉	2×15	2×18	2×22
7. 坐姿推举机肩上推举	2×12	2×15	2×20
8. 正握下拉	2×12	2×15	2×20
9. 腹肌稳定性训练	2×max	3×max	4×max
10. 二步式收腹	2×max	3×max	4×max

瘦型体质

健身房计划•频率：有氧运动 3×周（隔天），强度4～7/10•慢速重复•休息周期30～60秒

有氧运动：选自原地踏车、划船机、跑步机、椭圆训练机、游泳（避免踏步机）	第1月 8～15分钟	第2月 15～35分钟	第3月 35～45分钟
1. 改良式俯卧撑	2×12	2×15	3×12
2. 杠铃分腿半蹲	2×12	2×15	3×12
3. 长凳踏步	2×12	2×15	3×12
4. 器械髋内收	2×12	2×15	3×12
5. 俯卧腿弯举	2×12	2×15	3×12
6. 胸前外侧下拉	2×12	2×15	3×12
7. 器械支撑俯身划船	2×12	2×15	3×12
8. 坐姿推举机肩上推举	2×8	2×12	3×8
9. 站姿杠铃弯举	2×8	2×12	3×8
10. 正握下拉	2×8	2×12	2×8
11. 屈髋收腹	2×8	2×12	3×8
12. 俯卧滚球	2×6	2×8	3×6

计划3 — 强度和力量训练

肥胖型体质

健身房计划 • 频率：负重 2×周，有氧运动 3×周（隔天）• 强度5～8/10 • 适速重复 • 休息周期1～2分钟

有氧运动：原地踏车、划船机、跑步机、椭圆训练机、游泳（避免踏步机）	第1月 8～15分钟	第2月 12～20分钟	第3月 15～30分钟
1. 平卧哑铃飞鸟	2×15	3×12	3×15
2. 杠铃后弓步	2×15	3×12	3×15
3. 侧弓步	2×15	3×12	3×15
4. 平衡球仰卧内收肌稳定性训练	2×15	3×12	3×15
5. 器械辅助引体向上	2×12	2×15	3×12
6. 坐姿低位拉力器划船	2×15	3×12	3×15
7. 坐姿哑铃肩上推举	2×12	3×15	3×12
8. 平衡球坐姿哑铃侧平举	2×15	2×12	3×15
9. 稳定球颈后臂屈伸	2×12	3×15	3×12
10. 哑铃单臂弯举	2×15	3×12	3×15
11. 屈髋收腹	2×max	3×max	4×max
12. 双腿夹球转体收腹	2×max	3×max	4×max

体育型体质

健身房计划 • 频率：3×周（隔天）• 强度5～8/10 • 休息周期1～2分钟

有氧运动：选自原地踏车、划船机、跑步机、游泳、踏步机	第1月 8～10分钟	第2月 10～15分钟	第3月 10～25分钟
1. 拉力器夹胸	2×12	3×8～10	3×12
2. 俯卧滚球	2×10	3×8	3×12
3. 杠铃分腿半蹲	2×12	3×8～10	3×12
4. 侧弓步	2×12	3×8～10	3×12
5. 坐姿提踵	2×12	2×8～10	3×12
6. 器械辅助引体向上	2×12	3×8～10	3×12
7. 坐姿低位拉力器划船	2×12	3×8～10	3×12
8. 三角肌后部训练	2×10	2×15	3×10
9. 坐姿哑铃肩上推举	2×10	2×15	3×10
10. 站姿杠铃弯举	2×10	2×15	3×10
11. 仰卧杠铃法式弯举	2×10	2×15	3×10
12. 平衡球坐姿哑铃侧平举	2×10	2×15	3×10
13. 斜板仰卧起坐	3×max	4×max	4×max
14. 双腿夹球转体收腹	3×max	4×max	4×max

瘦型体质

健身房计划 • 频率：有氧运动 2×周，负重，天A 2×周，天B 2×周（AB隔天休息）• 强度5～8/10 • 慢速重复 • 休息周期1～3分钟

有氧运动：选自原地踏车、踏步、划船机、斜坡跑步机（避免椭圆训练机）	第1月 5～10分钟	第2月 6～12分钟	第3月 6～15分钟
第A天 1. 上斜夹胸机夹胸	2×8	2×12	3×8
第A天 2. 上斜卧哑铃推举	2×8	2×12	3×8
第A天 3. 杠铃分腿半蹲	2×8	2×12	3×8
第A天 4. 改良式杠铃屈腿硬拉	2×8	2×12	3×8
第A天 5. 侧弓步	2×8	2×12	3×8
第A天 6. 坐姿提踵	2×8	2×12	3×8
第A天 7. 仰卧杠铃法式弯举	2×8	3×6	4×6
第A天 8. 绳索拉力器胸前下拉	2×8	3×6	4×6
第B天 1. 器械辅助引体向上	2×8	2×12	3×8
第B天 2. 坐姿低位拉力器划船	2×8	2×12	3×8
第B天 3. 坐姿推举机肩上推举	2×8	2×12	3×8
第B天 4. 三角肌后部训练	2×8	3×6	4×6
第B天 5. 站姿杠铃弯举	2×8	3×6	4×6
第B天 6. 仰卧杠铃法式弯举	2×8	3×6	4×6
第B天 7. 联合屈膝仰卧起	3×max	4×max	4×max
第B天 8. 双腿夹球转体收腹	3×max	4×max	4×max

计划4 — 姿态/功能力量和柔韧性

肥胖型体质

健身房计划 • 频率：有氧运动 4×周，负重 2×周（隔天）• 强度4～7/10 • 休息周期30～60秒

有氧运动：选自原地踏车、划船机、跑步机、椭圆训练机、游泳（避免踏步机）	第1月 15～25分钟	第2月 20～30分钟	第3月 25～40分钟
1. 跪撑收腹	2×15	2×18	2×22
2. 腹肌稳定性训练	2×max	2×max	3×max
3. 中背部及肩胛骨稳定性训练	2×12～15	2×15	2×18
4. 站姿绳索拉力器下拉	2×15	2×18	2×22
5. 站姿反握拉力器划船	2×15	2×18	2×22
6. 改良式俯卧撑	2×12～15	2×15	2×18
7. 杠铃后弓步	2×15	2×18	2×18
8. 屈膝伸臂臀上挺	2×12～15	2×15	2×18
9. 平衡球仰卧内收肌稳定性训练	2×12	2×18	2×22
10. 抱球杠杆运动	2×10	2×12	2×12

每个伸展2×30秒：颈肩伸展，全身伸展，站姿胸肌及三角肌前部伸展，髋关节旋转，平衡球肩关节伸展，仰卧单腿腘绳肌伸展，坐姿平衡球侧屈伸展，平衡球脊柱俯曲，站姿髂腰肌伸展，腓肠肌伸展。

体育型体质

健身房计划 • 频率：3×周（隔天）• 强度4～7/10 • 休息周期30～60秒

有氧运动：选自原地踏车、划船机、跑步机、椭圆训练机、游泳、踏步机	第1月 8～12分钟	第2月 12～15分钟	第3月 10～25分钟
1. 腹部水平固定	2×20秒	2×30秒	2×40秒
2. 循序渐进腹肌稳定性训练	2×max	2×max	3×max
3. 中背部及肩胛骨稳定性训练	2×12～15	2×18	2×22
4. 站姿绳索拉力器下拉	2×12～15	2×18	2×22
5. 站姿反握拉力器划船	2×12～15	2×18	2×22
6. 改良式俯卧撑	2×12～15	2×18	2×22
7. 侧弓步	2×12～15	2×18	2×22
8. 平衡球仰卧内收肌稳定性训练	2×12～15	2×18	2×22
9. 抱球杠杆运动	2×12～15	2×18	2×22
10. 屈膝伸臂臀上挺	2×12～15	2×18	2×22

每个伸展2×30秒：颈肩伸展，全身伸展，站姿胸肌及三角肌前部伸展，髋关节旋转，平衡球肩关节伸展，仰卧单腿腘绳肌伸展，坐姿平衡球侧屈伸展，平衡球脊柱俯曲，站姿髂腰肌伸展，腓肠肌伸展。

瘦型体质

健身房计划 • 频率：3×周（隔天）• 强度4～7/10 • 慢速重复 • 休息周期1～2分钟

有氧运动：选自原地踏车、划船机、跑步机（避免椭圆训练机），踏步机	第1月 5～10分钟	第2月 6～12分钟	第3月 6～15分钟
1. 俯卧滚球	2×20	2×15	3×12
2. 腹肌稳定性训练	2×max	2×max	3×max
3. 双腿夹球转体收腹	2×max	2×max	3×max
4. 器械辅助引体向上	2×12	2×15	3×12
5. 中背部及肩胛骨稳定性训练	2×12	2×15	3×12
6. 站姿绳索拉力器下拉	2×12	2×15	3×12
7. 站姿反握拉力器划船	2×12	2×15	3×12
8. 改良式俯卧撑	2×12	2×15	3×12
9. 侧弓步	2×12	2×15	3×12
10. 改良式杠铃屈腿硬拉	2×12	2×15	3×12
11. 平衡球仰卧内收肌稳定性训练	2×12	2×15	3×12

每个伸展2×30秒：颈肩伸展，全身伸展，站姿胸肌及三角肌前部伸展，髋关节旋转，平衡球肩关节伸展，仰卧单腿腘绳肌伸展，坐姿平衡球侧屈伸展，平衡球脊柱俯曲，站姿髂腰肌伸展，腓肠肌伸展。

计划5 — 家庭/年长成年人

肥胖型体质

家庭/家庭健身房计划 • 频率：有氧运动 4×周，负重3×周（隔天）• 强度4～6/10 • 慢速重复 • 休息周期30～60秒

有氧运动：选自原地踏车、划船机、跑步机、椭圆训练机、游泳、户外行走（避免踏步机）	第1月 5～10分钟	第2月 6～12分钟	第3月 6～15分钟
1. 横杆俯卧撑	2×8	2×12	2×15
2. 双腿夹球半蹲	2×8	2×12	2×15
3. 俯卧伸髋	2×8	2×12	2×15
4. 平衡球臂腿交替举	2×6/侧	2×8/侧	2×10/侧
5. 屈膝伸臂臀上挺	2×8	2×12	2×15
6. 站姿提踵	2×8	2×12	2×15
7. 站姿哑铃侧平举	2×6	2×10	2×12
8. 俯身哑铃划船	2×6	2×10	2×12
9. 坐姿哑铃肩上推举	2×6	2×10	2×12
10. 二步式收腹	2×max	2×max	2×max
11. 腹肌稳定性训练	1×max	2×max	3×max
12. 双腿夹球转体收腹	1×max	2×max	2×max

体育型体质

健身房计划 • 频率：有氧运动 4×周，负重3×周（隔天）• 强度4～7/10 • 休息周期30～60秒

有氧运动：选自原地踏车、划船机、跑步机、椭圆训练机、游泳、户外行走/慢跑、踏步机	第1月 8～20分钟	第2月 12～25分钟	第3月 15～35分钟
1. 改良式俯卧撑	2×10	2×12	3×10
2. 双腿夹球半蹲	2×10	2×12	3×10
3. 站姿提踵	2×10	2×12	3×10
4. 屈膝伸臂臀上挺	2×10	2×12	3×10
5. 平衡球臂腿交替举	2×6/侧	2×8/侧	2×10/侧
6. 俯身哑铃划船	2×10	2×12	3×10
7. 站姿哑铃侧平举	2×8	2×10	2×12
8. 坐姿哑铃肩上推举	2×8	2×10	2×12
9. 二步式收腹	1×max	2×max	2×max
10. 腹肌稳定性训练	1×max	2×max	2×max

瘦型体质

健身房计划 • 频率：3×周（隔天）• 强度4～7/10 • 慢速重复 • 休息周期30～60秒

有氧运动：选自原地踏车、跑步机（避免椭圆训练机），户外行走/慢跑	第1月 8～15分钟	第2月 10～18分钟	第3月 12～20分钟
1. 改良式俯卧撑	2×8	2×10	3×8
2. 双腿夹球半蹲	2×8	2×10	3×8
3. 长凳踏步（高度较低）	2×8	2×10	3×8
4. 侧弓步	2×8	2×10	3×8
5. 俯身哑铃划船	2×8	2×10	3×8
6. 屈膝伸臂臀上挺	2×8	2×10	3×8
7. 平衡球臂腿交替举	2×6/侧	2×8/侧	3×6/侧
8. 坐姿哑铃肩上推举	2×6	2×10	2×12
9. 双腿夹球转体收腹	2×max	2×max	3×max
10. 二步式收腹	2×max	2×max	2×max
11. 腹肌稳定性训练	2×max	2×max	3×max

第二部分 训练项目 1.有氧训练

“心血管锻炼”或者“有氧锻炼”指的是持续时间长的锻炼，不同于肌肉和骨骼系统一般的运动，锻炼时心率会增高。例如，走、跑、骑自行车、游泳和滑冰。“有氧”字面意思是“要有氧气”，指的是氧气氧化（燃烧）碳水化合物和脂肪产生三磷酸腺苷，三磷酸腺苷是胞内反应所需能量的基本形式，它给予锻炼的力量。有氧训练的好处包括获得更好的心肺功能和容量，降低血压，提高代谢，提高免疫，减少压力和紧张，提高自尊和自信。这种类型的锻炼是与健康相关锻炼计划中最重要的组成部分。应用下列基本原则和概念可以帮助你选择正确的有氧锻炼的类型和水平，并使锻炼尽可能安全和有效。

训练的频率

这是指每星期有氧锻炼的次数。为了提高心血管功能，美国运动医学大学建议每周进行3～5天有氧训练。对于初学者和不太适合的人来说，推荐开始每周3次，每次休息间隔不超过2天，例如，星期一、三、五进行有氧训练。随着时间延长，有氧训练可以增加到每周5次。

随着训练强度的增加，训练的频率会被强度所影响。相对艰苦的锻炼比适度的、低强度的训练需要更多的休息，对于初学者，高强度冲击训练需要更多的恢复时间。一旦你进入了高级训练，最好用更适度的、长期的训练来代替短而艰苦的训练。为了降低运动损伤风险，你可以将高强度冲击的训练改为低强度的训练。

训练的强度

初学者提出的典型问题包括：“我该多努力的训练？”“我怎么知道训练到什么程度能取得最好的效果？”有几种方法来评价你所需的训练。最简单的方法包括使用分级自感用力度（Rated Perceived Exertion, RPE）来衡量，借此你可以通过训练的感受来评价得分。大多数健身中心使用1～10分或者6～20分。在最开始的博格（Borg）分类（6～20分）中，你应该努力得到12～16分。在新的1～10分类中（如下），你应该努力得到4～6分。

BORG 1～10分类刻度表
• 0 休息
• 1 很容易
• 2 容易
• 3 适度
• 4 有点困难
• 5 困难
• 6
• 7 非常困难
• 8
• 9 非常非常困难
• 10 达到极限

另外，一个精确并且简单的方法是谈话测试。简单说，就像字面意思，当你在进行有氧锻炼时，你应该很暖和并且出汗，但是说话仍然可以不气喘吁吁。

通过锻炼期间的心率测量来设定训练强度是一种更专业且有技术含量的方法。在制定的工作负荷下，氧气消耗、心率和在该心率下有氧训练的益处之间有着一定程度的联系。有证据表明，当心率在一定的范围时，有氧训练能为心血管系统提供更多的益处。训练达不到该水平会使训练效果打折扣；训练超过该水平则会造成疲劳，降低有氧训练的效果。

各种公式都能用来计算正确的训练心率水平。最普通的方法是最大心率（Maximal Heart Rate, MHR）百分数计算法，或者训练心率（Training Heart Rate, THR）法，从计算你的最大预期心率（Predicted Maximal Heart Rate, PMHR）开始。对于女性，应该从226中减去你的年龄，得到最大预期心率。然后可以计算一个训练心率的范围，它应该介于你的预期最大心率的60%～90%。对于长、低水平的训练，训练心率应介于最大预期心率的60%～75%；对于短、高水平的训练，训练心率应介于最大预期心率的75%～90%。

最大心率百分比是一个保守的公式，对于那些很健壮的人，可以在训练时增加10～12次/分钟心率。对此，可以利用计心搏数（Karvomen）公式。尽管它的应用不如上一个公式普遍，但在氧气消耗和锻炼负荷相关性的计算方面更加准确。在该方法中，用最大预期心率减去静息心率，其结果的60%～90%就是训练心率，最后加上静息心率就是实际训练心率。

在训练时如何监测脉率要得到指导。首先你要找到脉搏（颈部和腕部最好找），学会如何计数，然后就可以应用到你的锻炼计划中。许多有氧训练器械都内置了心率监测器；个人心率监测器目前价钱也非常合理，并且容易买到。

美国运动医学大学建议训练时心率介于最大心率的60%～90%，或者计心搏数（Karvonen）公式的50%～85%。对于心血管适应性较低的人来说，最大心率的50%～60%所对应的训练强度是很合适的。对于适应性非常低的人来说，最大心率的40%～50%就足够了。

注意：如果你服用了能影响静息和运动心率的药物，例如，某种降血压和治疗心脏的药物，请你咨询医生后再决定是否锻炼。

有氧锻炼的类型

选择哪种有氧锻炼很大程度上取决于你拥有的设施、所处的环境、健康水平、喜好、信心、经验，尤其是户外环境。

有一些有氧锻炼，像走路、跑步和骑自行车，是单纯的有氧锻炼并且常见（类型1）；其他一些有氧锻炼，像游泳、健美操和网球，需要高水平的技能（类型2）；篮球、骑山地车等可以归为第三种，在强度上有变化，要求有更好的力量和柔韧性（类型3）。

如果你是初学者或者不太健康，你最好从类型1开始练习。如果你年轻、健康、寻求变化和多项训练，类型2和类型3会更适合你。

在负重练习中，身体的重量直接对抗地心引力（如走路）；在非负重练习中，身体的重量对抗地心引力较小（如游泳）。术语“高冲击”和“低冲击”指的是在特殊的运动中，作用于关节和骨架系统的冲击力，例如，跑步（高冲击强度）和走路（低冲击强度）的差异。高冲击强度的训练造成损伤的风险也增高，因此锻炼计划的进展必须比较保守。训练类型的差异决定了最适合你的训练，例如，如果你担心损伤膝关节，高冲击强度的跑步就不是你的理想选择，走路和游泳就是比较好的选择。如果你是初学者或者不太健康，无冲击、低冲击强度或者非负重练习可以减少你的损伤风险；当你能维持负荷训练一段时间后，你的身体就可以接受一定的负重和冲击了。

训练的持续

美国运动医学大学推荐20～60分钟的不间断有氧活动，不包括热身和放松运动时间。然而，对于不太健康的女性，她可以从5分钟开始，逐步增加到20分钟。对于非常不健康的女性，她可以从5～10分钟部分开始，并以规律的间歇来重复。对于中等健康水平的女性，她应该每段时间进行15～45分钟的有氧运动。对于非常健康的女性，她可以进行有氧运动30～60分钟。总之，训练持续时间可以根据你的体质进行调整，你应以安全有效的方式来训练，最好是热身和放松活动能有针对性，如果你要跑步，可以从快走和慢跑开始。

训练项目

1. 行走 30页
2. 慢跑/跑步 32页
3. 有氧健身运动 34页
4. 游泳和水中有氧健身运动 35页
5. 有氧健身器械 36页

行 走

全身锻炼 • 复合/多关节 • 闭链 • 负重 • 低冲击强度 • 持续类型 • 低技能 • 从初级到高级

行走可能是最广泛推荐的、低损伤风险的有氧运动，对于形体和健康具有极好的效果。行走可利用你身体中的将近200块肌肉，是很容易开始进行的锻炼方法，并且在进行时具有很大灵活性。它非常适合那些身体不太健康、有久坐生活习惯、肥胖或者老龄、不适合做高冲击练习的人。行走比跑步的强度和冲击弱，因此运动损伤的风险要小。

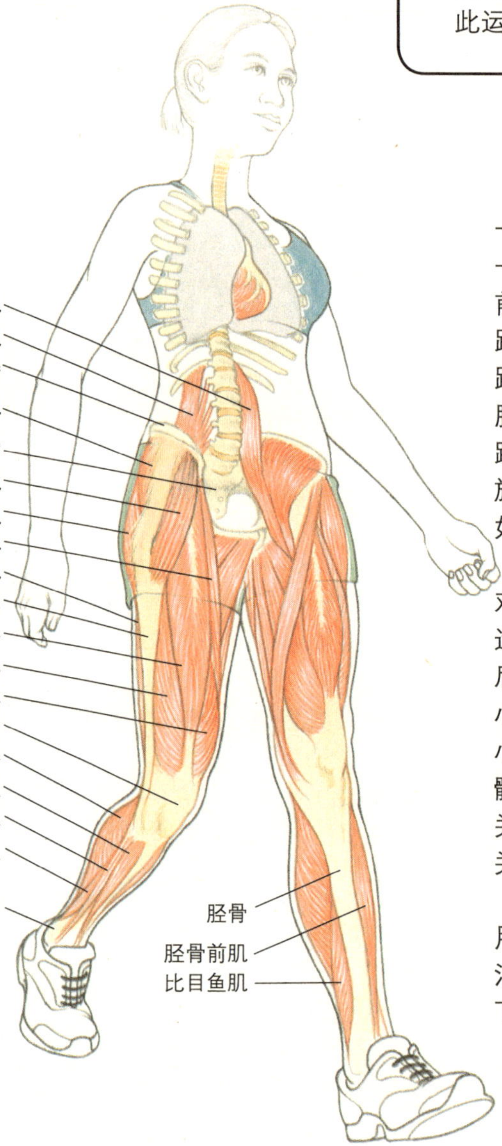

运动分析：下肢

行走分为摆动相和踏步相，踏步相可以进一步分为后跟着地、中间踏步、脚趾离地。在一般的行走模式中，摆动相：腿离开地面并向前到下一个点，髋关节略旋外。踏步相：脚后跟着地，踝关节和髋关节稍旋内。中间踏步紧跟身体的向前运动，同时腿向后运动。至此，脚和地面完全接触，并且踝关节呈旋前位。在踏步相最后，脚趾离地，足恢复到使踝关节呈旋后位的姿势，并离开地面到下一个摆动相，如此循环往复。

在踏步相，腿朝后运动，向前推身体并向对侧腿施加动量，对侧腿向前摆动。小腿向前运动时，股四头肌呈向心相（缩短）；小腿向后运动时，腘绳肌和小腿后面的肌肉缩短。当小腿向前运动，腘绳肌和小腿肌是被动的。当小腿向后运动，髂腰肌和股四头肌是被动的。髋内收肌、髋深部旋外肌和腘肌也对髋或者膝关节的屈伸起作用，同时对行走过程中髋和膝关节的精细运动起作用。

踝关节的运动是三种精细运动的混合作用，在这里只做简要说明以便于理解。为了简洁的原因，髋关节旋转和踝关节旋后、旋前在下表的分析中省略了。

运动分析	关节1	关节2	关节3
主要关节	髋关节	膝关节	踝关节
关节运动	摆动相（腿向前运动）——屈 踏步相（腿向后运动）——伸	摆动相（腿向前运动）——伸 踏步相（腿向后运动）——屈	摆动相（向前运动）——背屈 踏步相（腿向后运动）——跖屈
主要运动肌群	摆动相： 髂腰肌 股直肌 缝匠肌 耻骨肌 踏步相： 臀大肌 腘绳肌群 髋深部旋外肌	摆动相： 股四头肌 踏步相： 腘肌 腘绳肌群 腓肠肌 缝匠肌 股薄肌	摆动相： 胫骨前肌 趾长伸肌 踇长伸肌 踏步相： 腓肠肌 比目鱼肌 趾长屈肌 踇长屈肌 跖肌 胫骨后肌 腓骨长肌 腓骨短肌

主要稳定肌群
腹肌 躯干的竖脊肌和腰方肌 臀中肌、臀小肌、髋关节深部内收和旋外肌群 踝关节稳定肌和小腿的腓肠肌

训练进展
走得更长、更快、频率更高或者上坡

行走训练举例

	第一周	第二周	第三周	第四周	第五周	第六周	第七周	第八周	第九周	第十周
初学者	适合那些不是太健康，在医生监护下，肥胖，吸烟者或者超过35岁的人。									
频率	2～3	2～3	3	3	3～4	3～4	4	4	4	4
时间	10	12	15	18	20	22	25	30	32	35
中级者	适合那些规律锻炼、或生活方式健康，或发现初学者课程太简单的人。									
频率	3	3	3	3～4	4	4	4～5	4～5	4～5	4～5
时间	20	22	25	30	32	35	38	40	42	45
高级者	适合有规律的走路锻炼者和那些有较好的健康水平的人。逐渐练习每周上坡行走两天。									
频率	4	4	4～5	4～5	4～6	4～6	4～6	4～6	4～6	4～6
时间	30	35	35	40	30～40	30～45	35～45	35～50	35～55	35～60

行走计划小贴士

如果你是初学者，开始时每周2～3次行走锻炼，每次至少走10分钟，可根据你的年龄、体重和体型决定，保持轻快、连续的步伐。根据分级自感用力度（RPE）刻度表或者谈话测试，或者通过检测心率（见29页），来监测并设定你的锻炼强度。开始行走锻炼时，你要穿着合脚的鞋在平地上行走，根据训练进展，逐步增加时间、强度和上坡行走、越野行走，同时，你要变换步速和距离。如果天气不好或者没时间，你也可以用跑步机，但只要有可能，你就要户外行走。

慢跑和跑步

全身练习 •复合/多关节 •开链 •负重 •高冲击 •持续类型 •低技能 •从初级到高级

在1972年慕尼黑夏季奥林匹克运动会，美国的Frank Shorter赢得了奥林匹克马拉松比赛，这一胜利俘获了美国公众的想象力，使得跑步作为锻炼和运动的一种形式，成为现代的流行运动。现在尽管跑步不像它在20世纪80年代那样流行了，但它仍是健身计划中常见和重要的一种形式。

运动分析：下肢

行走和跑步在运动分析方面是一致的。主要的差别是跑步时在摆动相和踏步相之间有一个时间点，在该点上双腿都是离地的。

损伤风险

尽管跑步比行走每分钟要消耗更多的热量（卡路里），它却是有氧锻炼中高风险的运动之一。它需要持续训练，并需要适当的休息计划。

• 跑步是高冲击强度的锻炼，作用于关节的力是行走时的5~10倍，跑步时肌肉需要的稳定力也比行走时要高，因此有更高的损伤风险。所有这些因素有可能增加膝及脊柱下段的损伤风险。通常的跑步损伤还发生在踏步相时脚趾离地，而踝关节仍处于旋前位时，这通常伴随着过大的髋关节旋外，通常是因为潜在的姿势或者/和遗传倾向。

• 女性比男性更容易受损伤，因为她们的骨盆更宽，这意味着“托架角”——股骨对膝关节的角度更锐利。对膝关节增加的冲击力被移位，使女性更容易损伤膝内侧（内部）和髌骨的深面（膝盖）。

• 如果你超重、不健康并且久坐不动、老龄、膝关节或者背部有问题，跑步的损伤风险就会大增。

运动分析	关节1	关节2	关节3
主要关节	髋关节	膝关节	踝关节
关节运动	摆动相（腿向前运动）——屈 踏步相（腿向后运动）——伸	摆动相（腿向前运动）——伸 踏步相（腿向后运动）——屈	摆动相（向前运动）——背屈 踏步相（腿向后运动）——跖屈
主要运动肌群	摆动相： 髂腰肌 股四头肌的股直肌 缝匠肌 耻骨肌 踏步相： 臀大肌 腘绳肌群 髋深部旋外肌	摆动相： 股四头肌 踏步相： 腘肌 腘绳肌群 腓肠肌 缝匠肌 股薄肌	摆动相： 胫骨前肌 趾长伸肌 踇长伸肌 踏步相： 腓肠肌 比目鱼肌 趾长屈肌 踇长屈肌 跖肌 胫骨后肌 腓骨长肌 腓骨短肌

主要稳定肌群
腹肌，位于躯干的竖脊肌和腰方肌 运动髋关节的臀中肌、臀小肌、髋关节深部内收和旋外肌群 踝关节稳定肌和小腿的腓肠肌

训练进展
跑得更长、更快、频率更高或者上坡

跑步/步行项目举例

初学者	适合寻找新挑战的步行者和之前没有跑步锻炼但是从医学角度上讲适合者									
	第一周	第二周	第三周	第四周	第五周	第六周	第七周	第八周	第九周	第十周
频率	3	3	3	3	3	3	3	3	3	3
跑步/步行交替	30秒/ 90秒	60秒/ 90秒	90秒/ 90秒	1分钟/ 1分钟	2分钟/ 1分钟	4分钟/ 1分钟	6分钟/ 1分钟	8分钟/ 1分钟	10分钟/1分钟	12分钟/1分钟
总时间	25	25	25	25	25	25	25	25	25	25

跑步/步行项目要点

如果身体不太舒服、超重或者间隔一段时间没进行锻炼了，不要一开始就进行跑步锻炼，应该从步行开始，或者先步行一会儿再跑步，这样做可减少应力性骨折的危险。每周做三次，坚持锻炼4～10周，采取平地步行和慢跑相结合的方式，逐渐减少步行时间，同时增加慢跑时间；锻炼时穿一双合脚的慢跑鞋也很重要。步行应采取快走的方式，慢跑的步伐要比跑步更慢、更放松。慢跑的重点在于距离，跑步则强调速度。

跑步项目举例：10千米跑

中高级	适合任何想开始跑步运动并且医学查体合格的人群 本计划根据6分钟/千米的慢跑速度制定									
	第一周	第二周	第三周	第四周	第五周	第六周	第七周	第八周	第九周	第十周
星期1	10W/J	10W/J	10J	12J	15J	18J	20J	20J	20J	20J
星期二	休息	休息	休息	休息	休息	休息	休息	休息	休息	休息
星期三	10J	12J	15J	18J	22J	26J	32J	38J	42J	35J
星期四	休息	休息	休息	休息	休息	休息	休息	休息	休息	休息
星期五	15W/J	20W/J	10J	12J	15J	18J	22J	25J	25J	20J
星期六	休息	休息	休息	休息	休息	休息	休息	休息	休息	休息
星期日	20J	25J	30J	30J	35J	40J	45J	50J	55J	60J
本表缩写：J=慢跑；W/J=步行/慢跑交替；数字=分钟										

跑步项目要点

你有久坐或者超重的情况时，尤其需要坚持跑步锻炼。首要的目标应该是增加站立时间而不要强调速度。对于在10千米以下的跑步项目，锻炼频率每周至少三次。对于半程马拉松（21.1千米/14英里），锻炼频率每周至少四次，当然五次最好。通常，你可以在周末进行一次长跑锻炼，包括每周一次的山地跑或山地与平地相结合的跑步锻炼，以达到相应的锻炼目标。采取一周或两周循序渐进的方法是可取的，因为跑的距离越长，锻炼越艰苦，渐进的时间也就越长。刚开始跑步锻炼时，可先进行5千米的跑步锻炼。随着你体力的增加，再进行10千米或15千米的跑步锻炼，这就是所谓半程马拉松的初步锻炼计划。在整个锻炼计划中，不要刻意追求速度，要尽可能舒适地到达终点。只有在重复数次一定距离的跑步锻炼之后，才建议去刷新你的最好成绩。如果进行全程马拉松，在加量到全程之前要重复练习3～4次半程马拉松。因为，从半程马拉松到全程马拉松的跨越，其运动量的增加是十分猛烈的。

有氧健身运动

全身运动 • 混合/多关节 • 根据种类的不同有多种类型：选择一种适合你的健康水平和喜好的 • 持续运动类型 • 技巧从低到高 • 从初级到高级

运动生理学家 Kenneth Cooper博士是有氧健身运动的先驱，他发明了有氧健身运动的术语，并且创立了有氧健身运动方法。1970年他在《新有氧健身运动》中阐述了这种运动对身体健康的益处。该书还制定了跑步、行走、游泳和骑自行车的科学运动方案。

在20世纪80年代，有氧健身运动开始普及，90年代达到高峰。1982年Jane Fonda出版了她的第一个运动视频 “Jane Fonda’s 训练”，卖了1700万张，比任何家庭视频都要多。1989年Gin Miller 发明了台阶有氧健身运动，通过使用一个高起的平台使练习者获得了比常规的有氧健身法更好的锻炼效果，故台阶有氧健身运动比其他的有氧健身法更受推崇。

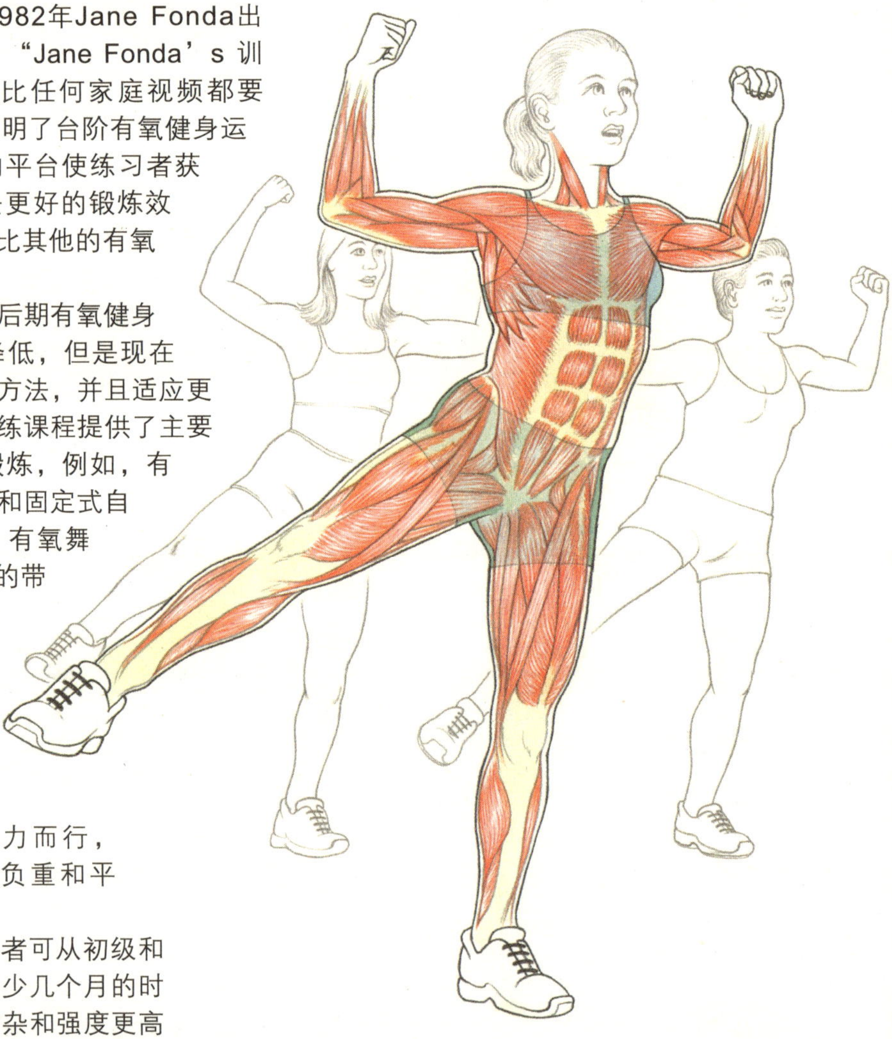

虽然在20世纪80年代后期有氧健身运动受欢迎的程度有所降低，但是现在拥有更多种类的有氧健身方法，并且适应更多的个性化需求。许多训练课程提供了主要针对心血管健康的全面锻炼，例如，有氧跆拳类（跆搏健身操）和固定式自行车（国际认证教练）；有氧舞蹈则是配合音乐在领舞者的带动下有节奏舞动的有氧运动。许多有氧课程放弃了20世纪70年代强调的“没有付出就没有收获”及“伸展到极限”的理念，现在多采用核心稳定的原则，量力而行，并且使用辅助工具，如负重和平衡球等。

初学者或者身体不适者可从初级和低强度课程开始，花费至少几个月的时间逐渐进入更高级、更复杂和强度更高的课程。在大课堂，由于缺少监管，加之跟教练的交流机会很少，所以常见动作不到位以及运动过量或不足。如果你的身体条件不适合做某些动作，应该告诉教练，让他们为你设计更为安全有效的动作。

游泳和水上有氧健身运动

全身运动 •混合/多关节 •开放式 •非承重 •无冲击 •技巧从低到高 •从初级到高级

第一本游泳教程是Wynmann于1538年完成的。1800年前后，竞技游泳在欧洲兴起，当时主要的泳式是蛙泳，1896年游泳成为第一届现代奥林匹克运动会的运动项目。

游泳锻炼的益处

由于哺乳动物身体组织的密度和水的密度相差无几，所以游泳较其他运动项目对关节和骨的冲击和压力都是最小的。正因如此，游泳受到康复训练的人、身体虚弱的人和残疾人的喜爱。游泳使全身几乎所有的肌肉都得到锻炼。许多泳式腿部都有大量的蹬水和打水动作，尤其是自由泳和蝶泳，这被认为是不利的方面，因为腿部肌肉较上肢的块头大，耗氧多，使上肢的氧气减少。

如果与运动量相等的骑自行车和慢跑相比较，游泳运动导致心率的增加最低，这是因为游泳时身体平卧于更凉爽的环境中。游泳比其他运动形式有更高的技术要求，技术不熟练的初学者还需要救生设备。

四种泳姿中蛙泳的腿部运动最多，而自由泳则主要靠上肢带动身体前进（见下图）；仰泳时背部肌肉的活动比自由泳多。从技术角度来看蝶泳是最难掌握的，它要求强有力的双臂和腹肌的力量。

游泳训练要点

初学者应从间歇训练开始，即每个泳程之间稍事休息。开始时5～10个泳程为宜，通过逐渐增加泳程数，同时减少休息时间来提高。你可以使用辅助设备来增加浮力、变化训练方式和节省体力，如使用浮板、游泳圈或浮袖等。保持轻松自如、有节奏的运动，身体不要过度摆动。

水上有氧健身运动

水中的阻力比陆地上大12倍左右，所以水上有氧健身运动是有益于心血管锻炼的理想运动，其强度低、阻力适度。在选择水上有氧健身运动时，你应考虑动作的难易、适宜的水温和水的深度。水上有氧健身运动对伤后康复训练和整形外科疾病，如膝关节的问题有益。因为在深水区难以维持姿势的平衡，所以这些训练应在水温较高的浅水区进行，这样可以提高姿势的稳定性，尤其是下半身的姿势。在水上运动中可使用水哑铃、脚蹼、浮漂和水带等辅助装置来做多种更剧烈的运动。

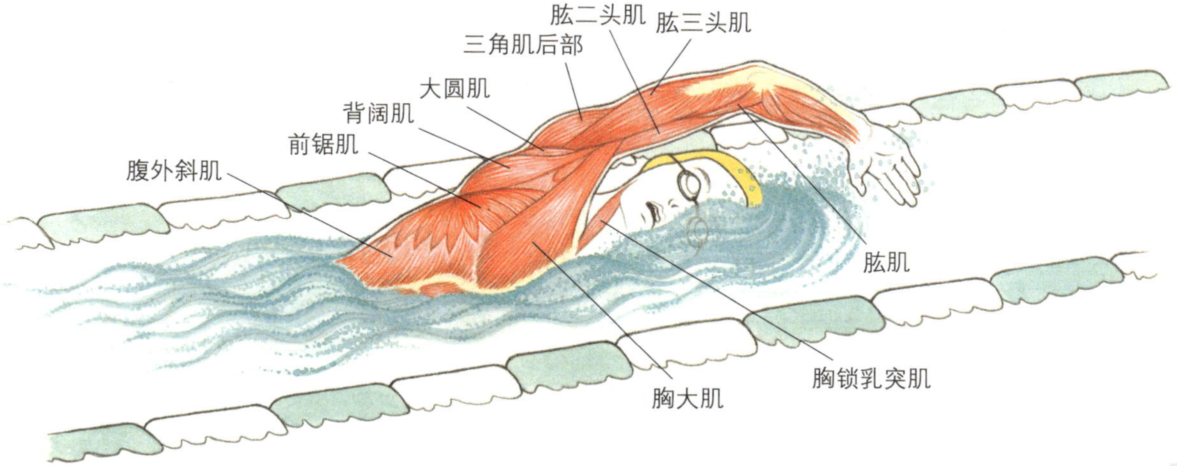

有氧健身器械

全身运动 • 混合/多关节 • 持续运动类型 • 技巧从低到中 • 从初级到高级

有氧健身器材，如固定式自行车、跑步机、划船器和登山机等，都是行之有效的室内锻炼器材。使用划船器锻炼身体，可使上半身和下半身同时得到锻炼，下面介绍划船器的使用方法。

使用有氧健身器械的提示

• 正确的姿势和方法对于安全有效地使用有氧健身器械很重要。第一次使用健身器械时，请你先从专业人员那里索要一份说明书。

• 将使用有氧健身器械作为完整训练的一部分。当熟练掌握健身器材的使用后，将训练强度降到最小，由于随着身体对负荷的适应而使效果降低。

• 有氧健身器械对热身运动非常理想。热身运动可以选择划船器或跑步机。

如何使用划船器?

通过双腿给脚踏板的用力，推动身体后仰。当双手靠近膝关节时，利用双腿产生的动力，上臂用力牵拉、曲肘，将手柄拉至胸部。回复原位并重复练习。

起始姿势

• 坐在划船器可移动的座位上，调整并系紧脚带。

• 手臂前伸，正手抓握手柄。

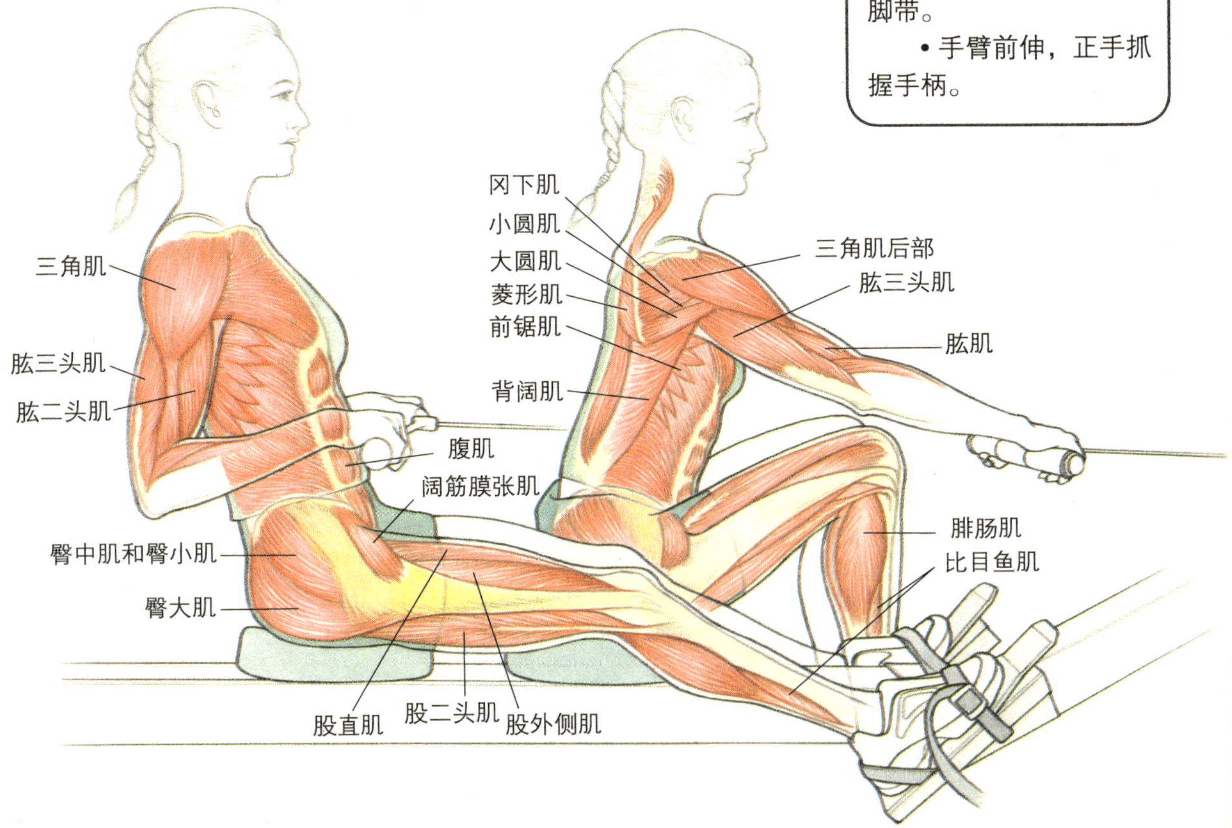

动作要领

• 从缓慢地进行可控制运动和正确的姿势开始。

• 在训练中避免耸肩弓背，要挺胸，双肩下沉。

• 背的中下部不要后凸，从髋部以上的上半身以此为中心；保持骨盆和脊柱居中 。

• 向后运动时吸气。

• 使髋关节运动幅度在20度左右，向前至垂直线之前10度，向后至垂直线之后10度。

主要锻炼的肌肉
臀部和腿部：半腱肌、半膜肌、股二头肌、臀肌和内收肌 躯干：腹肌、腰方肌和竖脊肌 肩关节：肌腱袖 肩胛骨：前锯肌、菱形肌和斜方肌下部

运动分析	关节1	关节2	关节3
主要关节	膝关节	髋关节	躯干
关节运动	手臂牵拉/蹬腿阶段——伸 恢复阶段——屈	手臂牵拉/蹬腿阶段——伸 恢复阶段——屈	手臂牵拉/蹬腿阶段——部分伸 恢复阶段——部分屈
主要运动肌肉	手臂牵拉/蹬腿阶段： 股四头肌 恢复阶段： 半腱肌、半膜肌和股二头肌	手臂牵拉/蹬腿阶段： 臀大肌 半腱肌、半膜肌和股二头肌 恢复阶段： 髂腰肌 股直肌 耻骨肌	手臂牵拉/蹬腿阶段： 竖脊肌 恢复阶段： 腹肌
	关节4	关节5	关节6
主要关节	肩胛骨	肩关节	肘关节
关节运动	手臂牵拉/蹬腿阶段——内收（回缩）、向下旋转及缓慢下降 恢复阶段——外展（伸展）、向上旋转及缓慢上升	手臂牵拉/蹬腿阶段——伸、水平外展 恢复阶段——屈、水平内收	手臂牵拉/蹬腿阶段——屈 恢复阶段——伸
主要运动肌肉	手臂牵拉/蹬腿阶段（向心阶段）： 斜方肌下部 菱形肌下部 恢复阶段（离心阶段）： 斜方肌下部	手臂牵拉/蹬腿阶段（向心阶段）： 背阔肌 大圆肌 三角肌后部 小圆肌	手臂牵拉/蹬腿阶段（向心阶段）： 肱二头肌 肱肌及 肱桡肌 恢复阶段（离心阶

2.腹肌的稳定和平衡作用

在实用的健身训练中(为适应日常生活而进行的健身),应该按照肌肉自然的功能来锻炼它。

保持身体姿势和身体伸展性与灵活性肌群的力量平衡,是健身训练的关键(如腹肌和下背部肌)。姿势控制能力差会影响运动和锻炼的质量、安全性和有效性,这将导致关节和肌肉按照不同于自然方式进行补偿性地运动,从而增加受伤和早老的风险,以及西方生活方式中典型的肌肉骨骼性疾病。

稳定肌的主要作用是在其他肌肉锻炼和运动时,保持身体其余部位的稳定和平衡,例如,在作杠铃弯举动作时,肌腱袖使肩关节稳定和平衡,腹肌和下背部肌保持脊柱的平衡,肱二头肌收缩、屈肘举起杠铃。

腹肌是最重要的稳定肌之一,所以在书中作为重点来介绍。其他起重要稳定功能的肌群将在有关章节进行介绍,这些肌肉包括:

第四节　髋肌和大腿及小腿肌

髋肌后群(臀肌)
阔筋膜张肌
股四头肌中的股直肌
腘绳肌
髂腰肌
大腿内侧肌群(收肌)
小腿的胫骨后肌

第五节　背肌和上肢带肌

竖脊肌
腰方肌
斜方肌中下部
前锯肌
菱形肌
肩关节周围的肌腱袖

随着时间的推移,稳定肌容易产生疲劳和松弛。你最好通过长时间缓慢的动作充分锻炼肌肉的控制能力。本章节的锻炼主要针对增加稳定肌的力量。

平衡球训练

一些特定类型的锻炼需要平衡球来辅助完成,本章节多次提及平衡球的训练。

平衡球

又称瑞士球、Pezzi 球或者稳定球,这些平衡球是用高质量的聚乙烯做成的,非常结实,直径在55~85厘米,最初是用于脑瘫患儿建立平衡、保持反射应答的物理治疗上的。

应用平衡球锻炼的时候会造成不稳定的基础姿势,这种姿势在锻炼过程中对自然姿势保持能力要求比较高。虽然平衡球可以使得锻炼更有效,但是过量应用平衡球和相关设备已遭到批评。

BOSU 球

"BOSU"是"Both side up"的缩写,1999年David Weck为了促进背部伤痛的康复而发明了BOSU球平衡训练。当年美国滑雪队在奥运会之前使用BOSU球进行训练,教练们发现,BOSU球对提高运动和平衡功能十分有效,该项运动便流行起来。

躯干前下部的主要肌肉

名称	跨越关节	起点	止点	作用
腹直肌	脊柱前部	耻骨嵴	剑突和5~7肋软骨	腰部前屈（两侧肌肉收缩）；腰部向右侧屈（右侧肌肉收缩）；腰部向左侧屈（左侧肌肉收缩）。控制骨盆向后倾斜（同腹外斜肌共同收缩）
腹外斜肌	脊柱前部	下8肋骨外面	四部分：髂嵴前部；腹股沟韧带；耻骨嵴；腹直肌前下筋膜	腰部前屈（两侧肌肉收缩）；腰部向右侧屈并转向左侧（右侧肌肉收缩）；腰部向左侧屈并转向右侧（左侧肌肉收缩）。控制骨盆向后倾斜（与腹直肌共同收缩）
腹内斜肌	脊柱前部	三部分：腹股沟韧带上部；髂嵴前2/3；胸腰筋膜	7~10肋软骨和白线（由肋至髋，呈V形）	腰部前屈（两侧肌肉收缩）；腰部向右侧屈（右侧肌肉收缩）；腰部向左侧屈（左侧肌肉收缩）
腹横肌	脊柱前部	四部分：腹股沟韧带；髂嵴中部边缘；下6个肋软骨内面；胸腰筋膜	三部分：耻骨嵴、髂耻线、白线，在此与对侧的腹横肌相连	等长收缩，牵拉腹部向脊柱移动

注意：肌肉的排列按照由浅入深的顺序。

腹内斜肌和腹外斜肌联合运动使躯干旋转（例如，左侧腹外斜肌和右侧腹内斜肌联合收缩使躯干转动，左侧肘部移动至右侧膝部）。

其他稳定肌参见相关章节。

训练项目

基础姿势

仰卧——脊柱居中，肩胛骨放松
脊柱居中 ——站立并呼吸
核心训练 • 全身稳定 • 从初级到高级

稳定肌，如腹肌可帮助身体对抗地心引力以保持姿势平衡。在进行上肢力量训练之前，学习如何保持肩关节的稳定性非常重要，防止肩关节向上、向前转动，以免引起颈部疼痛。呼吸放松有助于使肌肉和关节放松，保证锻炼时姿势更加稳固。

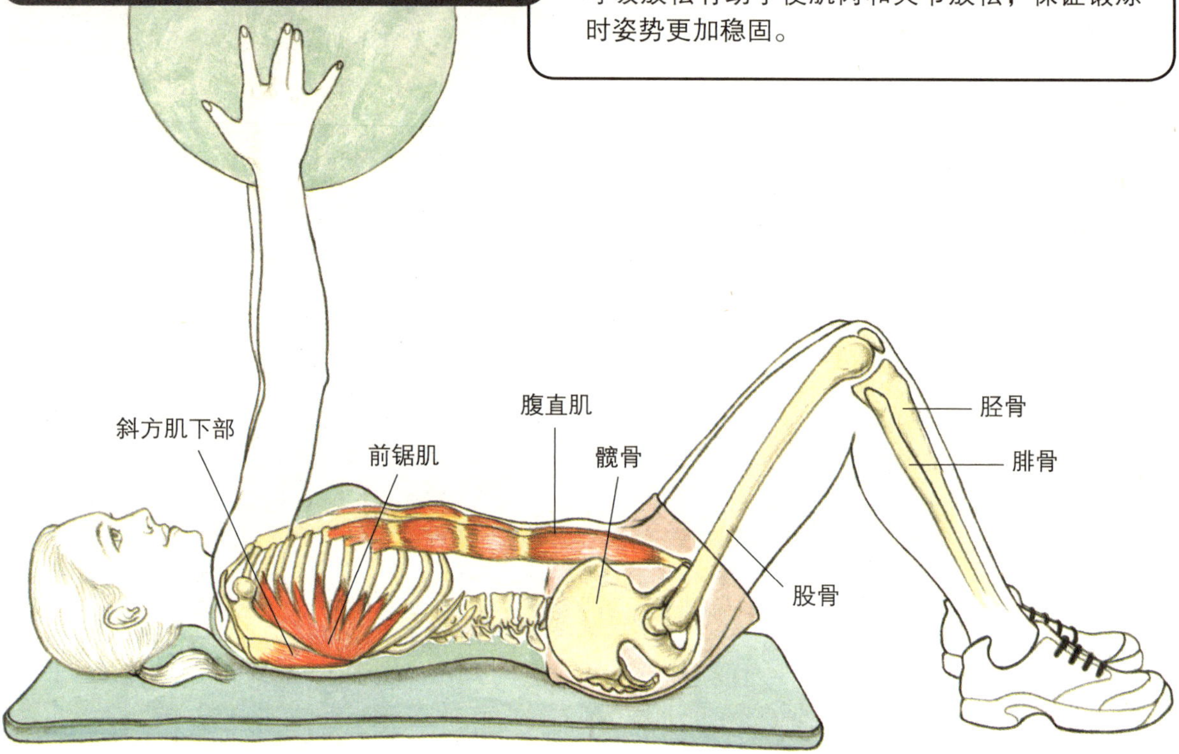

仰卧——脊柱居中，肩胛骨放松

• 仰卧，脊柱居中，双腿伸直或弯曲。
• 肘部放松，张开双臂抱住胸前的稳定球。
• 吸气，双臂上举，肩胛骨缓慢转向前移动，肘部放松。
• 肩胛骨放松，紧靠垫子。
• 双臂下降时，轻轻下压肩胛骨，使其向前紧贴肋骨，锻炼前锯肌和斜方肌下部。
• 可感到腋窝有一点扩大。
• 还原，并重复上述动作。

前锯肌和斜方肌下部

前锯肌和斜方肌下部将肩胛固定于肋骨上。在姿势训练中注意学习主动地放松前锯肌和斜方肌下部，以消除颈部和肩部的紧张。

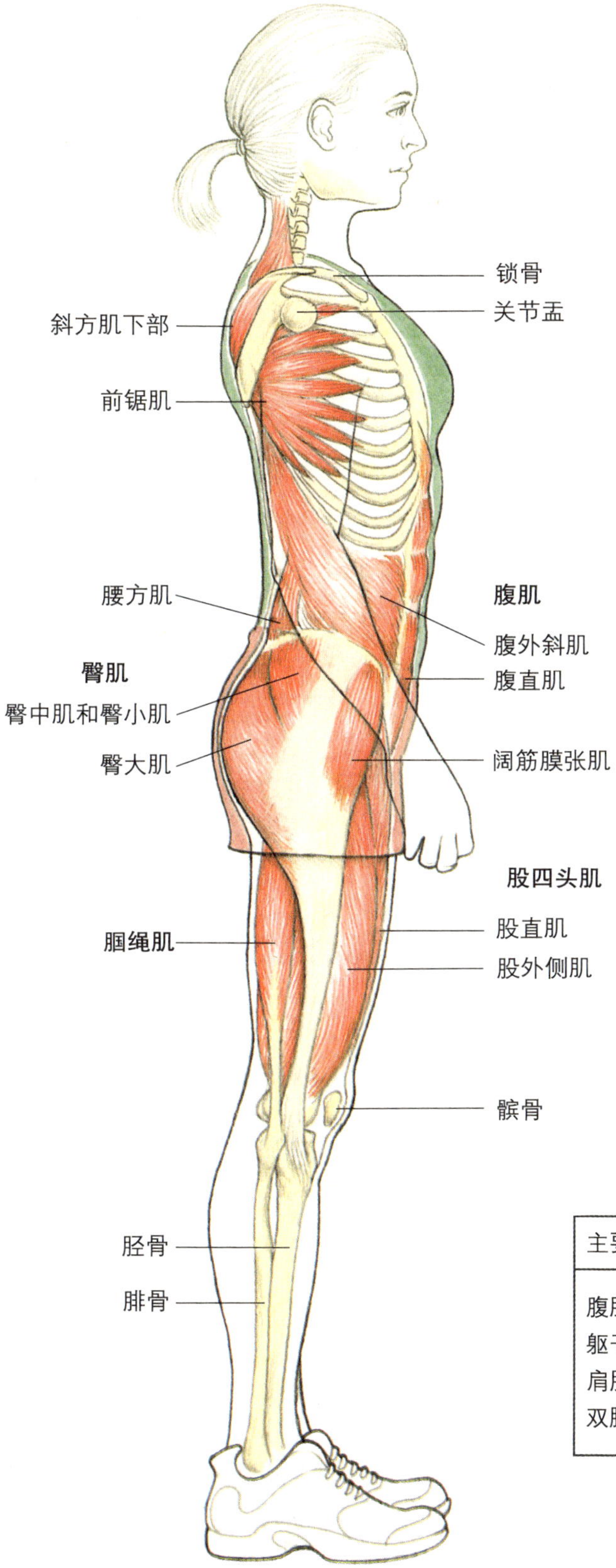

脊柱居中——站立并呼吸

• 重心置于两脚之间。

• 用鼻深呼吸，感到双臂之间的胸廓扩张。

• 足跟不离地，用嘴呼气，想象小腿和踝关节上举。

• 膝关节放松。

• 再次深吸气，在膝关节上方上提股四头肌。同时将大腿上部轻轻地转向内，呼气时感受下背部开放的感觉。

• 再次深吸气，由骨盆向上缓慢伸展脊柱。呼气时逐渐收缩腹肌，并使尾骨下降。

• 再次深吸气，上提并挺胸，但肋骨下缘不要向前移动。呼气时肩胛骨放松，向下、向前紧贴肋骨。感到双臂之间的胸廓扩张。

• 放松双臂和双肩。

• 再次深吸气，缓慢地由肩部向上伸展颈部，同时保持头部平衡。呼气时双眼视线稍高于水平线。

主要稳定肌群
腹肌，主要是斜肌和横肌 躯干：腰方肌和竖脊肌 肩胛骨：前锯肌、菱形肌和斜方肌下部 双腿和髋关节：内收肌群、腘绳肌、股直肌和臀肌

坐球腹部平衡训练

核心训练 • 全身稳定性 • 从中级到高级

➡ 确定所使用球的大小，坐于平衡球上的姿势要正确：双膝屈曲90度与髋同高，或稍低于髋，双脚平放于地面。年老体弱或者超重者可使用充气略不足的大平衡球。当动作熟练后就可用体积小一点的平衡球。

动作过程

伸展一侧膝关节，使脚抬离地面，同时抬起对侧手臂。还原，两侧肢体交替进行。

动作要领

- 身体不要扭曲倾斜。
- 动作缓慢进行，避免强烈运动。
- 双肩放松，不要低头。

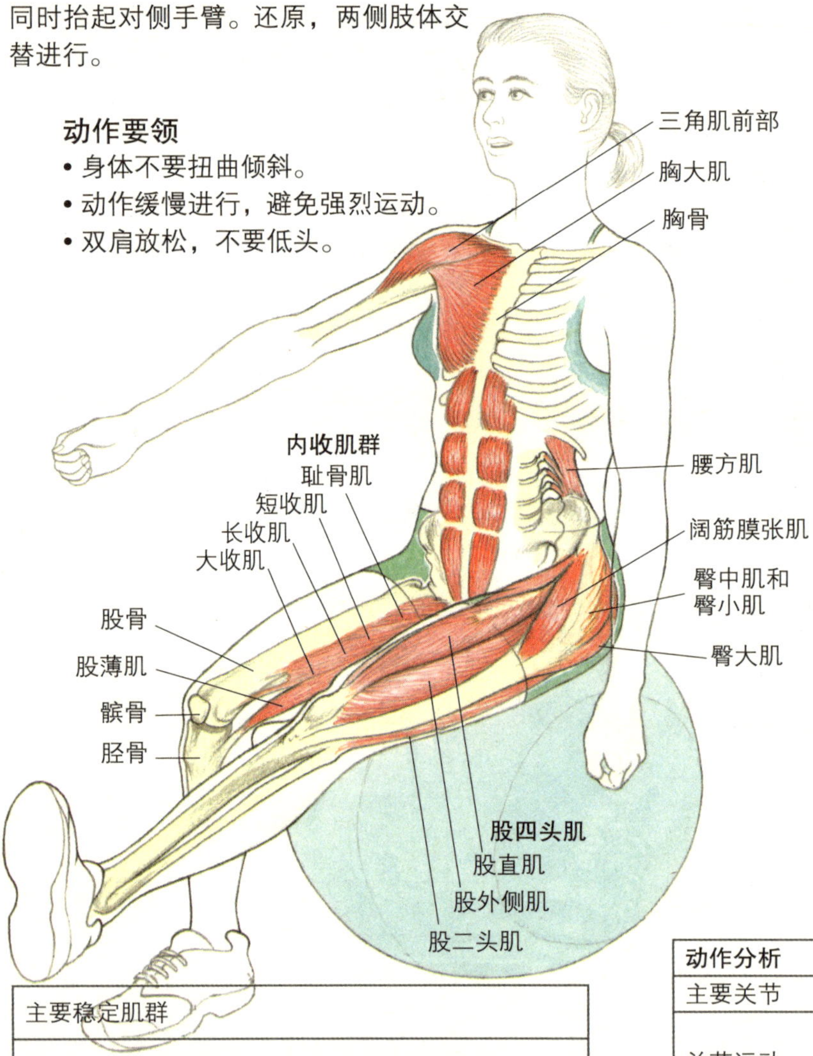

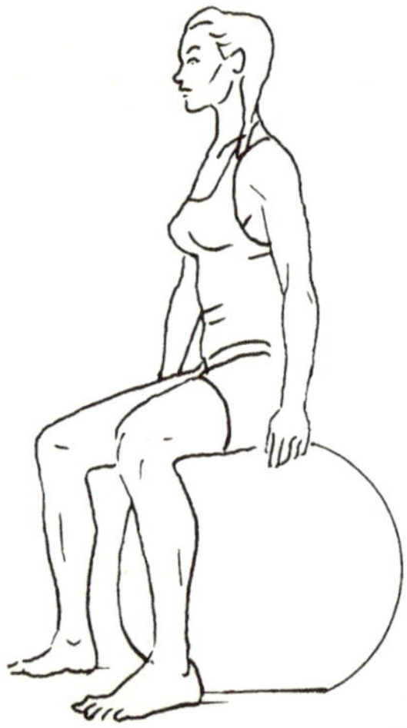

起始姿势

- 坐于平衡球的中央，姿势挺直，脊柱居中。
- 双脚平放于地面，间距与髋同宽。
- 收腹，同时尾骨放松，不要屏气。
- 双臂放松。

主要稳定肌群
腹肌，主要是腹外斜肌、腹内斜肌和腹横肌 躯干：腰方肌和竖脊肌 肩胛骨：前锯肌、菱形肌和斜方肌下部 静止的腿和髋：内收肌群、腘绳肌、股直肌和臀肌

动作分析	关节1	关节2
主要关节	肩关节	膝关节
关节运动	向上——屈 向下——伸	向上——伸 向下——屈
主要稳定肌群	三角肌前部 胸大肌上部	股四头肌

跪撑收腹

全身稳定 • 集中锻炼腹肌 • 闭路式训练 • 体重 • 从初级到高级

➡ 此项训练有助于加强位于腹部最深层的肌肉——腹横肌的感觉和力量，腹横肌有助于维持腹部平坦，增加腹内压以协助排便、分娩、呕吐、咳嗽和呼气。

动作要领

• 控制动作缓慢进行全方位的运动。

• 背部的中下部不要旋转或者弓起，保持骨盆和脊柱居中 。

• 保持挺胸，肩胛骨紧贴于背部。

• 当腹横肌向脊柱方向运动时，位于髂嵴上方的腰间赘肉感到好像变细。

动作过程

深吸气。呼气时收腹，在保持脊柱居中的前提下，可见腹部向脊柱方向运动。还原，并重复上述动作。

起始姿势

• 跪姿，双手与双膝着地，膝关节与手分别位于髋和肩的正下方。

• 保持脊柱居中 。

• 保持挺胸，肩胛下压，紧贴背部。

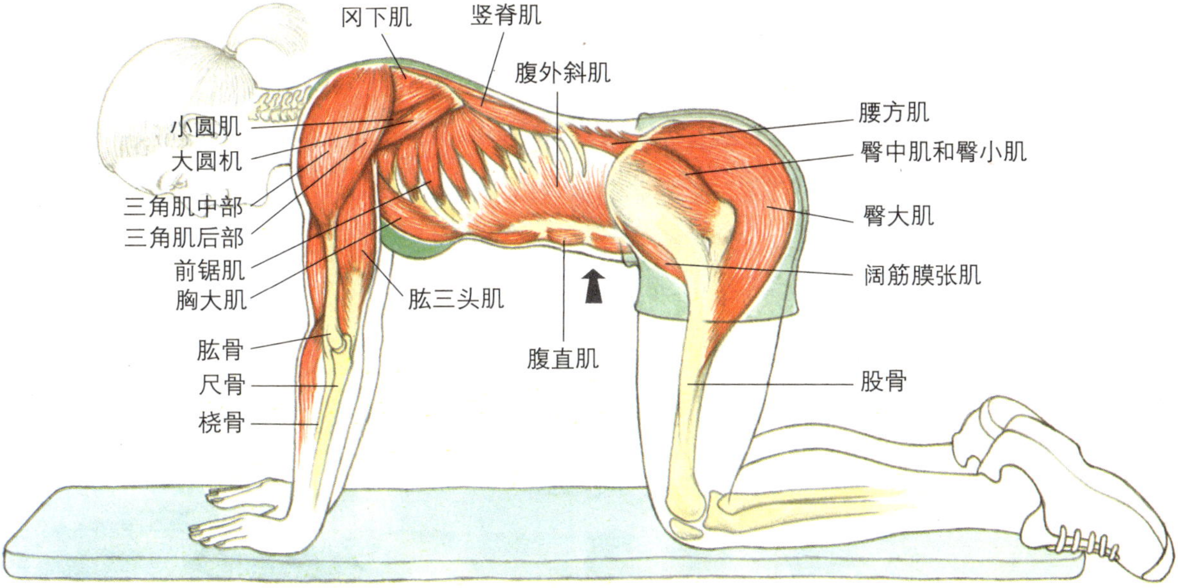

动作分析	关节1
主要关节	躯干
关节运动	无
主要运动肌群	腹横肌

主要稳定肌群
腹肌：主要是腹直肌，腹外斜肌和腹内斜肌 躯干：腰方肌、竖脊肌、内收肌群及臀中肌和臀小肌 肩关节：三角肌前部、胸大肌和肌腱袖 肩胛骨：前锯肌、菱形肌和斜方肌下部 臂：肱三头肌

腹部水平固定

全身稳定 •集中锻炼腹肌和背中部肌肉 •闭路式训练 •体重 •从中级到高级

该项运动有助于加强腹肌的稳定性及其耐受力，减轻由于躯干肌肉稳定功能差引起的下背部疼痛。加用平衡球训练可以增强躯干核心肌群的稳定性。

动作过程

主要目的是维持身体稳定和挺直时间。从10秒开始，逐渐增加至60秒。将球的凸面向上置于脚下时，重点锻炼下半身的稳定性，而将球的凸面向下置于手掌下时，重点锻炼上半身的稳定性。

动作要领

• 向前方（头顶方向）伸展身体，下颏保持微收状态。

• 背部不要旋转或者弓起，保持骨盆居中、脊柱居中 。

• 肩胛骨不要隆起，挺胸、肩胛骨紧贴于背部。

• 不要屏气，放松呼吸。

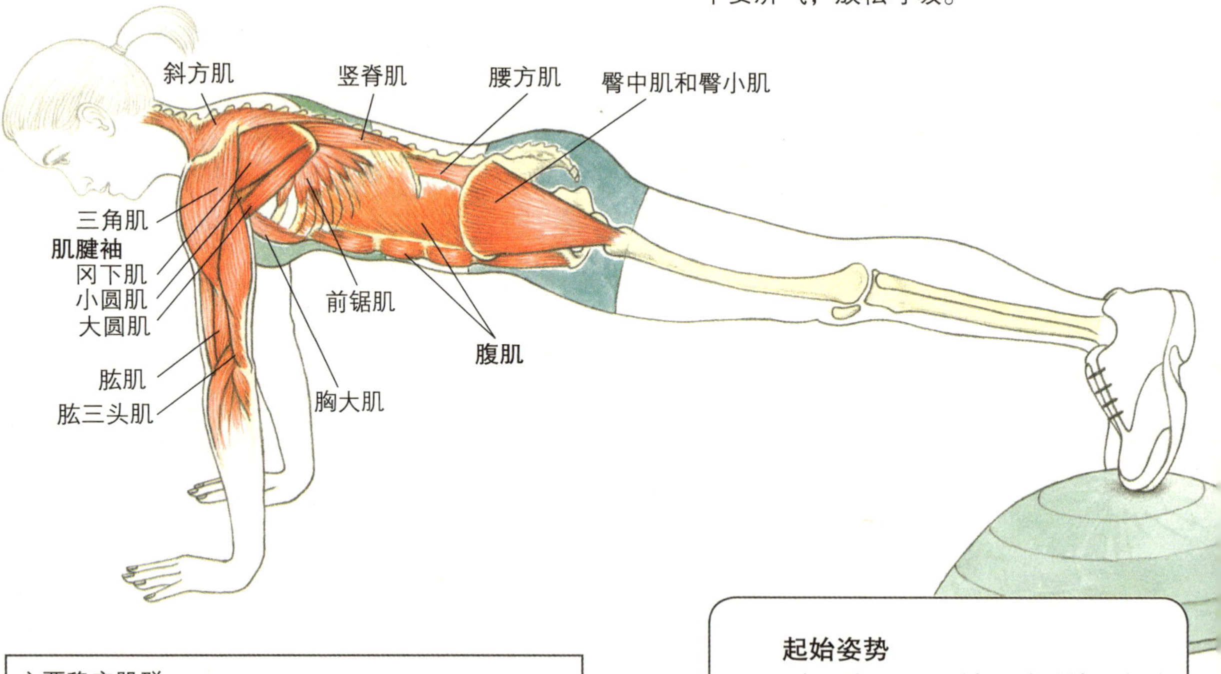

主要稳定肌群
腹肌 躯干：腰方肌、竖脊肌、内收肌群、臀大肌、臀中肌和臀小肌 肩关节：三角肌、胸大肌和肌腱袖 肩胛骨：前锯肌、菱形肌和斜方肌下部 臂：肱二头肌和肱三头肌

起始姿势

• 如图所示，双手与双脚着地，支撑起身体，双脚间距与髋同宽。

• 双臂伸直，在上胸部水平的间距略宽于肩。

• 保持脊柱居中，调动腹肌参与维持身体的稳定，收腹。

• 保持挺胸，双肩下沉。

俯卧滚球

核心训练 •多关节运动 •全身稳定 •闭路式训练 •体重 •从中级到高级

该练习达到了脊柱运动、下背部伸展及全身稳定性训练的完美结合。

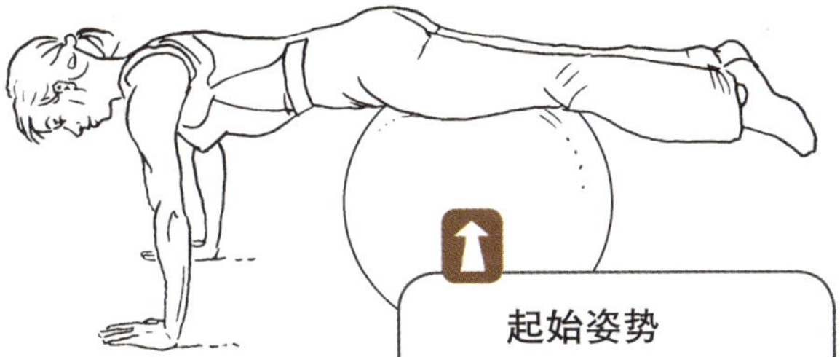

动作过程

两膝向胸部移动，带动平衡球向双手方向滚动，保持双臂稳定。还原，通过腹肌和上半身稳定肌群参与维持保持姿势的稳定。重复上述动作。

起始姿势

• 跪于健身球上，身体慢慢向下蜷曲，直至双手触及地面（参见左图）。让平衡球支持体重，不要向上抬头。

• 向前移动双手，直至平衡球滚动至大腿的下方，身体呈平板式姿势。

• 保持双臂伸直，间距稍宽于肩，双手位于肩的下方。

• 保持脊柱居中。

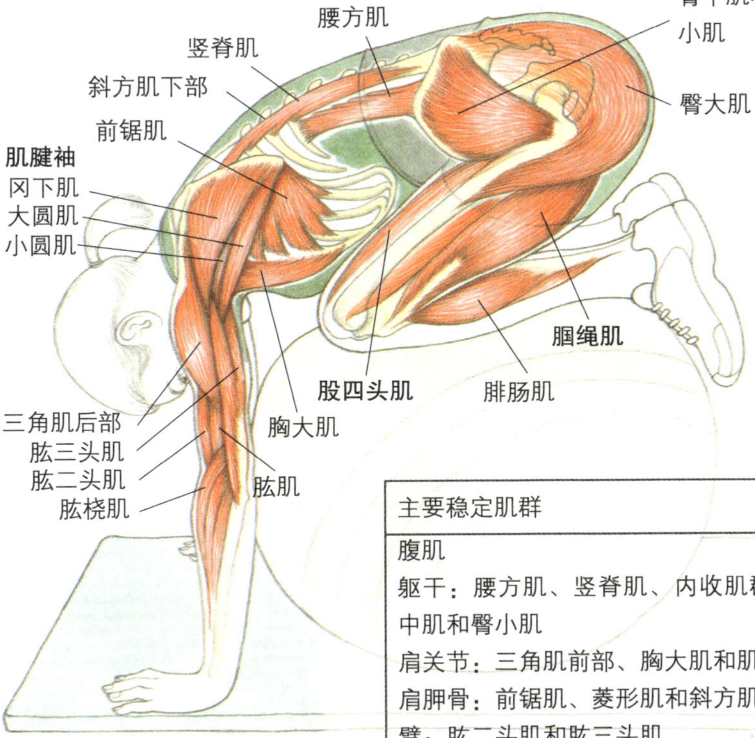

主要稳定肌群
腹肌 躯干：腰方肌、竖脊肌、内收肌群、臀中肌和臀小肌 肩关节：三角肌前部、胸大肌和肌腱袖 肩胛骨：前锯肌、菱形肌和斜方肌下部 臂：肱二头肌和肱三头肌

动作要领

• 控制动作缓慢进行。

• 不要抬头向上看，保持下颏向胸前微收。

• 尽力保持脊柱伸展。

• 肩胛骨不要隆起，保持挺胸。

• 呼吸放松。

动作分析	关节1	关节2	关节3
主要关节	膝关节	髋关节	脊柱
关节运动	蜷曲——屈 展开——伸	蜷曲——屈 展开——伸	蜷曲——屈 展开——伸
运动肌群	腘绳肌 腓肠肌	髂腰肌 股直肌	腹肌

腹肌稳定性训练

核心训练 •单关节 •集中锻炼腹肌的稳定性 •开放式训练 •体重 •从初级到高级

此套运动源于腹肌康复专业理疗师Shirley Sahrmann的著作。这一系列的运动旨在加强腹肌和盆底肌的稳定力量，对因怀孕而导致的腹肌分离的康复也比较理想。由于其他腹肌锻炼的方法可过分增加腹内压和牵拉背部，因而不适合孕妇和分娩以后的妇女。

动作要领

• 当第一个动作每一侧各重复做20次后，无不适感或移动一下背部，方可进行第二个动作。

• 控制动作缓慢进行，避免强烈运动。

• 不要耸肩，保持挺胸，头与脊柱居中，肩胛骨紧贴于背部。

• 避免臀部紧张或下背部向下用力接触垫子。集中精力锻炼腹肌。

动作分析	关节1
主要关节	髋关节
关节运动	滑动——伸 复原——屈
运动肌群	髂腰肌 股直肌

主要稳定肌群
腹肌 颈部：胸锁乳突肌 肩胛骨：前锯肌、菱形肌和斜方肌下部 髋关节：髂腰肌、股直肌

注意：该项运动中的大多数动作是通过稳定肌来完成的。

注意事项

剖宫产者需等伤口愈合后才可进行此项运动，在做任何运动之前均需得到产科医生、妇科医生或全科医生的批准才可进行。

动作过程

掌握动作的每个步骤是非常重要的，在做下一个动作之前一定要做好前一个动作。

1.起始姿势——单独锻炼腹肌 仰卧，屈膝屈髋，双脚平放于地面，间距与髋同宽。双臂放松置于身体两侧。保持脊柱居中，调动腹肌参与维持身体的稳定，收腹。保持呼吸畅通，记录腹肌收缩持续的时间。

2.单腿滑动 在保持脊柱居中和腹部稳定肌收缩的同时，一只脚缓慢向远侧滑动，直至腿平放于地面。还原，腹肌放松，换另一只脚重复上述动作。

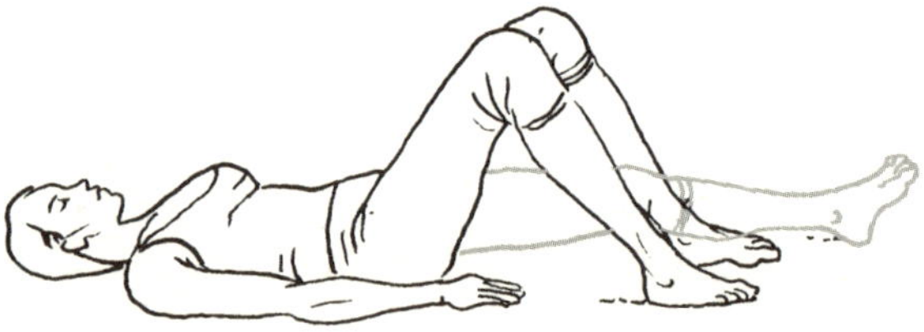

3.抬膝　从起始姿势开始，保持脊柱居中，进行腹肌稳定性训练，抬一条腿使膝关节位于髋的正上方，另一条腿与地面平行。还原，换对侧腿重复上述动作。

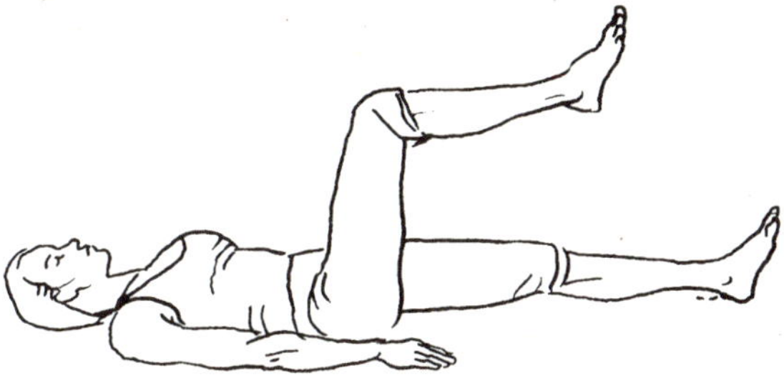

5.伸腿　从前面相同的起始姿势开始，屈髋、屈膝各90度，使得膝关节位于髋的正上方，小腿与地面平行。一条腿伸直，保持足跟距地面30～60厘米。开始时，腿可不完全伸直，熟练之后再将腿完全伸直。

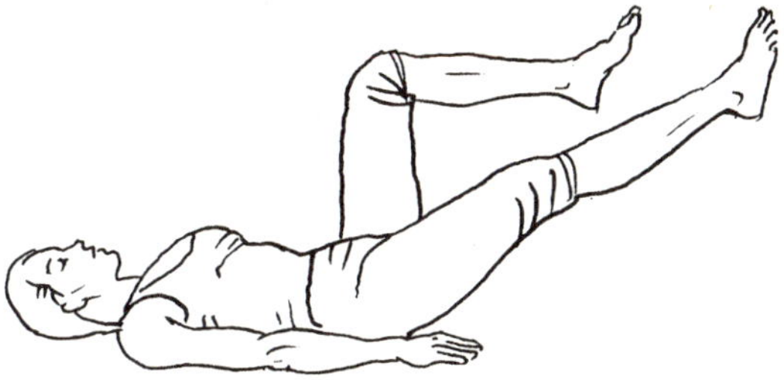

4.足跟触地　起始姿势与前面相同，屈髋、屈膝各90度，使膝关节位于髋的正上方，小腿与地面平行。在保持脊柱居中和腹部稳定肌收缩的同时，一条腿下降至足跟触地。保持膝关节屈曲90度。还原，换对侧腿重复上述动作。

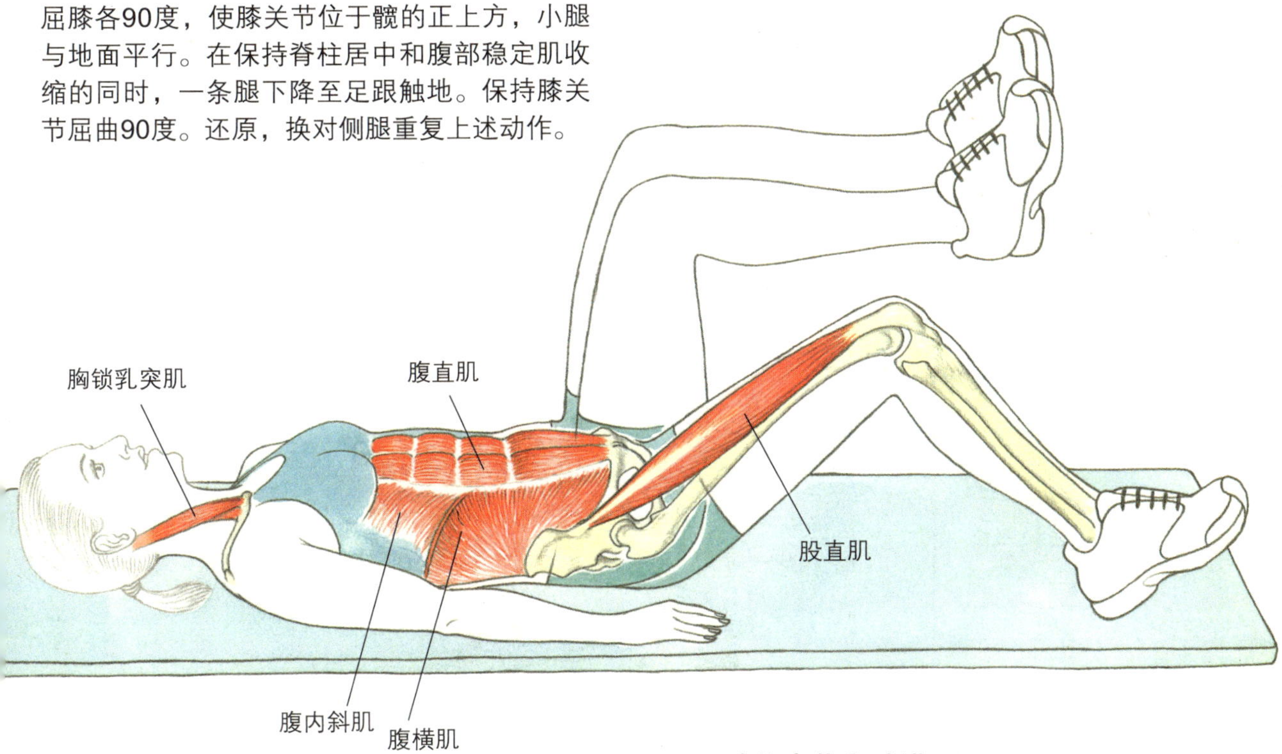

动作变化和改进

可使用平衡球来变化动作：例如，在步骤2中，腿滑动时可将平衡球置于脚下。为增加动作难度，可增加肩关节屈的动作，即腿向远侧滑动时，臂向相反的方向运动。

二步式收腹

辅助运动 • 独立 • 拉 • 开放式训练 • 体重/平衡球 • 从初级到高级

这种仰卧起坐有助于使动作缓和，避免用力过猛导致动作过快的弊端。

动作过程

第一步：呼气时，慢慢地蜷曲头颈部。保持下颏向胸前微收，肩胛骨紧贴垫子。稍停顿。

第二步：上半身继续向上蜷曲。此时肩胛骨应离开垫子，但下背部仍紧贴垫子，不要左右摇晃，保持位于自然中轴位。稍停顿，还原，重复上述动作。

动作要领

• 避免用力过猛，动作要缓和，运动幅度要到位。

• 保持尾骨紧贴垫子。

• 不要借助颈部或下颏向前的力量牵拉上半身，当身体蜷曲时，保持下颏向胸前微收，颈椎位于自然中轴位置。

• 起坐时不要借助手臂的力量，而要用腹肌收缩之力带动上半身向上抬起。

• 不要耸肩，保持挺胸，肩胛骨紧贴于背部，不要上拉。

• 向上运动时呼气。

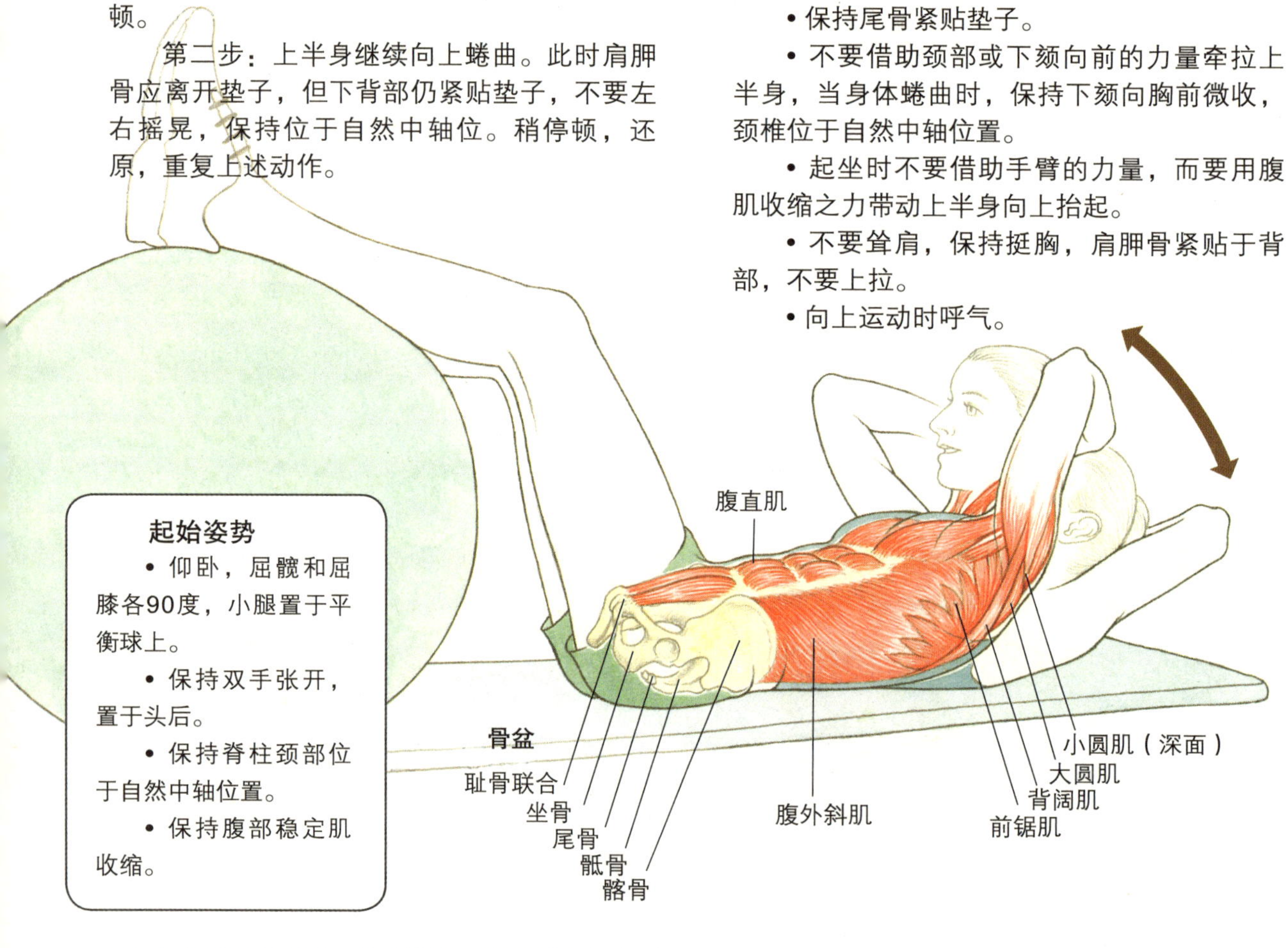

起始姿势

• 仰卧，屈髋和屈膝各90度，小腿置于平衡球上。

• 保持双手张开，置于头后。

• 保持脊柱颈部位于自然中轴位置。

• 保持腹部稳定肌收缩。

动作分析	第一步	第二步
主要关节	脊柱颈部	脊柱颈部和胸部
关节运动	向上——屈 向下——伸	向上——屈 向下——伸
运动肌群	胸锁乳突肌	腹直肌 腹外斜肌和腹内斜肌

斜板仰卧起坐

辅助训练 • 复合/多关节 • 拉 • 开放式训练 • 体重 • 从中级到高级

➡ 这种改良形式的仰卧起坐使下背部更安全，运动更容易控制,更加集中地锻炼腹直肌下部。

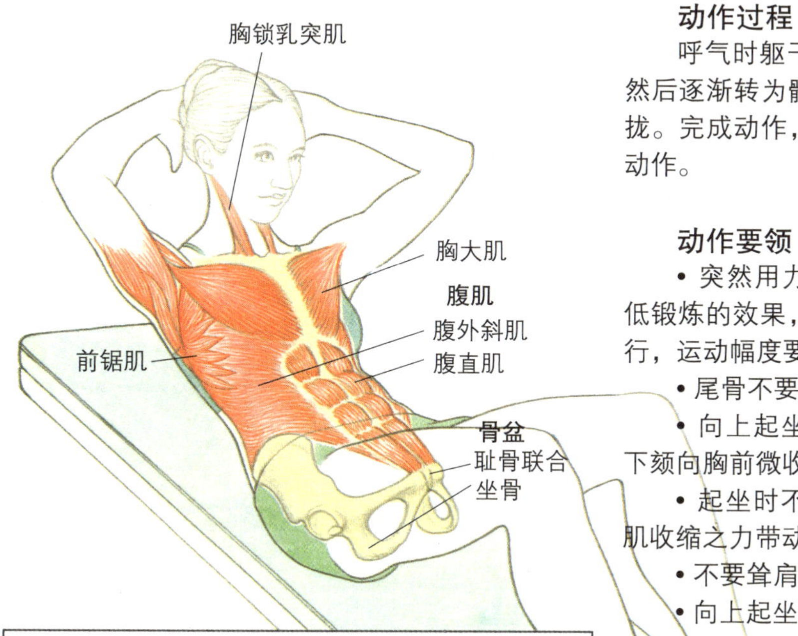

动作过程

呼气时躯干慢慢向上抬起，上半身蜷曲。然后逐渐转为髋关节屈曲，上半身向膝关节靠拢。完成动作，稍停顿，慢慢还原，重复上述动作。

动作要领

• 突然用力可能会损伤下背部，并且会降低锻炼的效果，应尽量避免。控制动作缓慢进行，运动幅度要到位。

• 尾骨不要离开垫子。

• 向上起坐时颈部或下颏不要用力前伸。下颏向胸前微收，脊柱颈部保持自然中立位。

• 起坐时不要借助手臂的力量，而要用腹肌收缩之力带动上半身向上抬起。

• 不要耸肩，保持挺胸，双肩下沉。

• 向上起坐时呼气，向下仰卧时吸气。

主要稳定肌群	
第一步	第二步
颈部：胸锁乳突肌 肩胛骨：前锯肌、菱形肌和斜方肌下部	躯干：腹直肌、腹外斜肌和腹内斜肌 颈部：胸锁乳突肌 肩胛骨：前锯肌、菱形肌和斜方肌下部

起始姿势

• 仰卧于倾斜15～30度的长凳上，膝关节弯曲，双脚平放于地面。

• 双手张开，置于头后。

• 保持颈椎居中。

• 保持腹部稳定肌的收缩。

注意：倾斜15～30度。

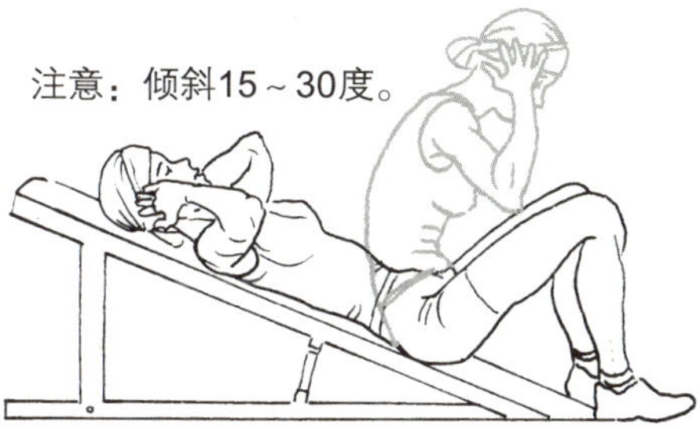

动作分析	第一步 动作中起坐阶段	第二步 动作中肩胛骨和下背部向上抬起阶段
主要关节	脊柱	髋关节
关节运动	向上——屈 向下——伸	向上——屈 向下——伸
主要运动肌群	腹直肌 腹外斜肌和腹内斜肌	髂腰肌 股直肌

双腿夹球转体收腹

辅助训练 • 独立 • 拉 • 开放式训练 • 体重 • 从初级到中级

转体收腹是腹肌训练的一种简单变化形式，集中锻炼腹外斜肌和腹内斜肌。在进行该项训练时两腿夹球，可进一步单独锻炼腹肌，增加髋关节的核心稳定性。

动作过程

呼气时上半身慢慢向上蜷曲，并转向右侧，带动左侧肘关节靠近右膝。保持平衡球稳固地夹在两腿之间，但是不要用力挤压。肩部向上抬起离开垫子，但下背部仍稳稳地躺于垫子之上，坚持片刻，还原。重复上述动作，左、右侧交替进行。

动作要领

• 避免强烈运动，缓慢地进行可控制的全方位运动。

• 保持下颏微收，位于正中。

• 避免通过手用力抬起上半身，也不要通过肩部力量牵拉肘部靠近膝部。

• 向上起坐时吸气，向下仰卧时呼气。

运动分析	关节1
主要关节	脊柱
关节运动	向上——屈，旋转 向下——伸，逆向旋转
主要运动肌群	腹直肌 腹外斜肌和腹内斜肌

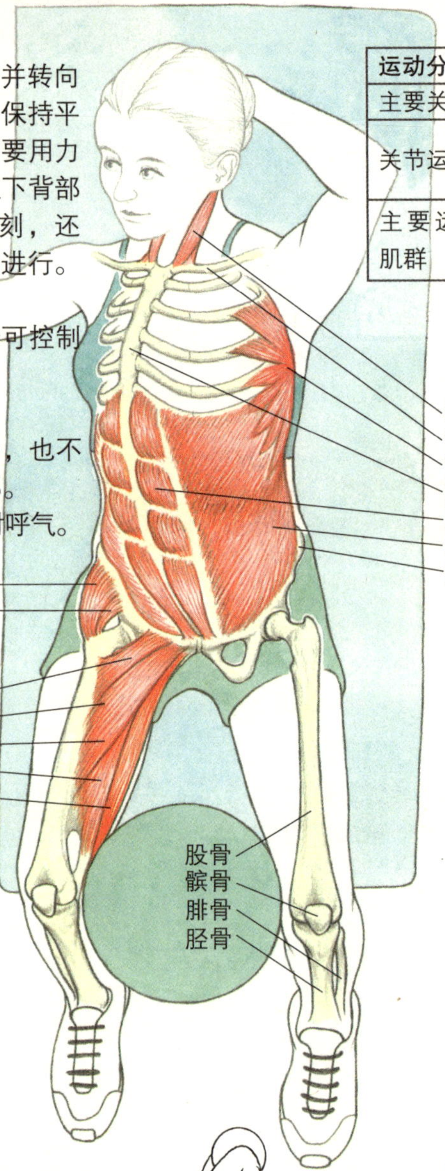

主要稳定肌群
腹肌 颈部：胸锁乳突肌 肩胛骨：前锯肌、菱形肌和斜方肌下部 髋关节：内收肌群、展肌和臀肌

起始姿势

• 仰卧，屈膝，双脚平放于地面，间距与髋同宽。

• 在两腿间放置一个小号（直径23厘米）的平衡球。

• 右手向侧方伸出，左手置于头后。

• 保持脊柱颈部居中。

• 腹部稳定肌群保持收缩。

元宝收腹

辅助训练 •独立 •拉 •开放式训练 •体重 •从中级到高级

此项动作能最大限度地收缩腹肌。需要注意的是背部的伸肌，例如，竖脊肌紧张可限制腹肌收缩的峰值以及动作的幅度。

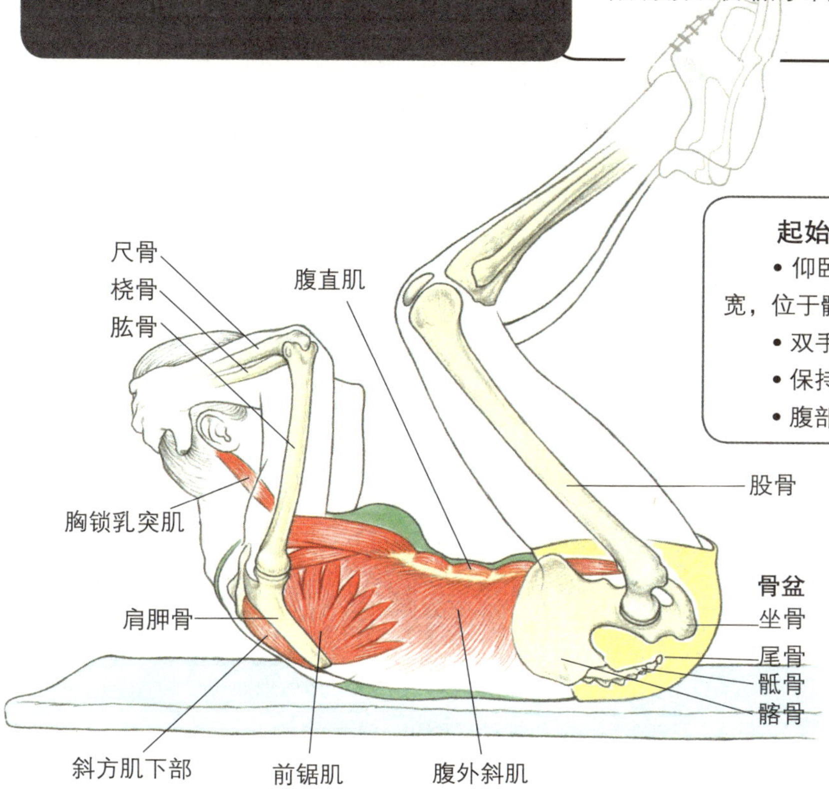

起始姿势

• 仰卧，屈髋、屈膝，双膝间距与髋同宽，位于髋关节的正上方。

• 双手张开，置于头后。

• 保持脊柱颈部自然挺直。

• 腹部稳定肌群保持紧张。

动作过程

呼气时躯干屈曲，上半身慢慢向上蜷曲。与此同时髋关节屈曲离开垫子，头、膝尽量在身体的中点相互靠近。稍停顿，还原，重复上述动作。

动作要领

• 收腹时，脊柱呈流畅的C型弯曲，保持腹肌收缩。

• 避免强烈运动，控制动作缓慢进行全方位的运动。

• 尾骨慢慢向下置于垫子之上。

• 身体向上蜷曲时，保持下颏微收。

• 起坐时不要借助手臂的力量，而要用腹肌收缩之力使上半身向上抬起。

• 保持挺胸，双肩下沉。

• 向上起坐时吸气，向下仰卧时呼气。

动作分析	关节1	关节2
主要关节	颈部	脊柱
关节运动	向上——屈 向下——伸	向上——屈 向下——伸
主要运动的肌群	胸锁乳突肌	腹直肌、腹外斜肌和腹内斜肌

主要稳定肌群
腹肌 颈部：胸锁乳突肌 肩胛骨：前锯肌、菱形肌和斜方肌下部 髋关节：髂腰肌、股直肌

屈髋收腹

辅助训练 •全身稳定性训练性 •集中锻炼腹部、中下背部及肩部的稳定肌 •开放式训练 •体重 •从中级到高级

人们往往认为屈髋收腹只能锻炼下腹部的肌肉，这种观念是错误的。虽然运动后下腹部会出现局部的肌肉酸痛，但实际上它能引起腹肌整体的等长收缩，保持和稳定脊柱居中 。

动作要领

• 动作缓慢进行，避免强烈运动。

• 不要塌肩或耸肩。通过斜方肌下部和前锯肌的收缩将双肩下沉，使其紧贴于背部，上提躯干。

• 保持挺胸。

• 向上起坐时吸气。

• 注意：腹部稳定肌群薄弱的练习者在训练后，很可能会出现急性下背部疼痛或不适。

动作过程

上提膝关节至髋关节水平，保持躯干稳定。还原，重复上述动作。

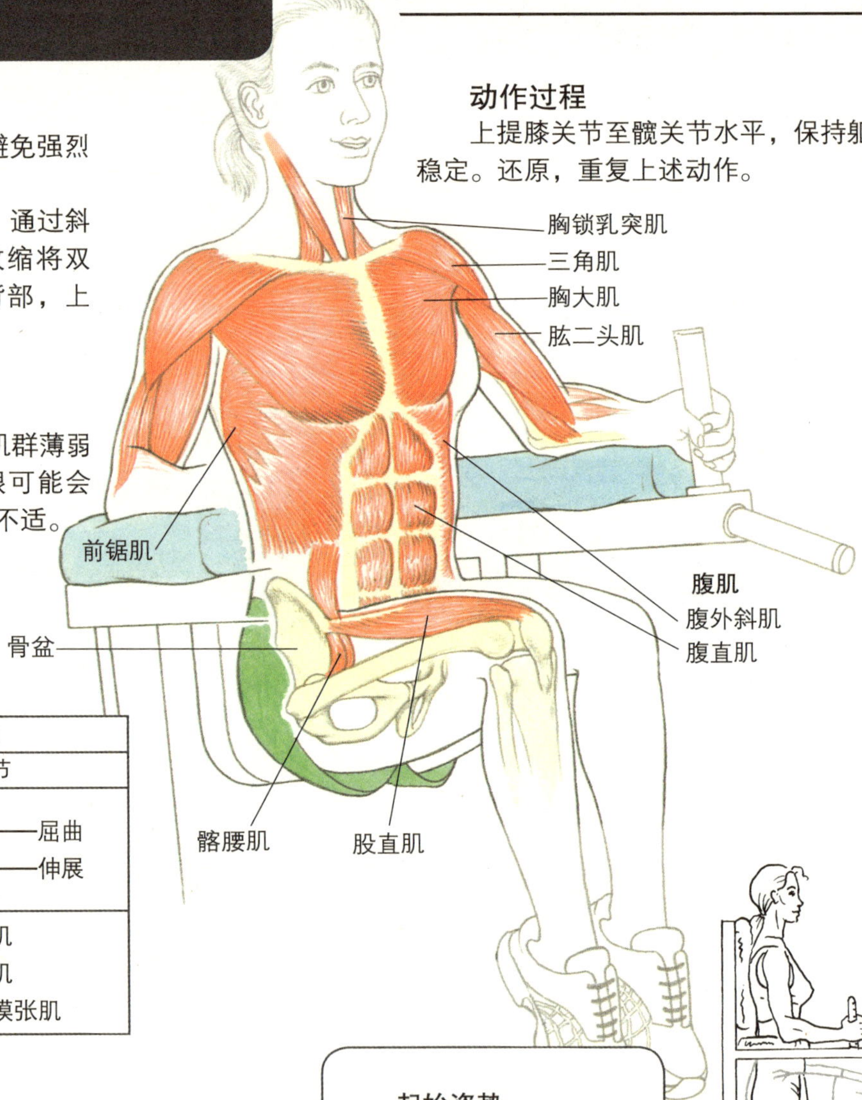

运动分析	关节1
主要关节	髋关节
关节运动	向上——屈曲 向下——伸展
主要运动的肌群	髂腰肌 股直肌 阔筋膜张肌

主要稳定肌群
腹肌 颈部：胸锁乳突肌 肩胛骨：前锯肌、菱形肌和斜方肌下部 肩关节：肌腱袖

注意：在此项锻炼中稳定肌起主要作用。

起始姿势

• 在健身机上用前臂支撑体重，挺胸，脊柱居中，背部和臀部紧贴靠背。

• 双腿悬空，腹肌收缩稳定骨盆。

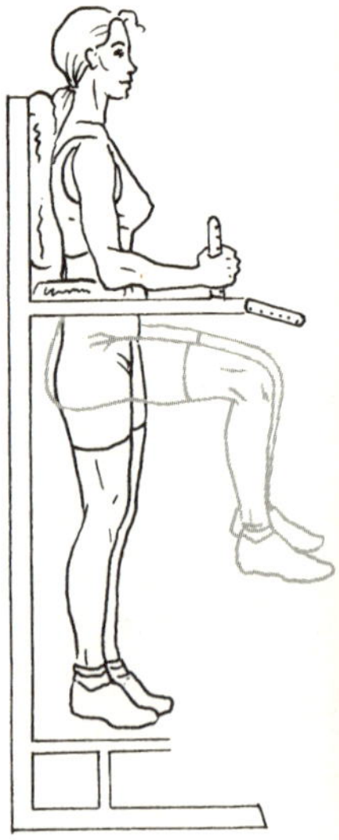

中背部及肩胛骨稳定性训练

上半身稳定性 •集中锻炼中背部稳定肌群 •开放式训练 •体重 •从中级到高级

在上半身的锻炼中，肩胛骨的稳定肌可使肩胛骨紧贴于背部。肩胛骨周围的肌肉薄弱会导致耸肩、胸部内陷及肩胛骨内侧缘向后凸出，形似“翼状”,引发颈部疼痛和肩部紧张。

动作过程

俯卧于倾斜的长凳上，屈肘，手臂慢慢向前外方抬起，掌心朝向头，拇指指向天花板。在整个过程中要保持双肩下沉，肩部放松，坚持5秒钟。还原，重复上述动作。

动作要领

- 避免强烈运动，缓慢地进行可控制的全方位运动。
- 不要耸肩，保持挺胸，双肩下沉。
- 肘关节不要下垂。

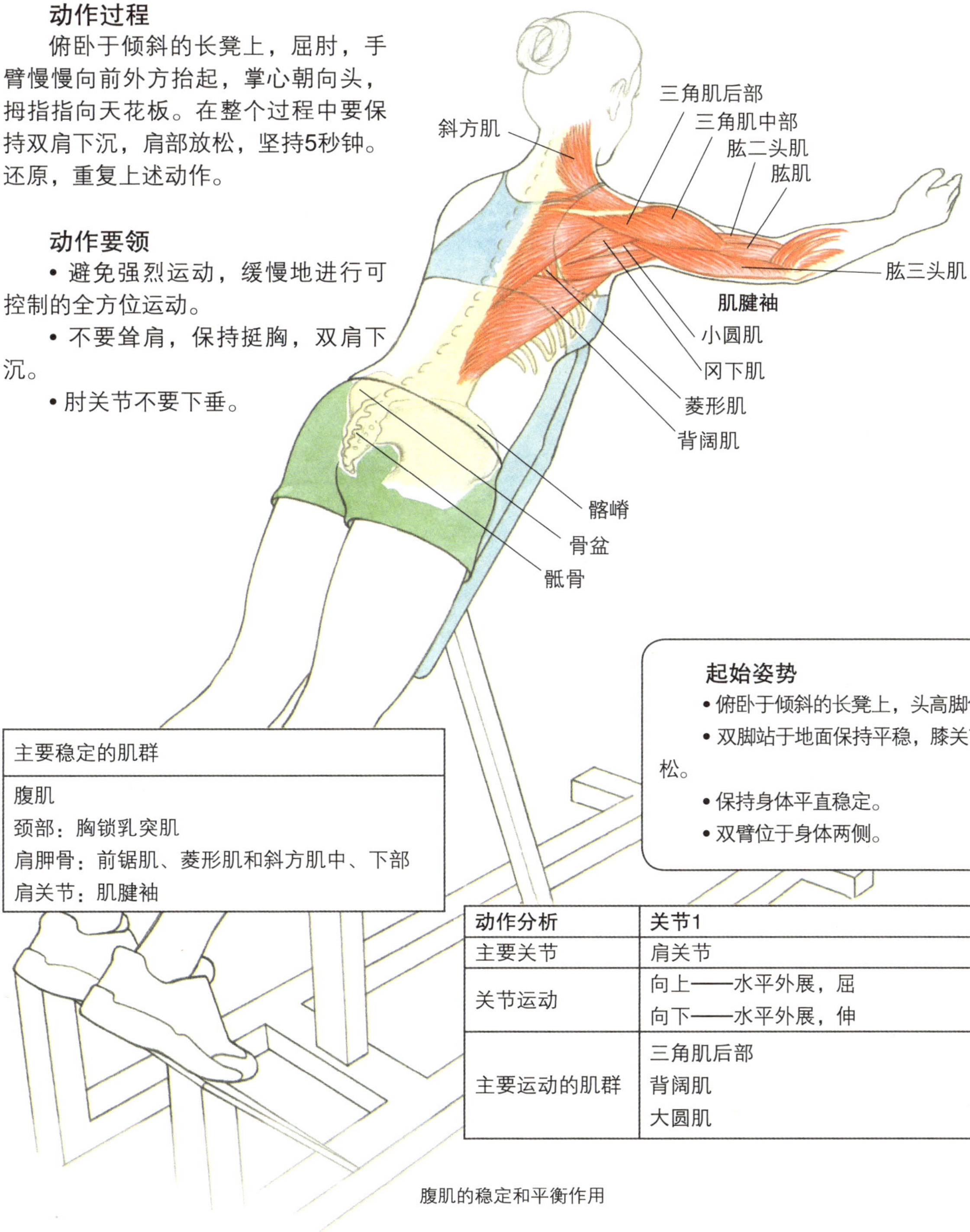

起始姿势

- 俯卧于倾斜的长凳上，头高脚低。
- 双脚站于地面保持平稳，膝关节放松。
- 保持身体平直稳定。
- 双臂位于身体两侧。

主要稳定的肌群
腹肌 颈部：胸锁乳突肌 肩胛骨：前锯肌、菱形肌和斜方肌中、下部 肩关节：肌腱袖

动作分析	关节1
主要关节	肩关节
关节运动	向上——水平外展，屈 向下——水平外展，伸
主要运动的肌群	三角肌后部 背阔肌 大圆肌

跪姿触踝

全身稳定性训练 •集中锻炼腹肌和下背部稳定肌群 •闭路式训练 •体重 •高级

该项独特的训练方法衍生自瑜伽的后弯体式，它对腹部及其他维持姿势的肌肉提出了全新的挑战。

动作过程

身体向一侧倾斜旋转，带动同侧手触及对侧足跟。进一步旋转身体，向后注视双脚。还原，换旋转方向重复上述动作。为了开始练习此项动作时比较容易，可以在踝关节两侧各放一块瑜伽砖，身体旋转带动手触及瑜伽砖而不是足跟，瑜伽砖的高度比足跟要高，所以可相应的减小身体倾斜和旋转的幅度。

动作要领

• 控制动作缓慢进行。

• 身体倾斜和旋转时，整个躯干的动作要均衡，避免拉伤下背部。

• 臀部紧张及耸肩会妨碍动作的完成，应尽量避免。

• 当身体转向后时呼气。

起始姿势

• 跪于折叠的练习毯上。

• 膝关节处于髋关节的下方，脊柱居中。

• 调动腹肌参与维持稳定，收腹，这对于保护背部至关重要。

• 双臂前伸与肩同高，掌心向下，沉肩。

运动分析	关节1	关节2	关节3
主要关节	脊柱	肩胛骨	肩关节
关节运动	向后——旋转和伸 还原——逆向旋转和屈	向后——收（收） 还原——展（伸）	向后——伸 还原——屈
主要运动肌群	竖脊肌 腰方肌 腹外斜肌和腹内斜肌	菱形肌 斜方肌	背阔肌 大圆肌 胸大肌下部 三角肌后部

主要稳定肌群
主要稳定肌群为竖脊肌、腹肌、臀大肌和腿部肌肉 辅助的稳定肌群包括： 颈部：胸锁乳突肌 肩胛骨：斜方肌中、下部和前锯肌 躯干：腰方肌 髋关节和下肢：臀中肌、臀小肌、深部旋外肌和内收肌群

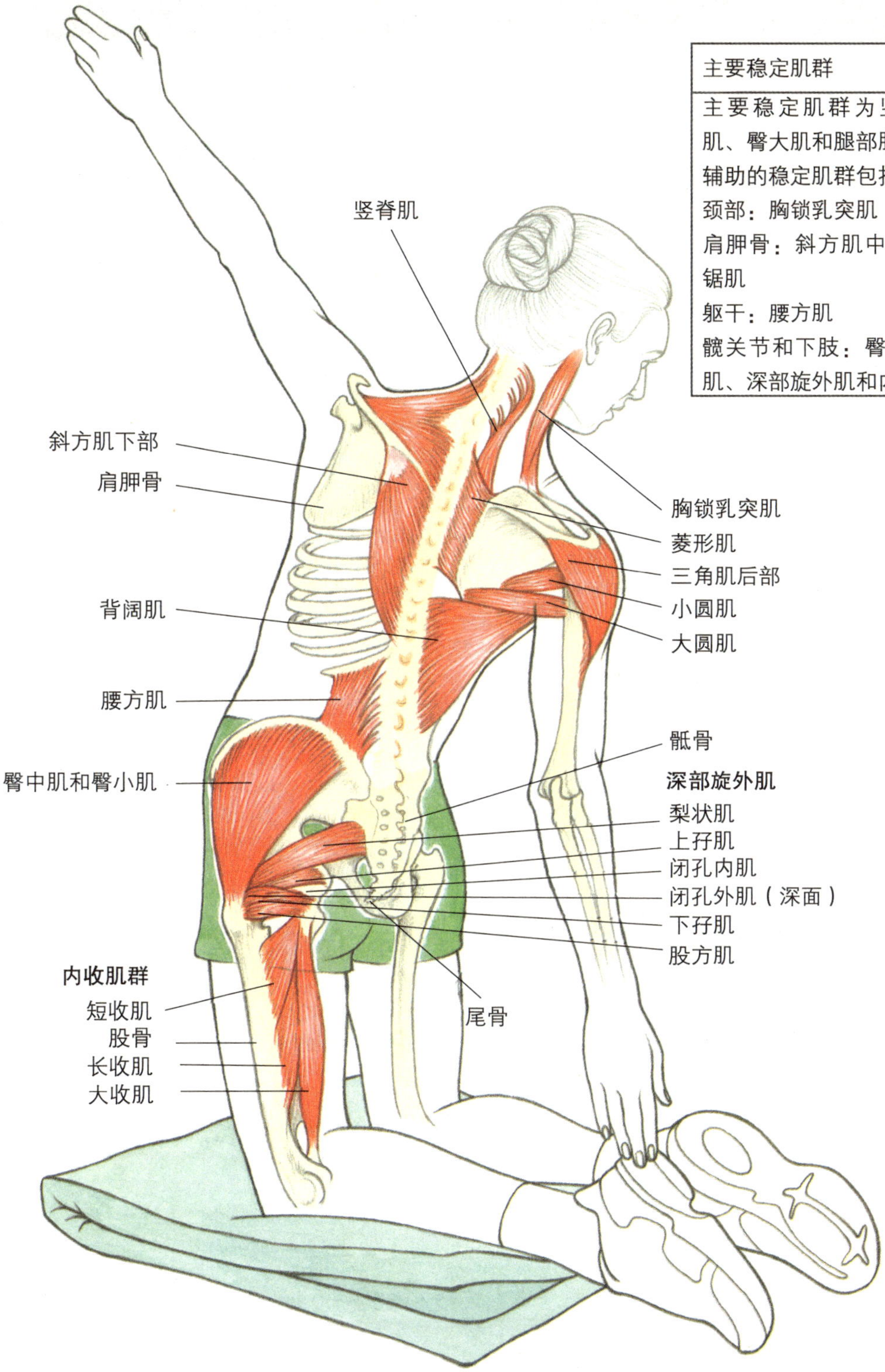

3.胸部

乳房主要由脂肪组织构成，由胸肌支撑。由于乳房组织中没有肌纤维，运动并不能真正使乳房变得坚挺、结实或增大，但是胸部的锻炼能更好地支撑乳房，帮助解决乳房下垂或外扩的问题。锻炼并不能逆转乳房伴随年龄的增加而发生的自然变化，尤其是对于哺乳婴儿的女性而言，但是锻炼可使乳房看起来比较丰满，效果不错。虽然手术的成效更为显著，但是无论是否进行乳房手术，在锻炼规划中应该包含本章推荐的胸部训练项目。

强化锻炼乳房深面的胸肌可使胸围轻度增大，但是罩杯的大小不会有什么变化。在正常的年龄增长的过程中，女性20岁以后每年都会减掉500克的肌肉，同时增加1～2千克的脂肪。所以，如果减肥的同时强化胸肌，胸围的尺寸可能没有变化。实际上，由于脂肪组织的减少甚至有可能造成乳房变小。

小贴士：上半身的正确姿势可使女性的胸围显得更加丰满。相反，塌肩弓背会让胸部看起来更加平坦。练习应包括中、上背部的均衡锻炼（参见自92页开始的肩背部章节）以及划船器的使用，以增强维持姿势的肌力，保持挺胸和肩部放松。

前锯肌将双肩下沉，使其紧贴于背部，起着强有力地稳定肩胛骨的作用。在进行俯卧撑等胸部锻炼时，如果出现肩胛骨呈“翼状”后凸，表明前锯肌比较薄弱，或前锯肌在运动中尚未收缩。训练目的就是锻炼前锯肌和斜方肌下部，使其牵拉肩胛骨向后内，紧贴于背部。此项稳定原理适用于所有的胸部训练项目。

名称	跨越关节	起点	止点	主要作用
胸大肌	肩关节	（上部）锁骨：锁骨前面的内侧半 （中部）胸骨和（下部）腹部：第1～6肋软骨的前面以及胸骨	以扁腱止于肱骨的结节间沟	肩关节：内收、旋内及屈
胸小肌	肩关节至肋骨	第3～5肋骨的前面	肩胛骨的喙突	肩胛骨：外展（前伸）、向下旋转、拉肩胛骨向下
三角肌前部	肩关节	锁骨前外1/3	肱骨的外侧	肩关节：屈，旋内
喙肱肌	肩关节	肩胛骨的喙突	肱骨中部内侧缘	肩关节：水平内收

注意：在第6节——上肢，将详细介绍肱三头肌和肘肌；在第5节——背部和肩部将详细介绍肌腱袖、前锯肌、菱形肌、斜方肌、背阔肌和大圆肌。

训练项目

改良式俯卧撑

核心训练 •复合/多关节 •推 •闭路式训练 •体重 •功能性 •初级到高级

捷克共和国的Renta Hamplova是女子俯卧撑世界纪录的保持者。1995年她在3分钟和10分钟之内分别完成了190和426个俯卧撑。

动作过程

保持身体姿势平直，屈肘，身体下降贴近地面。上肢上推伸直，还原。重复上述动作。

动作要领

• 控制动作缓慢进行。

• 维持身体姿势平直，保持耳、肩、髋和膝位于一条直线上。

• 不要猛然用力来完成动作。

• 肩胛骨不能“悬空”，下压肩胛骨向后内，使其紧贴于背部。

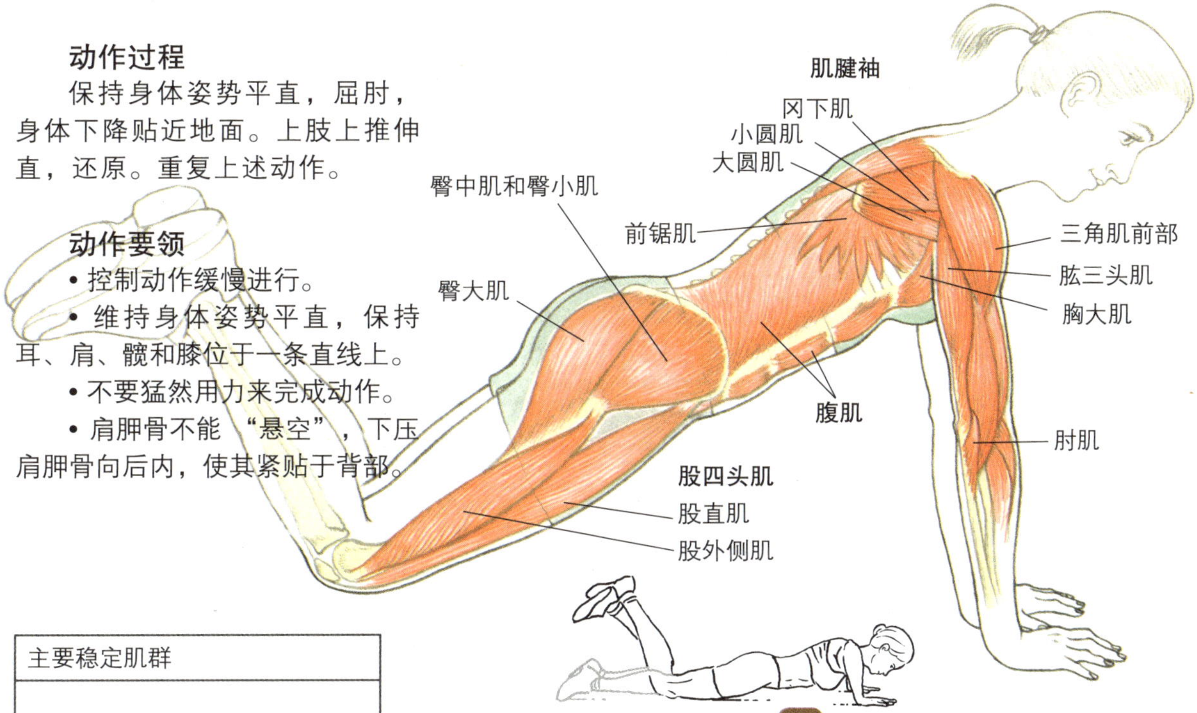

主要稳定肌群
肩胛骨：前锯肌、胸小肌、菱形肌和斜方肌下部 肩关节：肌腱袖和肱二头肌 躯干稳定肌：腹肌、臀肌、股四头肌、腰方肌和背阔肌

起始姿势

• 俯卧。

• 用双手和双膝支撑身体。

• 两臂伸直，在上胸部平面两臂间距略宽于肩。

• 保持身体姿势呈直线。

动作分析	关节1	关节2	关节3
主要关节	肘关节	肩关节	肩胛骨与胸部连结
关节运动	向上——伸 向下——屈	向上——水平内收，屈 向下——水平外展，伸	向上——轻度向上旋转，外展（前伸） 向下——轻度向下旋转，内收（回缩）
主要运动的肌群	肱三头肌 肘肌	胸大肌，主要是胸骨和锁骨部 喙肱肌 三角肌前部	前锯肌

横杆俯卧撑

核心训练 •复合/多关节 •推 •闭合式训练 •体重 •功能性 •初级到高级

女性往往因为害怕肌肉变得粗大而回避上半身的力量训练。实际上，上半身的锻炼会让女性变得姿势优美，仪态万方，信心百倍。对于俯卧撑的各种升级版本来说，本版本可以作为比较简单的入门练习（59～63页）。

起始姿势

• 身体倾斜站于高度达髋关节的栏杠的前方，双臂伸直，在上胸部水平双手握杠，双手间距略宽于肩。

• 用伸直的双臂支撑体重。

• 保持身体姿势呈直线。

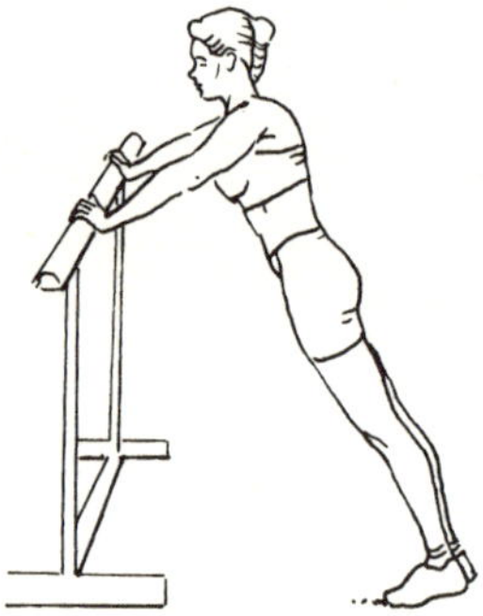

动作过程

保持身体姿势平直，屈肘，身体向下至上胸部水平的横杆。伸直手臂，向上推起身体，还原。重复上述动作。

动作要领

• 控制动作缓慢进行。

• 维持身体姿势平直，保持耳、肩、髋和膝位于一条直线上。

• 不要猛然用力来完成动作。

• 肩胛骨不能“悬空”，牵拉肩胛骨向前，使其紧贴于背部。

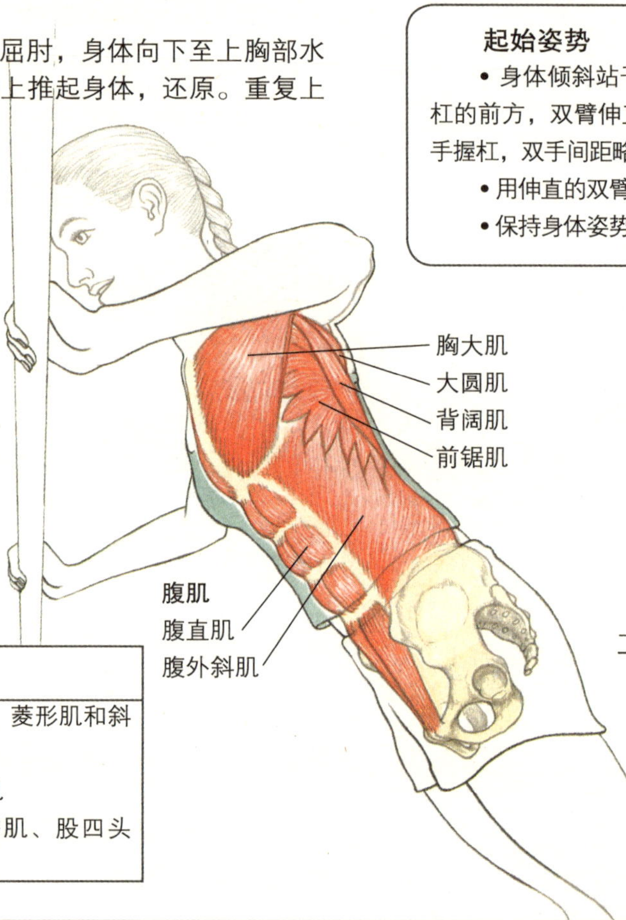

主要稳定肌群
肩胛骨：前锯肌、胸小肌、菱形肌和斜方肌下部
肩关节：肌腱袖和肱三头肌
躯干稳定肌群：腹肌、臀肌、股四头肌、腰方肌和背阔肌

动作分析	关节1	关节2	关节3
主要关节	肘关节	肩关节	肩胛骨与胸部连结
关节运动	向上——伸 向下——屈	向上——水平内收，屈 向下——水平外展，伸	向上——轻度向上旋转，外展（前伸） 向下——轻度向下旋转，内收（回缩）
主要运动的肌群	肱三头肌 肘肌	胸大肌，主要是胸骨和锁骨部 喙肱肌 三角肌前部	前锯肌

卧推机推举

核心训练 •复合/多关节 •推 •开放式训练 •杠铃 •从中级到高级

本项目采用卧推机以保证训练安全，并且可体验自由重量训练，是杠铃和哑铃仰卧推举的理想预备训练。

动作过程

肘关节伸直，将手柄向上推举。还原，在静止位置之前停住，保持手柄的张力。重复上述动作。

起始姿势

• 动作起始时将手柄的高度调整到胸部水平之下。

• 仰卧，双脚平放于躺板上或地面，双脚间距与肩同宽，保持稳定和脊柱挺直。

• 在上胸部水平握住手柄。

动作要领

• 正确掌握动作之后再增加负荷。
• 不要猛然用力。控制动作缓慢进行。
• 向上举起手柄时呼气。
• 肩胛骨不能“悬空”（见上一页动作要领最后一条）。

结束姿势

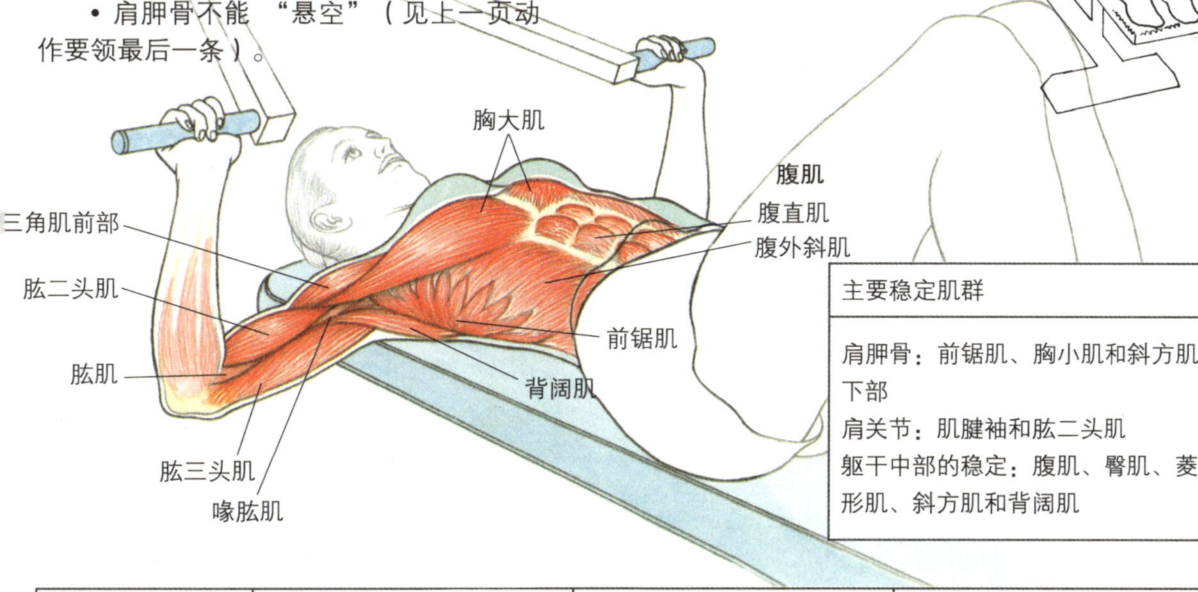

主要稳定肌群
肩胛骨：前锯肌、胸小肌和斜方肌下部 肩关节：肌腱袖和肱二头肌 躯干中部的稳定：腹肌、臀肌、菱形肌、斜方肌和背阔肌

动作分析	关节1	关节2	关节3
主要关节	肘关节	肩关节	肩胛骨与胸部连结
关节运动	向上——伸 向下——屈	向上——水平内收，屈 向下——水平外展，伸	向上——轻度向上旋转，外展（前伸） 向下——轻度向下旋转，内收（回缩）
主要运动的肌群	肱三头肌 肘肌	胸大肌，主要是胸骨和锁骨部 喙肱肌 三角肌前部	前锯肌

上斜卧哑铃推举

核心训练 •复合/多关节 •推 •开放式训练 •杠铃 •从中级到高级

与杠铃仰卧推举相比，此项训练的动作幅度更大，所以肌肉可以通过更强的收缩得到锻炼。此外，这个动作还会用到更多保持姿势的肌肉来独立承担负荷。

动作过程

屈肘，使哑铃下降至上胸部水平。然后伸直双臂，上举哑铃。还原，重复上述动作。

动作的变化和系列训练

可尝试用平板代替斜板来进行这项训练。上一页介绍的仰卧推举器使用的不是固定重量，而是自由重量，既有本练习的感觉，又具备了器械的安全性。

主要稳定肌群
肩胛骨：前锯肌，胸小肌和斜方肌下部 肩关节：肌腱袖和肱二头肌 躯干中部的稳定：腹部和臀部肌群、菱形肌、斜方肌和背阔肌

动作要领

• 在本项训练中，斜板的倾斜角度不同，上胸部用力也不等。需要注意的是大多数体育馆内的斜板倾斜角度设置的都比较高。

• 正确掌握动作之后再增加负荷。

• 动作缓慢进行，避免强烈运动。

• 保持挺胸，避免肩部紧张或向内转动。在用力的同时下压肩胛骨向后内，使其紧贴于背部，从而锻炼前锯肌和斜方肌下部。

• 上举哑铃时，两个哑铃不能相互碰撞，二者之间要保持15厘米的距离。

• 上举哑铃时呼气。

动作分析	关节1	关节2	关节3
主要关节	肘关节	肩关节	肩胛骨与胸部连结
关节运动	向上——伸 向下——屈	向上——水平内收，屈 向下——水平外展，伸	向上——轻度向上旋转，外展（前伸） 向下——轻度向下旋转，内收（回缩）
主要运动的肌群	肱三头肌 肘肌	胸大肌，主要是胸骨和锁骨部 喙肱肌 三角肌前部	前锯肌

女性训练要点——仰卧推举系列训练

男性通常可从卧推机推举（参见59页）直接过渡到杠铃仰卧推举（参见62页）；而女性最好从卧推机推举训练开始，经过斜板哑铃仰卧推举训练的过渡，在能够比较稳定、平衡地掌控哑铃和运动幅度之后，再进行自由重量杠铃仰卧推举训练。

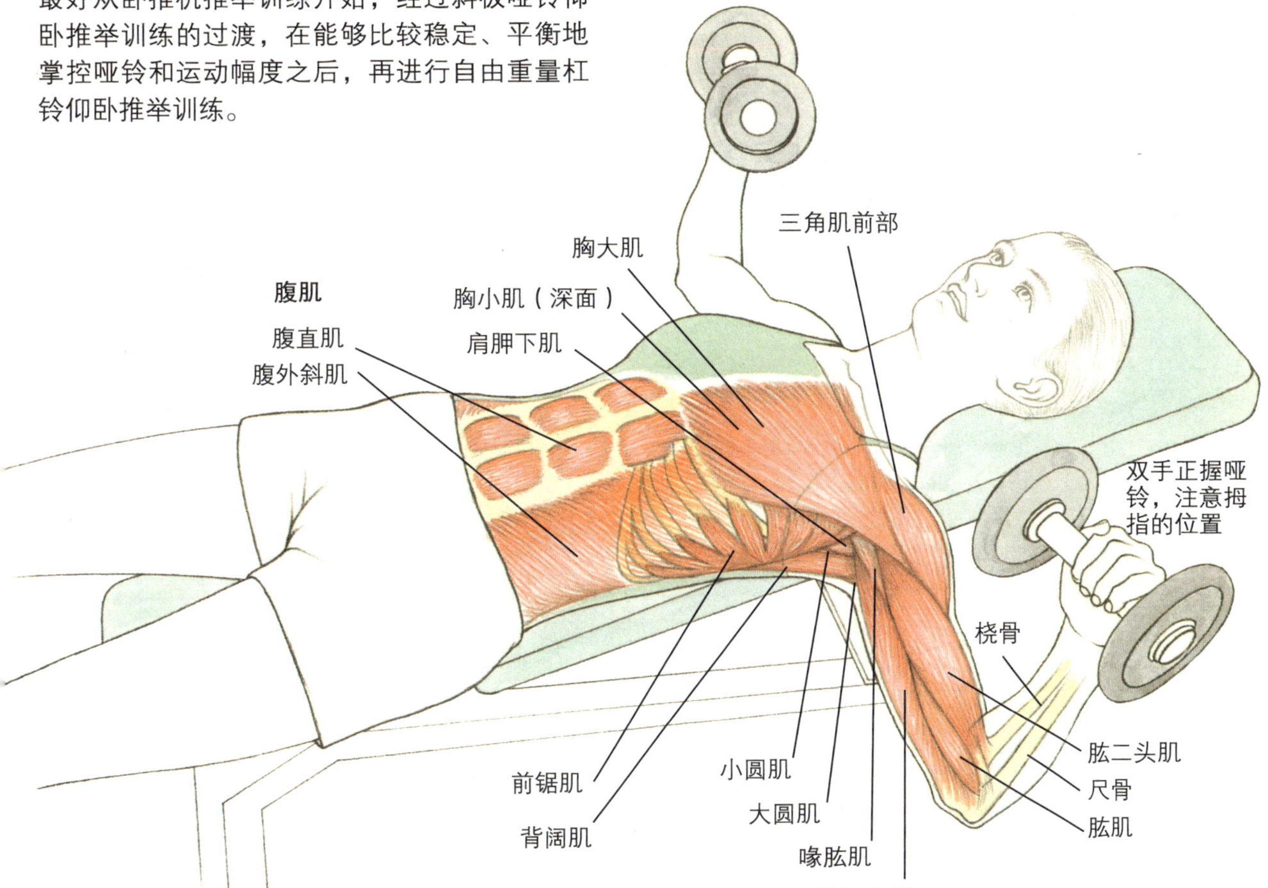

起始姿势

• 设定斜板的倾斜角度不要超过水平线15～35度。

• 仰卧，双脚置于凳上或置于地面，两脚间距与肩同宽，保持稳定。保持脊柱挺直。

• 将哑铃一口气上提至膝关节水平。

• 背部紧贴长凳，将哑铃举至胸部水平以上，肘部垂直支撑。

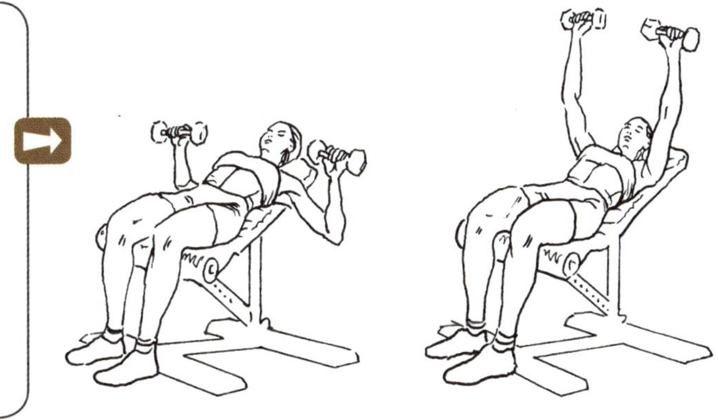

平卧杠铃推举

核心训练 •复合/多关节 •推 •开放式训练 •杠铃 •从中级到高级

根据互联网百科全书维基百科的记载，Becca Swanson是女子举重世界纪录的保持者。在2006年8月26日美国代托纳比奇举行的APF/WPO Debbi Kruch举重大赛中她举起了250千克的重量。

动作过程

从器械架上抓取杠铃，屈肘，将杠铃下降至上胸部水平，双臂上举伸直。还原，重复上述动作。

起始姿势

- 仰卧于长凳之上。
- 保持中握距抓握杠铃，握距略大于肩宽。
- 保持脊柱挺直。如有可能，可将双脚抬起置于长凳之上，从而减少下背部的拱起。

动作要领

- 正确掌握动作之后再增加负荷。
- 动作缓慢进行，避免强烈运动。
- 向上推举杠铃时呼气。
- 在用力的同时下压肩胛骨向后内，使其紧贴于背部，从而锻炼前锯肌和斜方肌下部。

注意：宽握距可加强胸大肌外侧部的锻炼；窄握距则加强肱三头肌、三角肌前部和胸大肌内侧部的锻炼。

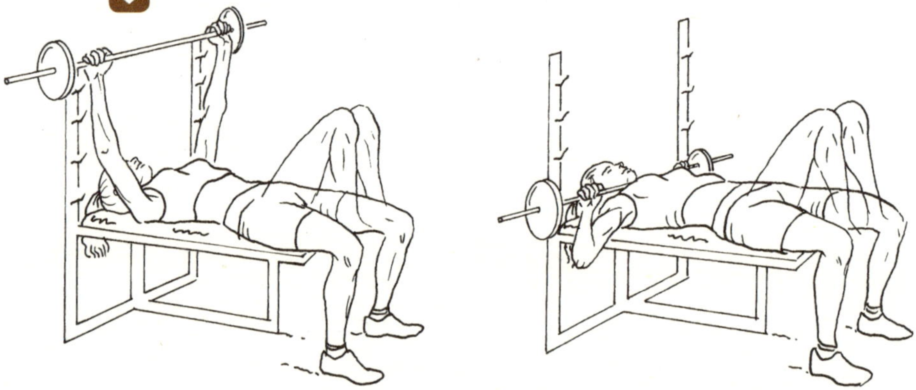

动作分析	关节1	关节2	关节3
主要关节	肘关节	肩关节	肩胛骨与胸部连结
关节运动	向上——伸 向下——屈	向上——水平内收，屈 向下——水平外展，伸	向上——轻度向上旋转，外展（前伸） 向下——轻度向下旋转，内收（回缩）
主要运动的肌群	肱三头肌 肘肌	胸大肌，主要是胸骨和锁骨部 喙肱肌 三角肌前部	前锯肌

仰卧推举入门

• 开始锻炼时采用改良式俯卧撑增强肌力。

• 然后过渡到卧推机训练，使用卧推机既安全，又有自由重量仰卧推举的感觉。

• 由此进入杠铃仰卧推举训练，在建立起自信心之前要使用较轻的杠铃，也可以请训练伙伴和教练进行帮助。

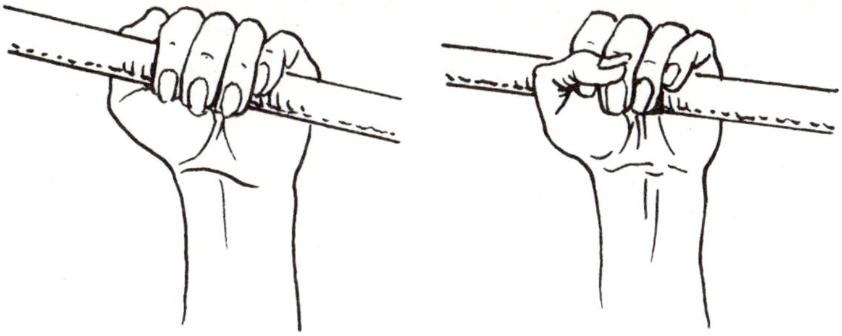

握杠的方法有两种

左上图显示的是最基本的一种，适合初学者。右上图拇指压在其余四指上面的正握法要求比较高，但锻炼效果较好。

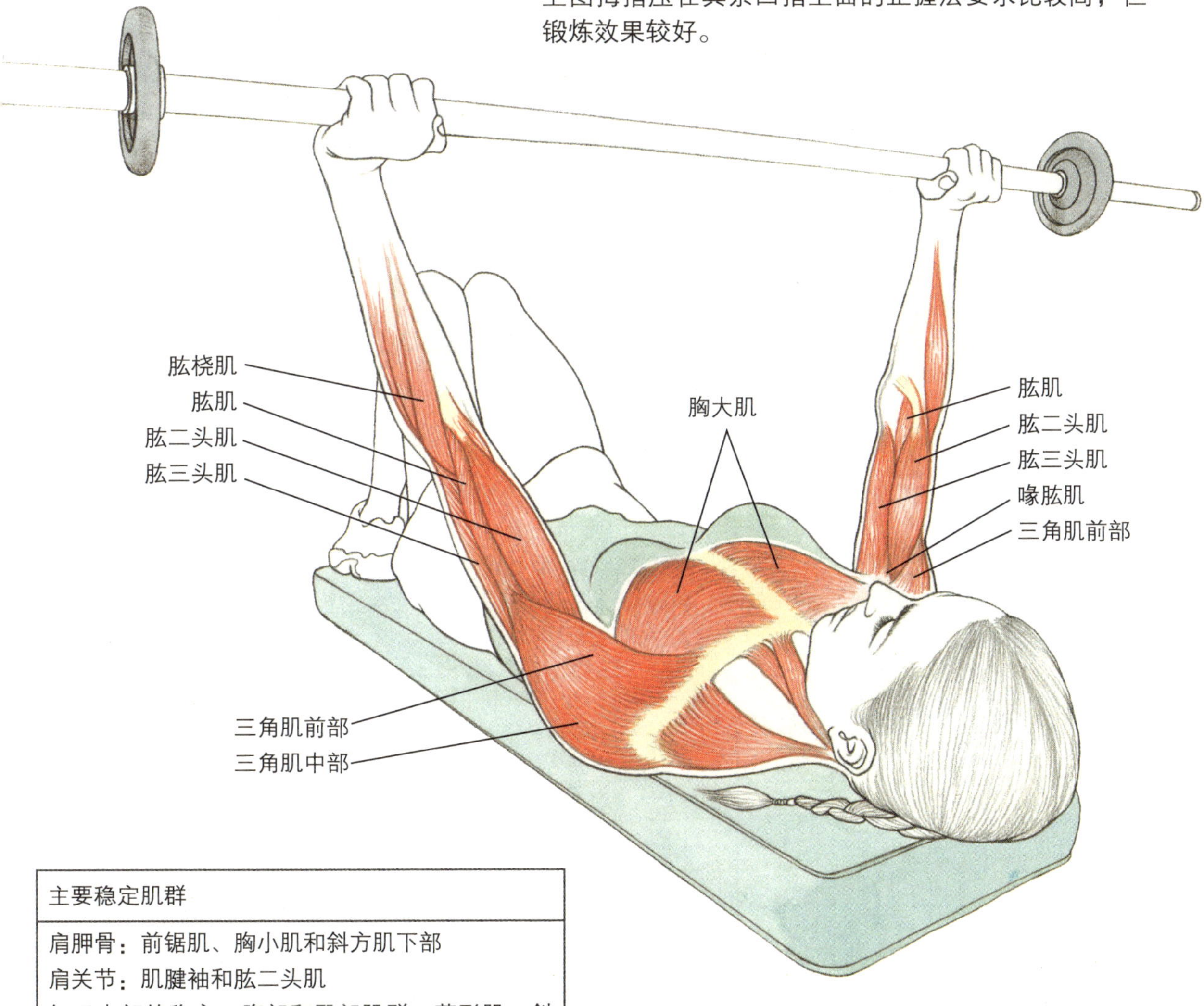

主要稳定肌群
肩胛骨：前锯肌、胸小肌和斜方肌下部 肩关节：肌腱袖和肱二头肌 躯干中部的稳定：腹部和臀部肌群、菱形肌、斜方肌和背阔肌

双杠臂屈伸

核心训练 •复合/多关节 •推 •开放式训练 •杠铃 •从中级到高级

尽管双杠臂屈伸是最常见、用途最广的练习之一，但在动作中姿势补偿和借助外力等现象却很普遍。为了达到最好的训练效果，从一开始就要遵循正确的训练方法。

动作过程

身体下降至胸部有拉紧感，靠胸部和双臂的力量控制动作。用同样的体位向上撑起身体，重复上述动作。

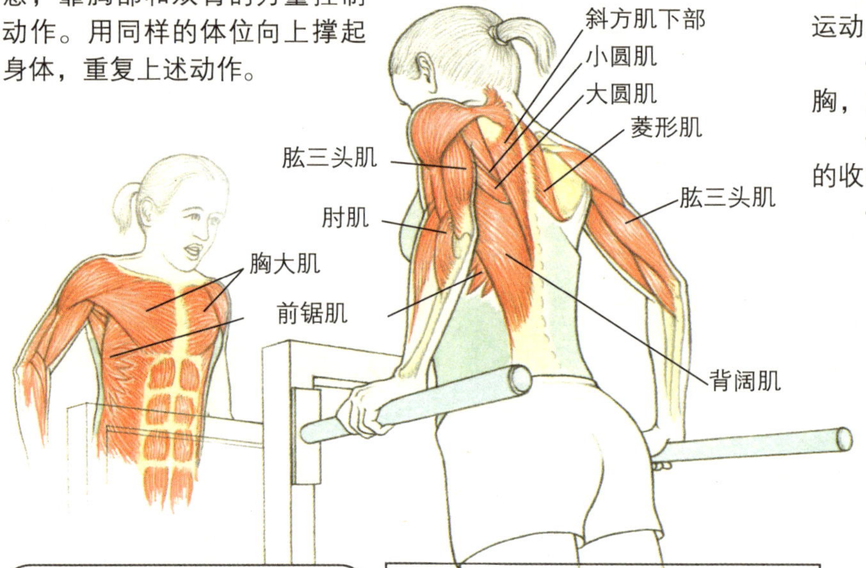

动作要领

• 动作缓慢进行，避免强烈运动。

• 避免耸肩或弓背。保持挺胸，双肩下沉。

• 集中运用胸部和肱三头肌的收缩力。

• 向上撑起身体时呼气。

起始姿势

• 登上曲臂支撑训练器。

• 双臂伸直支撑身体悬空，挺胸，身体略前倾。

主要稳定肌群
肩胛骨：前锯肌，胸小肌和斜方肌下部 肩关节：肌腱袖和肱二头肌 躯干中部的稳定：腹肌和背部肌群

动作分析	关节1	关节2	关节3
主要关节	肘关节	肩关节	肩胛骨与胸部连结
关节运动	向上——伸 向下——屈	向上——水平内收，屈 向下——水平外展，伸	向上——内收（回缩）、轻度上提和向上旋转 向下——外展（前伸），轻度下降和向下旋转
主要运动的肌群	肱三头肌 肘肌	胸大肌 胸小肌 喙肱肌 背阔肌 大圆肌	前锯肌 斜方肌下部 菱形肌

上斜夹胸机夹胸

辅助训练 •独立/单关节 •推 •开放式训练 •器械 •初级到高级

该训练器有多个名称，如蝴蝶机、夹胸机等。这种上斜夹胸机可集中锻炼胸大肌下部，增强其支撑乳房的作用，使乳房坚挺。

动作过程

推动活动臂的挡板在胸前夹拢闭合。稍停顿，然后沿相反方向使两挡板分开向后至身体两侧。重复上述动作。

动作要领

• 正确掌握动作之后再增加负荷。

• 坐姿，双膝高于臀部，保持脊柱挺直。

• 动作缓慢进行，避免强烈运动。

• 不要耸肩或弓背。保持挺胸，双肩下沉。

• 向内推拢挡板时呼气。

• 双脚分开以便更好地保持身体稳定。

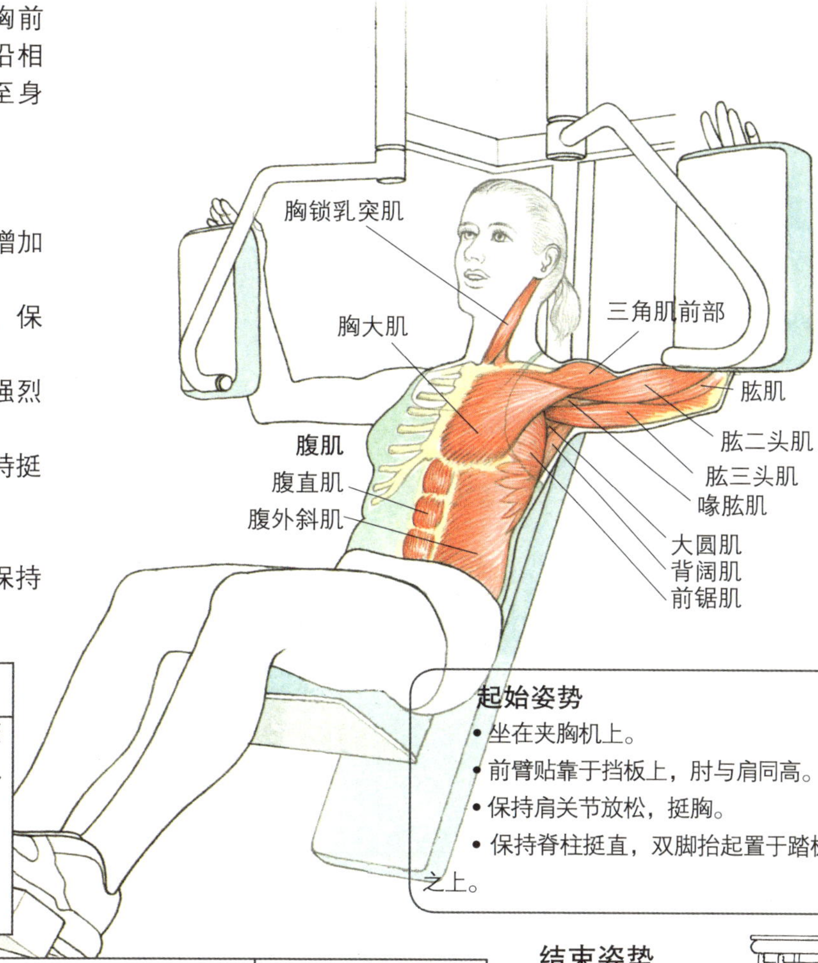

起始姿势

• 坐在夹胸机上。

• 前臂贴靠于挡板上，肘与肩同高。

• 保持肩关节放松，挺胸。

• 保持脊柱挺直，双脚抬起置于踏板之上。

主要稳定肌群
肩胛骨：前锯肌、胸小肌、菱形肌、斜方肌，特别是斜方肌下部 肩关节：肌腱袖和肱二头肌 躯干稳定：腹部和臀部肌群、背阔肌

运动分析	关节1	关节2
主要关节	肩关节	肩胛骨与胸部连结
关节运动	向内——水平内收，轻度内收 还原——水平外展，轻度外展	向内——轻度外展 还原——轻度内收
主要运动的肌群	胸大肌，特别是胸骨部和腹部（下部） 喙肱肌 三角肌前部	前锯肌

结束姿势

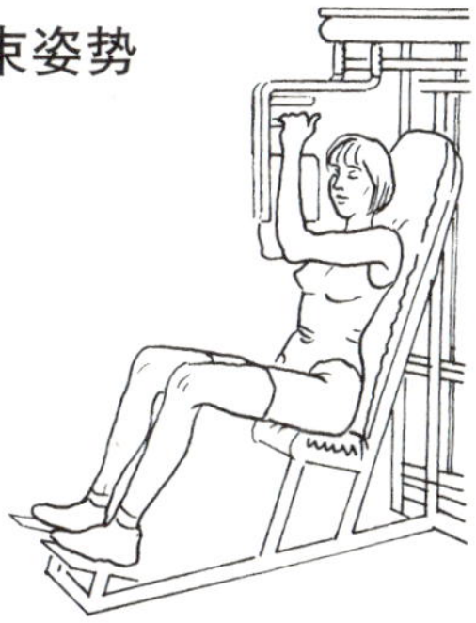

平卧哑铃飞鸟

辅助训练 •独立/单关节 •推 •开放式训练 •哑铃 •初级到高级

本项训练中使用的哑铃起源于11世纪的印度，那时人们在室内中用一种用石头做成的、被称作“nals”的重物进行力量训练。

动作过程

手持哑铃向身体两侧下落直至胸部肌肉拉紧。还原，重复上述动作。

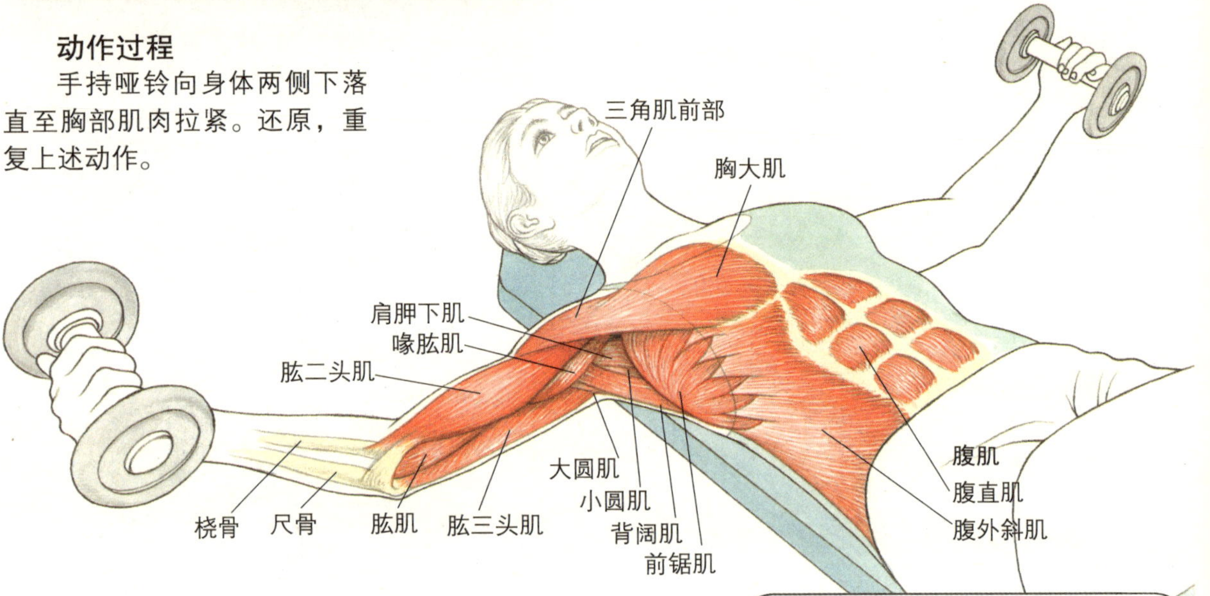

动作要领

• 避免肘关节过伸及肩部紧张。肘关节伸展时要保持10度的屈曲。

• 正确掌握动作之后再增加负荷。

• 不要猛然用力。

• 上举哑铃时呼气。

起始姿势

• 将哑铃上提至膝部，接着在后仰时用力将哑铃举至起始位置。

• 仰卧，双脚置于长凳之上，或者双脚着地保持稳定，两脚间距与肩同宽。

• 训练开始时双臂上举。

• 双脚抬起置于长凳之上时，保持脊柱挺直。

运动分析	关节1	关节2
主要关节	肩关节	肩胛骨与胸部连结
关节运动	向上——水平内收 向下——水平外展	向内——轻度外展（前伸） 还原——轻度内收（回缩）
主要运动的肌群	胸大肌，特别是胸骨和锁骨部 喙肱肌 三角肌前部 肱二头肌（短头）	前锯肌

主要稳定肌群
肩胛骨：前锯肌、胸小肌、菱形肌和斜方肌下部 肩关节：肌腱袖和肱二头肌 肘关节：肱三头肌和肱肌 腹部和臀部肌群、背阔肌也起到一定稳定躯干的作用

拉力器夹胸

辅助训练 • 独立/单关节 • 推 • 开放式训练 • 高拉滑轮训练机 • 从中级到高级

拉力器夹胸是在高拉滑轮练习器上进行的。19世纪50年代，美国健身前驱Jack LaLanne开发了第一款商用室内高拉滑轮训练机。

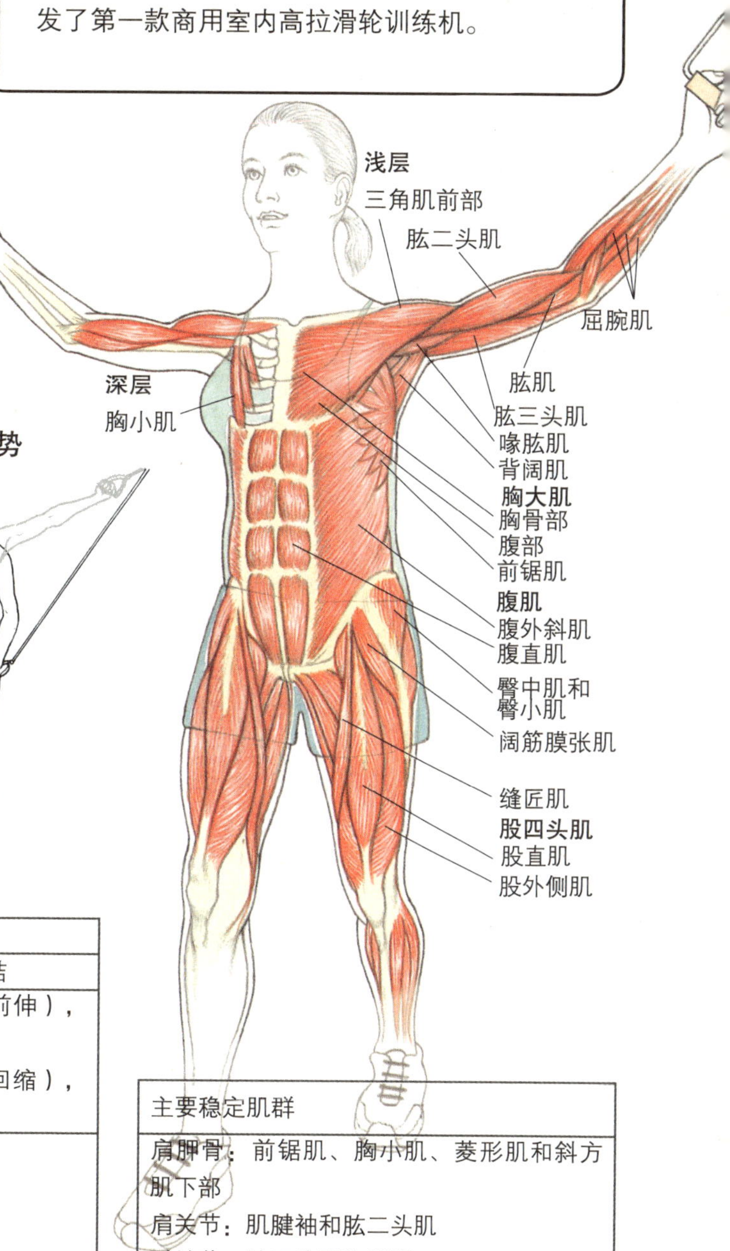

动作过程

牵拉两侧手柄在身体前面相互靠拢。保持肘关节固定。还原至起始位置，重复上述动作。向前牵拉时肩关节旋内，还原时肩关节旋外。

起始姿势

• 在两缆绳之间站好。

• 双脚一前一后站立，两脚间距与肩同宽。

• 双膝稍屈，身体略前倾。

结束姿势

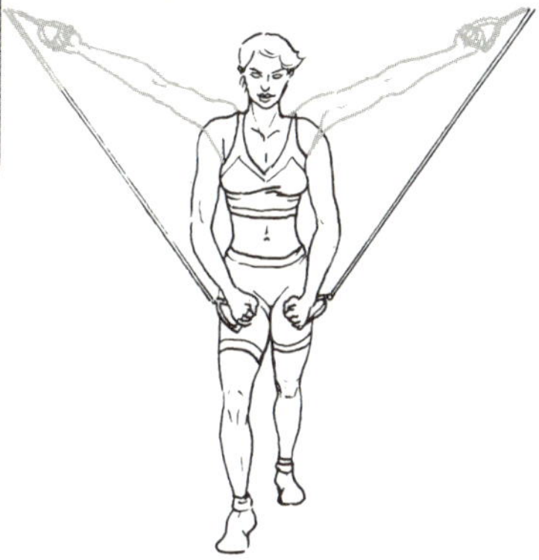

动作要领

• 不要猛然用力。
• 避免肘关节过伸。
• 保持挺胸，双肩打开。
• 胸肌用力。
• 牵拉手柄相互靠拢时呼气。

运动分析	关节1	关节2
主要关节	肩关节	肩胛骨与胸部连结
关节运动	向内——内收，轻度水平内收，旋内 还原——外展，轻度水平外展，外旋	向内——外展（前伸），轻度向下旋转 还原——内收（回缩），轻度向上旋转
主要运动的肌群	胸大肌，特别是胸骨部和腹部（下部） 胸小肌 三角肌前部 喙肱肌 肱二头肌（短头） 背阔肌	前锯肌

主要稳定肌群
肩胛骨：前锯肌、胸小肌、菱形肌和斜方肌下部
肩关节：肌腱袖和肱二头肌
肘关节：肱三头肌和肱肌
腕关节：腕部屈肌
腹肌和臀部肌群、背阔肌也起到了一定稳定躯干的作用
臀部肌群维持站立姿势

4. 髋部和腿部

人与大多数哺乳动物的区别之一就在于人有两条腿，而哺乳动物有四条腿。这意味着人与哺乳动物相比灵活性较强，但是稳定性却较差。由于下肢的薄弱就要更多的依赖背部和上半身的力量，所以强健的双腿对于保持稳定至关重要。女性需要特别注意锻炼和保护两个地方——膝关节和髋关节。

女性运动员损伤膝关节的几率比进行同一种运动的男性运动员要高4～6倍，这是由很多因素造成的。研究显示，女性开始进行训练时容易出现膝外翻姿势（外翻膝），屈膝时则更为严重。因为女性的骨盆较宽，所以股骨和膝关节之间的角度也更尖锐。激素的作用使女性的韧带和肌腱比较柔软，特别是在排卵期和妊娠期。

很多女性害怕下蹲等腿部锻炼会让臀部变大，事实却恰恰相反。有氧运动和力量训练结合，再加上营养的调整，减肥的效果最好。

在各种腿部训练中，虽然做弓步时臀大肌的活动范围更大，但下蹲比弓步更能增强臀部肌肉的力量。做下蹲动作时，如果你不想锻炼臀大肌，可以增大两脚的间距，从而减少臀大肌和股四头肌的参与，强化锻炼收肌。

女性的骨盆比男性骨盆的前倾角略大一点，所以脊柱更加前凸，臀部的负担也更重。姿势不良和肌肉萎缩会造成臀部外观上的不对称；穿高跟鞋可导致跟腱和臀大肌软弱无力。

如果你这些都能注意到，就可以在减肥和锻炼腿部、臀部肌肉的同时，让腿部线条和臀部的形状变得更加优美。随着臀部的紧缩和上提，双腿也会显得更加修长。

髋肌、大腿肌和小腿肌

名称	跨越关节	起点	止点	作用
腓肠肌	踝关节和膝关节	股骨内、外侧髁	跟骨结节	足跖屈（强）；屈膝关节（弱）
比目鱼肌	踝关节	胫、腓骨上2/3的后面	跟骨结节	足跖屈
股四头肌：股直肌	髋关节和膝关节	髂前下棘	经髌骨和髌韧带止于胫骨粗隆	屈髋关节、伸膝关节
股四头肌：股外侧肌、股中间肌、股内侧肌	膝关节	股骨的外侧面、前面和内侧面	至髌骨边缘	伸膝关节
腘绳肌：股二头肌长、短头（外侧）；半腱肌和半膜肌（内侧，作用一致）	髋关节和膝关节	股二头肌的短头起自股骨后面粗线下半部和外侧髁嵴；其他起自坐骨结节	股二头肌止于腓骨头和胫骨外侧髁 半腱肌和半膜肌止于胫骨内侧髁	伸髋关节 屈膝关节 股二头肌还可使髋关节和膝关节旋外 半腱肌和半膜肌可使髋关节和膝关节旋内

名称	跨越的关节	起点	止点	作用
内收肌群：耻骨肌、短收肌、长收肌、大收肌、股薄肌（作用一致）	髋关节（股薄肌还跨越膝关节）	耻骨和坐骨	沿着股骨内侧面止于小转子、粗线和内侧髁嵴。股薄肌止于胫骨上端内侧面。	主要作用是使髋关节内收
阔筋膜张肌	髋关节	髂前上棘	髂胫束	髋关节:外展、屈曲；协助其旋内
臀大肌	髋关节	髂骨翼外面、骶骨背面	髂胫束	髋关节：伸、旋外
臀中肌和臀小肌（合称为展肌）	髋关节	髂骨翼外面	股骨大转子	髋关节：外展，旋外（臀中肌）；旋内（臀中肌和臀小肌）
髂腰肌	髋关节	髂窝、骶骨底、第12胸椎和1～5腰椎侧面	股骨小转子	屈髋关节
使髋关节旋外的深部肌：梨状肌、上孖肌和下孖肌、闭孔内肌和闭孔外肌、股方肌（位于臀大肌深面）	髋关节	骶骨前面、坐骨后面和闭孔	大转子的上、下方	髋关节旋外

注：虽然胫骨前肌、胫骨后肌、腓骨长肌、腓骨短肌和缝匠肌是重要的下肢肌，但其作用比较简单，故在此不详细描述。背阔肌、斜方肌、菱形肌、竖脊肌和腰方肌将在第5节背部和肩部进行详细描述。

训练项目

双腿夹球半蹲

核心训练 •复合/多关节 •推 •闭路式训练 •体重 •从初级到中级

下蹲是最基本的核心训练之一。本项目集中训练在下蹲时保持身体姿势和曲线的技巧。在进行所有类似的下肢训练之前必须学会正确地做这些动作。

动作过程

缓慢下蹲，好像坐椅子那样向后移动髋关节。两膝夹稳平衡球，膝关节的内侧与踇趾位于一条垂直线上。下蹲至屈膝大约90度，大腿与地面平行。还原，重复上述动作。

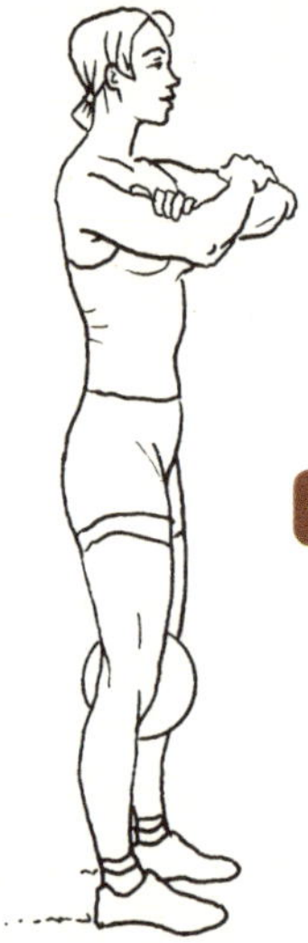

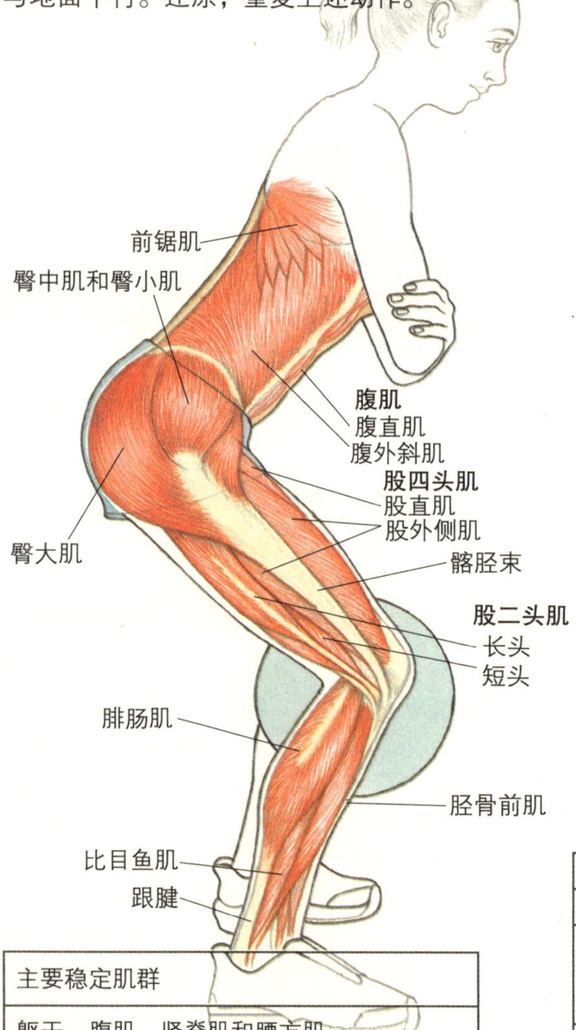

起始姿势

• 两脚开立与肩同宽，膝关节放松。

• 保持身体平直，脊柱居中 。

• 膝关节放松，两膝之间夹一个直径22厘米的软球。

• 保持双臂在胸前交叉。

动作要领

• 保持身体平直，脊柱居中 。

• 保持挺胸，避免弓背。

• 保持膝关节不超过两脚尖连线的垂直线。

• 身体的重量通过足跟直接到达足中部，不要上提足跟。

• 如果不能维持腰曲，膝关节屈曲可大于90度,开始练习时膝关节屈曲的角度可再加大45度。

• 下蹲时吸气，起立时呼气。

主要稳定肌群
躯干：腹肌、竖脊肌和腰方肌 髋关节：臀中肌和臀小肌、深层髋关节外旋肌、内收肌群

运动分析	关节1	关节2
主要关节	髋关节	膝关节
关节运动	向下——屈 向上——伸	向下——屈 向上——伸
主要运动的肌群	臀大肌 腘绳肌	四股头肌

杠铃分腿半蹲

核心训练 • 复合/多关节 • 推 • 闭路式训练 • 杠铃 • 从中级到高级

半蹲训练有很多变化形式。该项训练起源一种芭蕾舞动作，即膝关节屈曲，小腿旋外。其名字来源于法语，意为“弯曲”。

动作过程

缓慢下蹲，髋关节向后移动好似坐椅子的动作。下蹲至屈膝大约90度，大腿与地面平行。还原，重复上述动作。

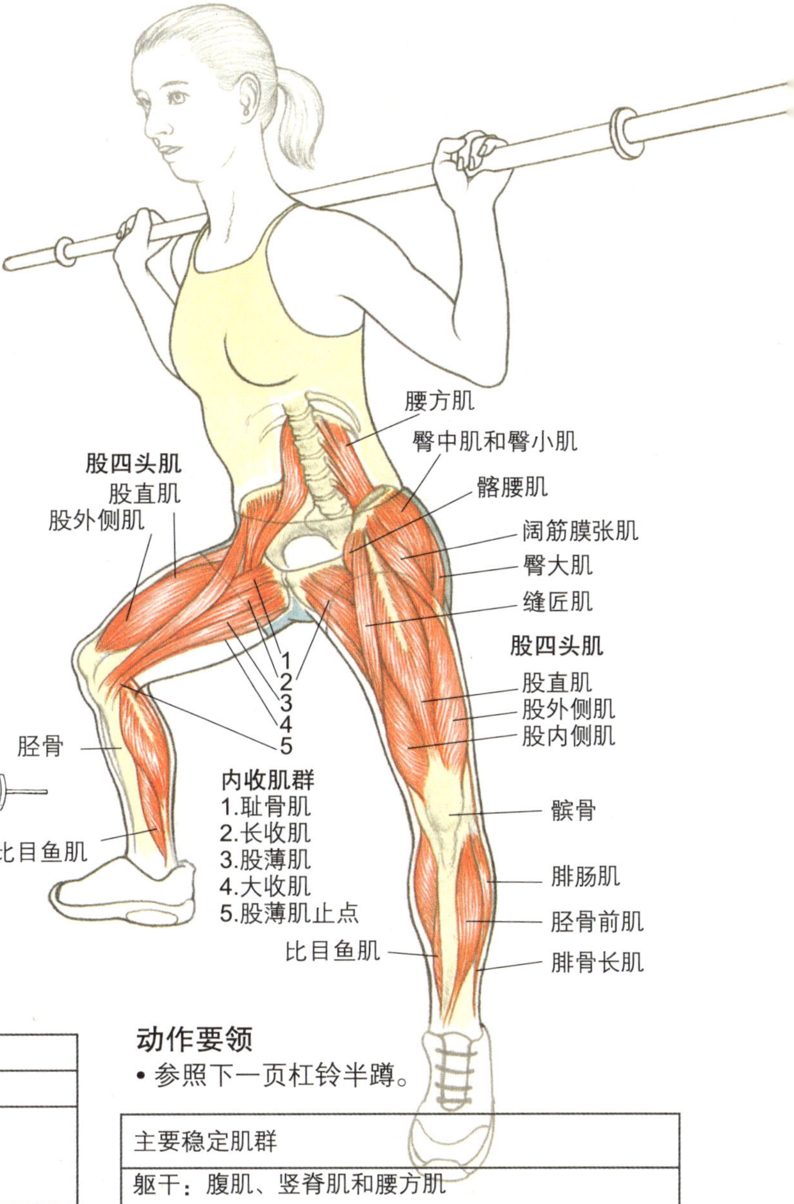

起始姿势

• 如果使用深蹲架，请参照73页描述的方法从深蹲架上取下杠铃。

• 双脚开立，脚尖向外旋转45度，双脚间距两倍于肩宽。

• 保持膝关节放松。

运动分析	关节1	关节2
主要关节	髋关节	膝关节
关节运动	向下——屈，外展 向上——伸，内收	向下——屈 向上——伸
主要运动的肌群	臀大肌 腘绳肌 内收肌群	股四头肌（主要是外侧部）

动作要领

• 参照下一页杠铃半蹲。

主要稳定肌群
躯干：腹肌、竖脊肌和腰方肌 臀部：深层髋关节外旋肌、臀中肌和臀小肌、内收肌群 小腿：踝关节稳定肌群和腓肠肌

杠铃半蹲

核心训练 •复合/多关节 •推 •闭路式训练 •杠铃 •从中级到高级

对于所有女性的常规健身训练来说，杠铃半蹲的正确动作是非常有价值的基本训练。

动作过程

缓慢下蹲，髋关节向后移动好似坐椅子的动作。下蹲至屈膝大约90度，大腿与地面平行。还原，重复上述动作。

动作要领

• 正确掌握动作之后再增加负荷。
• 动作缓慢进行，避免强烈运动。
• 保持姿势平直，脊柱居中 。
• 保持挺胸，避免弓背。
• 保持膝关节不超过两脚尖连线的垂直线。
• 身体的重量通过足跟直接到达足中部，不要上提足跟。
• 如果不能维持腰曲，膝关节屈曲可大于90度,开始练习时膝关节屈曲的角度可再加大45度。
• 下蹲时吸气，有助于增加腹内压；保持双肩打开，避免脊柱弯曲，起立时呼气。

运动分析	关节1	关节2
主要关节	髋关节	膝关节
关节运动	向下——屈 向上——伸	向下——屈 向上——伸
主要运动的肌群	臀大肌 胭绳肌	股四头肌

主要稳定肌群
躯干：腹肌、竖脊肌和腰方肌 臀部：臀中肌和臀小肌、深层髋关节外旋肌、内收肌群 小腿：踝关节稳定肌群和腓肠肌

起始姿势

• 把杠铃从深蹲架上取下来，回到能安全地进行深蹲的位置。
• 两脚开立与肩同宽，膝关节放松。
• 保持姿势平直，脊柱居中。
• 双手抓握杠铃，间距大于肩宽，感觉舒适即可。

女性训练要点——杠铃横杠放置的部位

与男性相比，当女性把杠铃的横杠放在斜方肌上部时会感到非常不舒服，这是由于女性该部位的软组织较少，放置横杠的面积小。建议充分挺起胸部，使斜方肌上部的软组织放松，为横杠提供更好的缓冲。某些体育馆内配有圆筒状的横杠垫。

注意：一旦出现膝关节疼痛就不能再进行这项训练了；初学者应该咨询专业人士来决定开始训练时的负荷重量。

保持身体直线姿势的要点

注意头和眼的角度，使耳、肩和髋关节在一条直线上，保持脊柱居中；保持腰曲，骨盆居中；保持膝关节的角度及膝关节和双脚的相对位置。

训练要点——体重在足的分布

保持体重分布于足底的三个支点上。膝关节不要向内弯，也不要把重量集中在踇趾和前脚掌上。双脚放平，脚跟不要抬起。

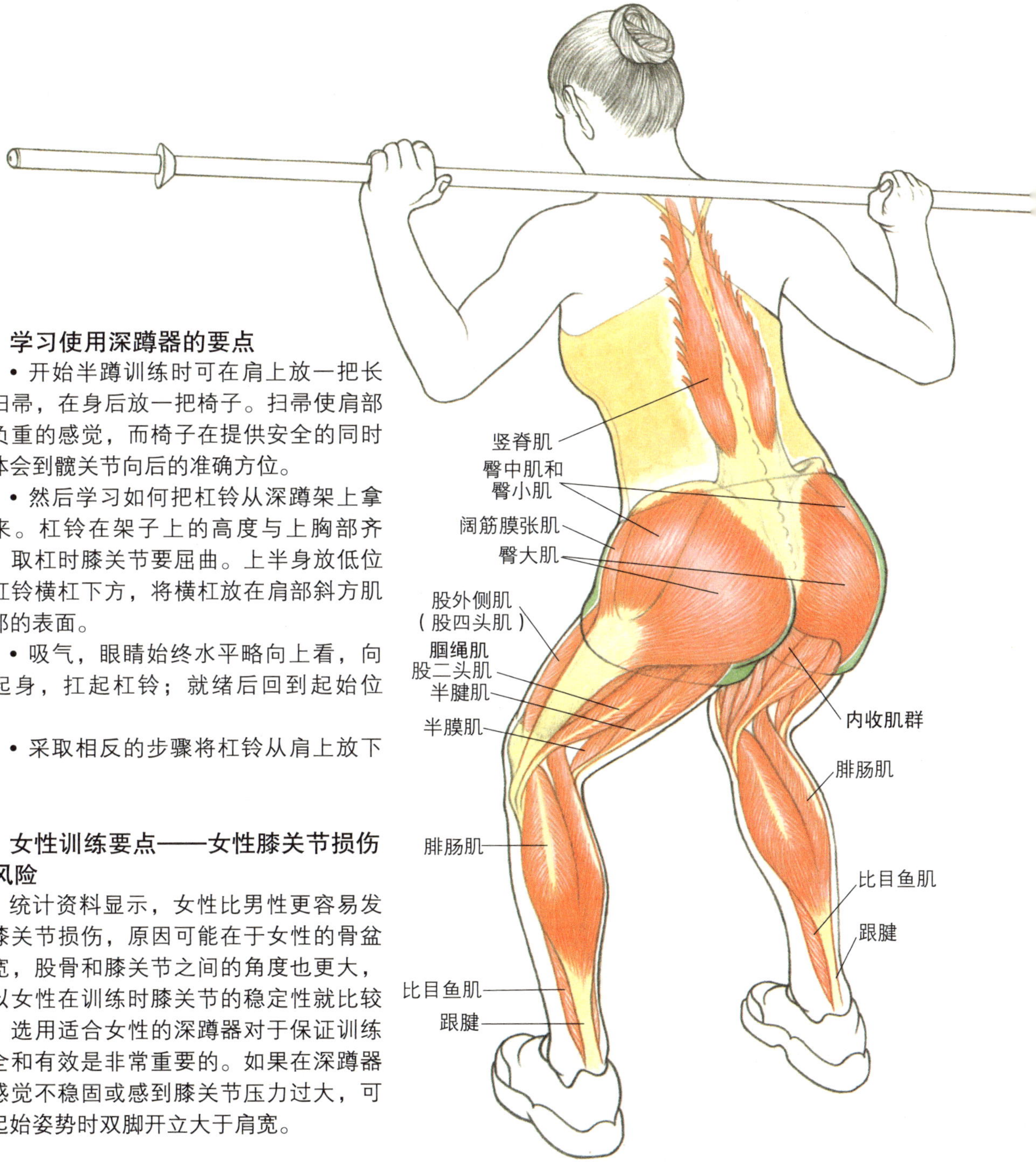

学习使用深蹲器的要点

• 开始半蹲训练时可在肩上放一把长柄扫帚，在身后放一把椅子。扫帚使肩部有负重的感觉，而椅子在提供安全的同时可体会到髋关节向后的准确方位。

• 然后学习如何把杠铃从深蹲架上拿下来。杠铃在架子上的高度与上胸部齐平，取杠时膝关节要屈曲。上半身放低位于杠铃横杠下方，将横杠放在肩部斜方肌上部的表面。

• 吸气，眼睛始终水平略向上看，向上起身，扛起杠铃；就绪后回到起始位置。

• 采取相反的步骤将杠铃从肩上放下来。

女性训练要点——女性膝关节损伤的风险

统计资料显示，女性比男性更容易发生膝关节损伤，原因可能在于女性的骨盆较宽，股骨和膝关节之间的角度也更大，所以女性在训练时膝关节的稳定性就比较差。选用适合女性的深蹲器对于保证训练安全和有效是非常重要的。如果在深蹲器上感觉不稳固或感到膝关节压力过大，可在起始姿势时双脚开立大于肩宽。

坐姿蹬腿

核心训练 • 复合/多关节 • 推 • 开放式训练 • 器械 • 从中级到高级

自1943年以来坐姿蹬腿器开始流行，当时Clancy Ross和Leo Stern成功地研制出了第一台机器。

主要稳定肌群
躯干：腹肌、竖脊肌和腰方肌
臀部：臀中肌和臀小肌、深层髋关节外旋肌和内收肌群
小腿：踝关节稳定肌群和腓肠肌

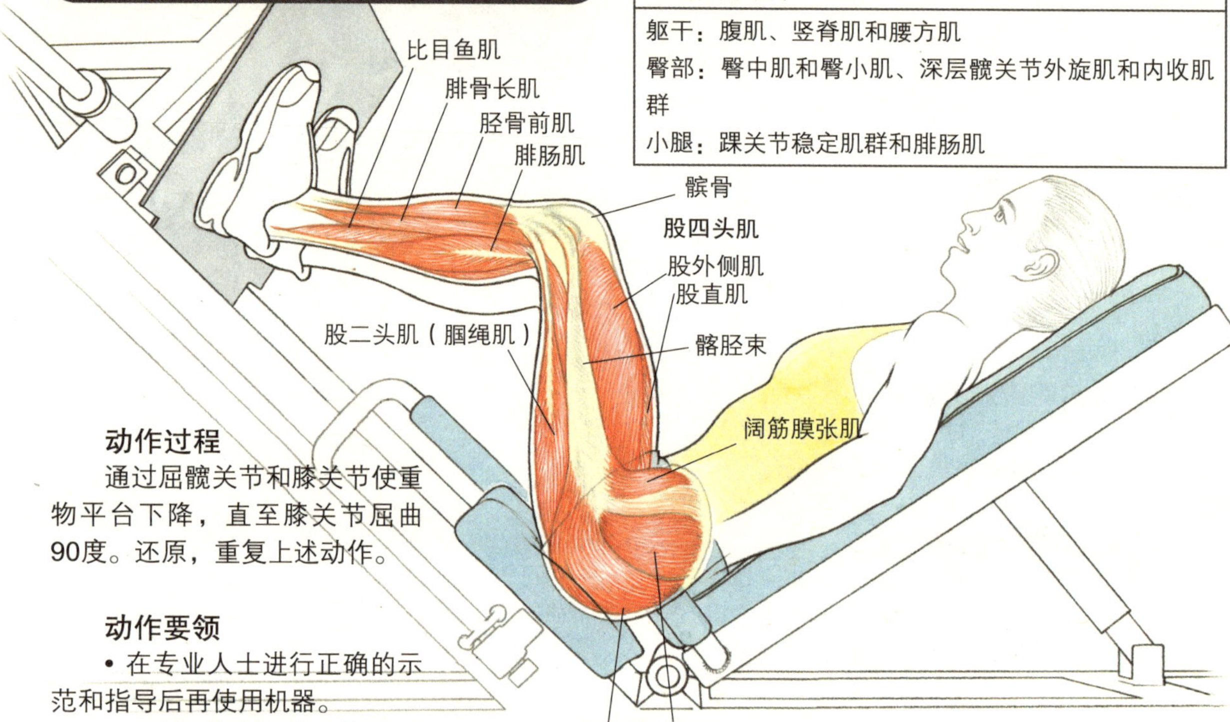

动作过程

通过屈髋关节和膝关节使重物平台下降，直至膝关节屈曲90度。还原，重复上述动作。

动作要领

• 在专业人士进行正确的示范和指导后再使用机器。

• 下背部始终紧贴靠背。

• 如果不能维持腰部的位置，膝关节屈曲可大于90度。

• 动作缓慢进行，避免强烈运动。

• 保持姿势平直，脊柱居中 。

• 保持挺胸，避免弓背。

• 膝关节位于两脚尖连线的垂直线上，体重从足跟直接传递至足的中部。

• 屈膝时吸气，伸膝时呼气。

起始姿势

• 坐在坐姿蹬腿器上，背部紧贴靠。

• 双脚置于平台上，两脚间距与肩同宽。

• 松开制动杆。

• 保持膝关节放松。

运动分析	关节1	关节2	关节3
主要关节	髋关节	膝关节	踝关节
关节运动	向下——屈 向上——伸	向下——屈 向上——伸	向下——背屈 向上——跖屈
主要运动的肌群	臀大肌 腘绳肌	股四头肌	

杠铃后弓步

核心训练 •复合/多关节 •推 •开放式训练 •杠铃 •从中级到高级

练习弓步对女性来说就像男性练习下蹲一样重要。因为与下蹲相比，弓步能减轻对膝关节的压力，强化锻炼臀部，所以大多数教练建议女性选择弓步练习。后弓步比前弓步更安全，更适合女性。

动作过程

一条腿慢慢向后迈呈弓步姿势，双膝屈曲，髋关节降低，前腿的大腿与地面平行，前腿的膝与脚垂直。用足中部和足跟的力量将前脚收回，还原，后腿保持不动。

动作要领

• 练习过程中保持躯干挺直，重心位于两腿之间。

• 避免上提足跟；保证前腿膝部不超过足趾连线的垂直线。

• 不要使躯干过度前倾，将重力压向前腿的膝部。控制动作缓慢进行，步幅不要太小。

• 保持身体姿势平直，脊柱居中 。

• 保持挺胸，避免弓背。

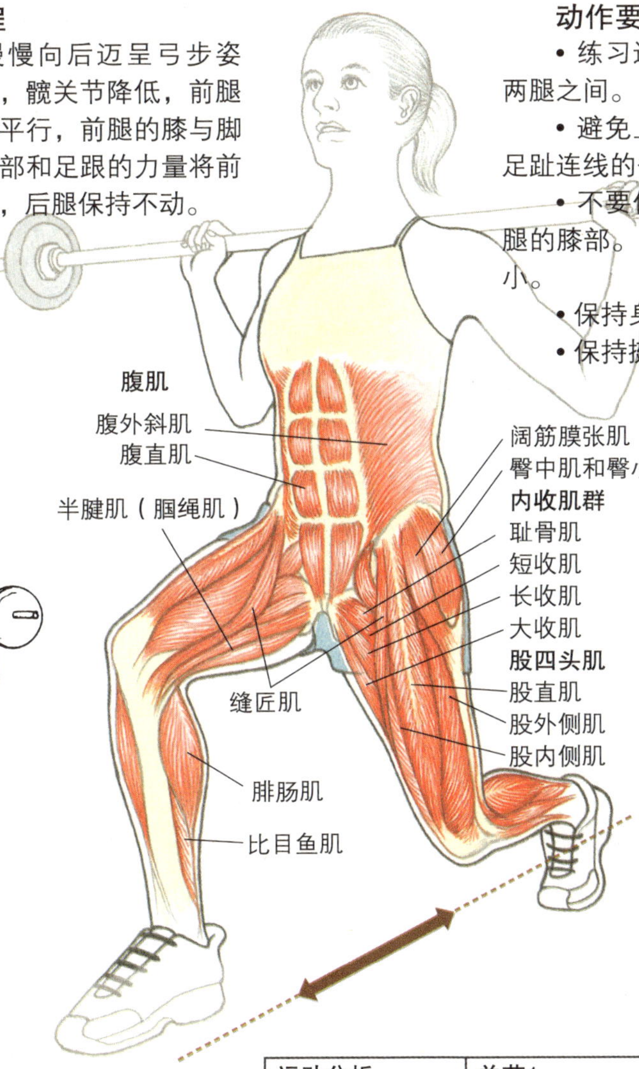

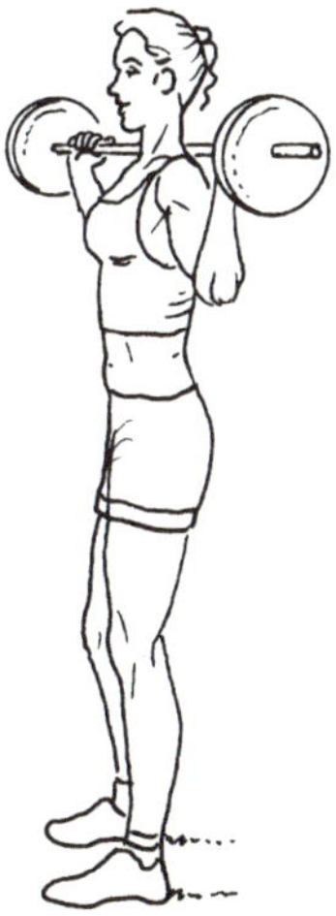

主要稳定肌群
躯干：腹肌、竖脊肌和腰方肌 臀部：臀中肌和臀小肌、深层髋关节外旋肌和内收肌群 小腿：踝关节稳定肌群和腓肠肌

起始姿势

• 双脚开立与肩同宽。

• 斜方肌上部舒适地支撑杠铃。

• 保持身体姿势平直，脊柱居中。

运动分析	关节1	关节2
主要关节	髋关节（前腿）	膝关节（后腿）
关节运动	向下——屈 向上——伸	向下——屈 向上——伸
主要运动的肌群	臀大肌 腘绳肌	股四头肌

侧弓步

核心训练 •复合/多关节 •推 •闭路式训练 •体重 •从初级到中级

侧弓步是下蹲和弓步的一种变化形式，能更有效地锻炼臀部内、外侧和大腿的肌肉。

动作过程

一条腿向侧方迈出两倍于肩宽的距离，身体慢慢降低，形成下蹲姿势，髋关节向后移动好似坐椅子的动作。当膝关节弯曲大约90度、大腿与地面平行时停止下蹲。还原，换另一条腿，重复上述动作。

动作要领

• 保持身体姿势平直，脊柱居中 。

• 保持挺胸，避免弓背。

• 膝关节不要越过足趾的垂直线；膝关节内侧和踇趾在一条垂直线上。

• 保持体重直接从足跟传递到足中部，不要抬起足跟。

• 如果不能维持腰曲，膝关节屈曲可大于90度,开始练习时膝关节屈曲的角度可再加大45度。

• 向下运动时呼气，向上运动时吸气。

起始姿势

• 两脚开立与肩同宽。

• 保持身体姿势平直，脊柱居中。

• 保持膝关节放松。

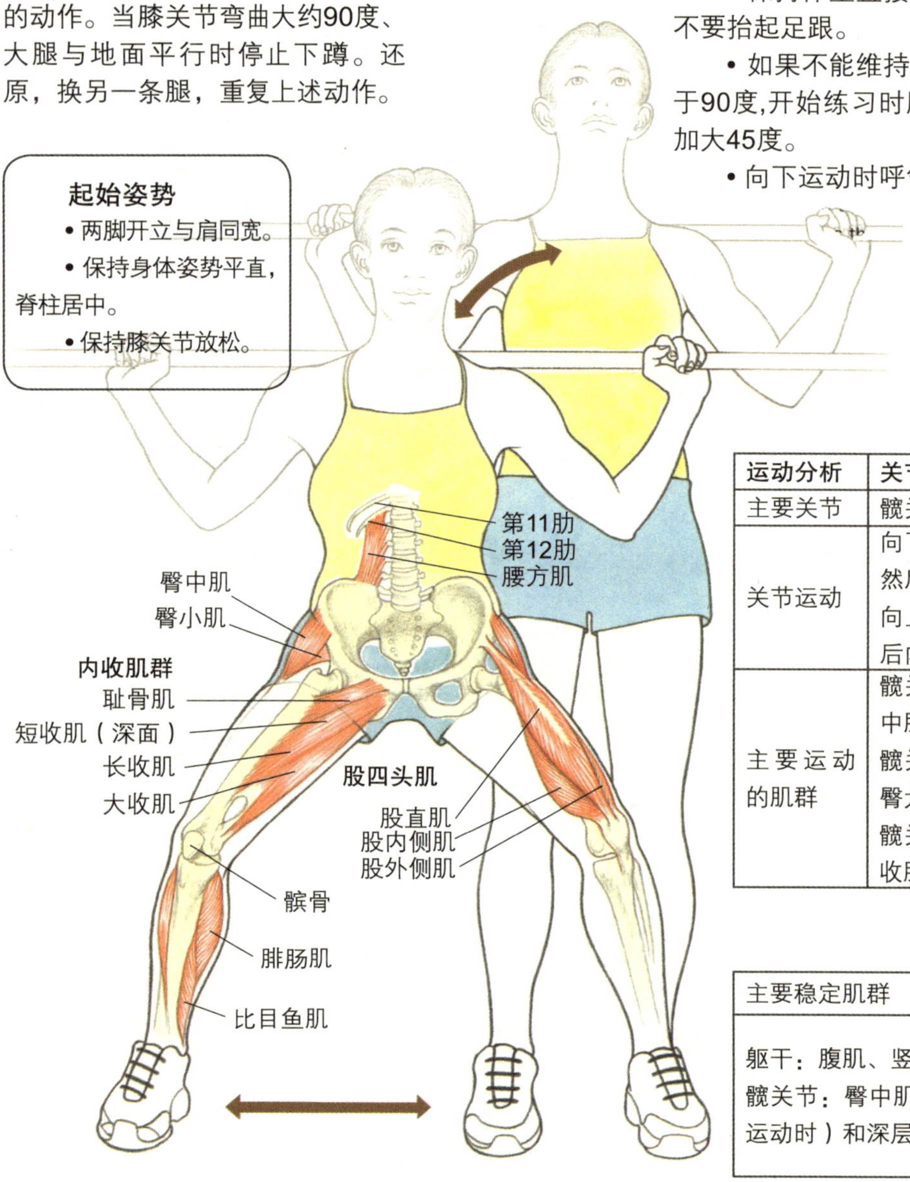

运动分析	关节1	关节2
主要关节	髋关节	膝关节
关节运动	向下——外展，然后屈 向上——伸，然后内收	向下——屈 向上——伸
主要运动的肌群	髋关节外展：臀中肌和臀小肌 髋关节屈和伸：臀大肌、腘绳肌 髋关节内收：内收肌群	股四头肌

主要稳定肌群
躯干：腹肌、竖脊肌和腰方肌 髋关节：臀中肌和臀小肌、内收肌群（不运动时）和深层髋关节外旋肌

长凳踏步

核心训练 •复合/多关节 •推 •开放式训练 •体重 •从中级到高级

利用踏凳增加了髋关节的运动幅度，所以可更加有效地锻炼臀部肌肉。

动作过程

向前一步迈上踏凳。还原，当一条腿还在踏凳上时，要控制身体稳固和降低。

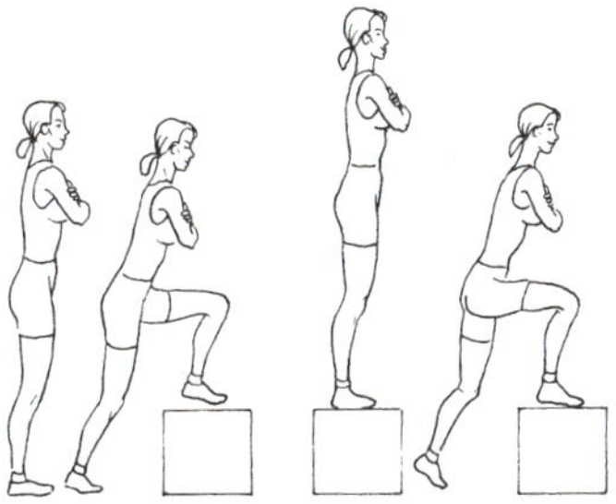

起始姿势

• 双脚开立与肩同宽，站在高度在30～40厘米的稳固踏凳的正后方。

• 双手抱于胸前，肩关节放松。

• 保持身体姿势平直，脊柱居中。

运动分析	关节1	关节2
主要关节	髋关节（向上迈的腿）	膝关节（向上迈的腿）
关节运动	向上——屈，然后伸 向下——屈，然后伸展	向上——屈，然后伸 向下——屈，然后伸
主要运动的肌群	髋关节（向上）：髂腰肌（向下时为被动收缩） 髋关节伸（向上、向下）：臀大肌、腘绳肌	膝关节伸（向上）和屈（向下）：股四头肌 膝关节伸（向下）：腘绳肌

主要稳定肌群
躯干：腹肌、竖脊肌和腰方肌 髋关节：臀中肌和臀小肌、深层髋关节外旋肌和内收肌群 小腿：踝关节稳定肌群和腓肠肌

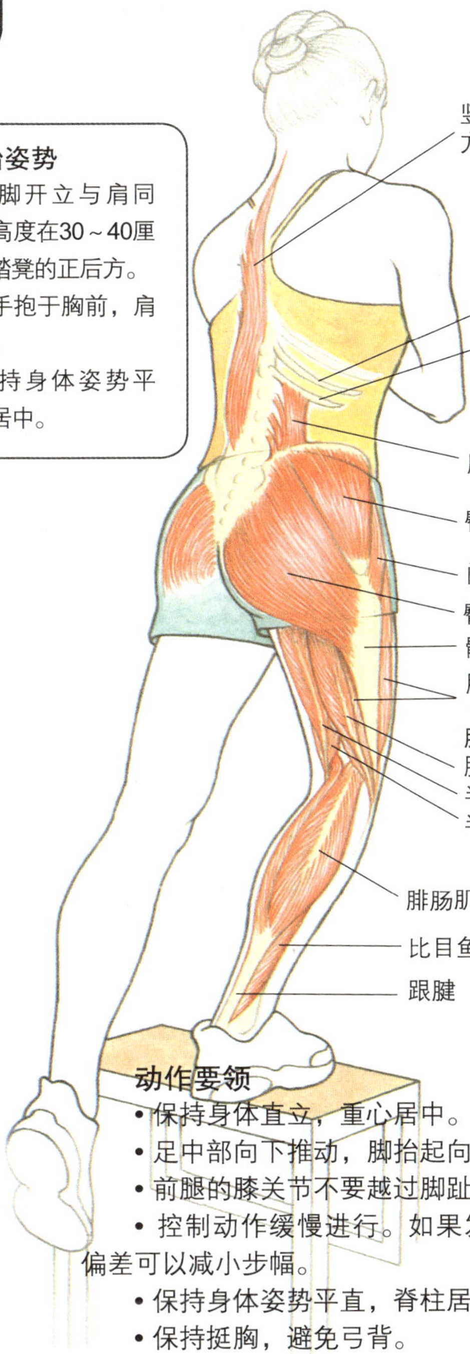

动作要领

• 保持身体直立，重心居中。

• 足中部向下推动，脚抬起向上迈步。

• 前腿的膝关节不要越过脚趾的垂直线。

• 控制动作缓慢进行。如果发现动作出现偏差可以减小步幅。

• 保持身体姿势平直，脊柱居中 。

• 保持挺胸，避免弓背。

• 向上迈步时吸气。

改良式杠铃屈腿硬拉

核心训练 •复合/多关节 •拉 •闭路式训练 •杠铃 •初级到高级

硬拉最初是指竞技举重运动中的三次试举，但它也是最全面、效果最好的锻炼之一。其改良版本是女性健身计划中的重要组成部分。

动作过程

屈髋屈膝向前俯身下蹲，膝关节微屈直至腘绳肌出现紧绷的感觉。下蹲时膝关节屈曲不要超过90度。利用背、臀和大腿肌的收缩力伸展髋关节和膝关节（尤其是利用大腿和腘绳肌收缩的力量），提起杠铃，还原。

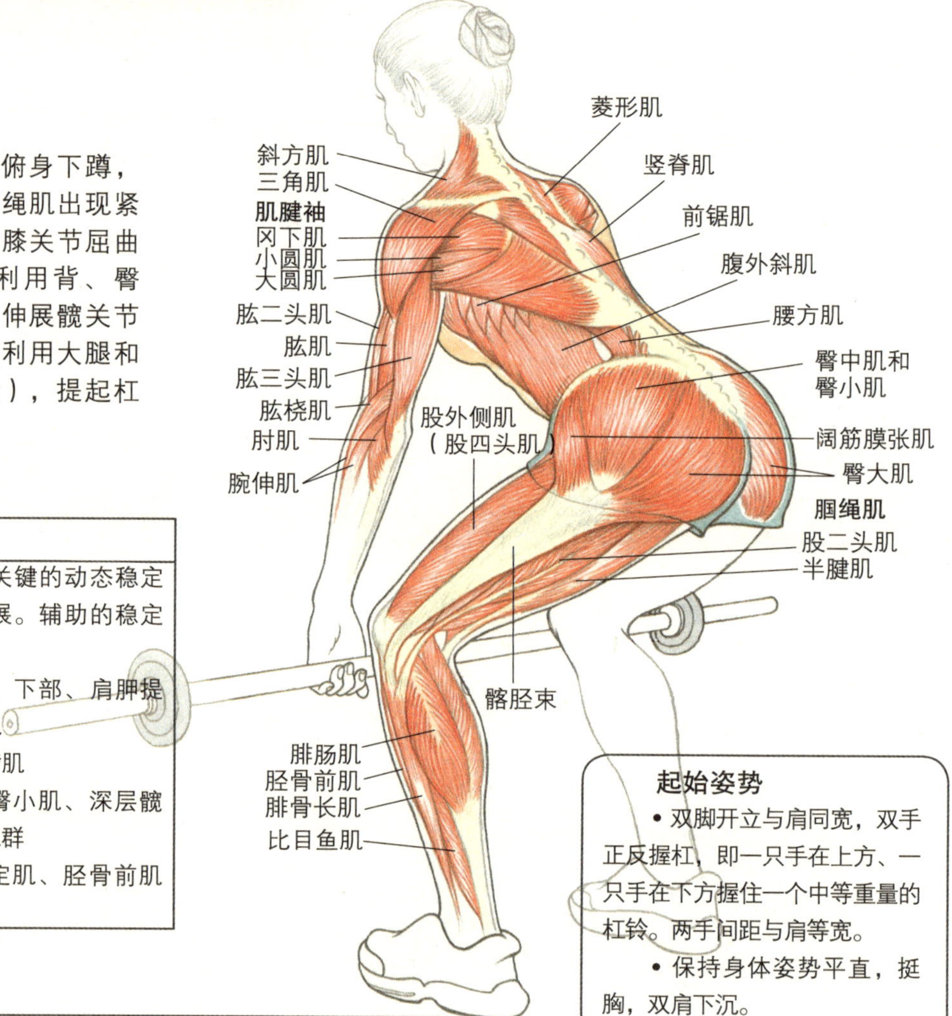

主要稳定肌群
竖脊肌和腰方肌是关键的动态稳定肌，能保持脊柱伸展。辅助的稳定肌包括： 肩胛骨：斜方肌中、下部、肩胛提肌、菱形肌和前锯肌 肌腱袖，三角肌和臂肌 髋关节：臀中肌和臀小肌、深层髋关节外旋肌和内收肌群 下肢：踝关节的稳定肌、胫骨前肌和腓肠肌

起始姿势

• 双脚开立与肩同宽，双手正反握杠，即一只手在上方、一只手在下方握住一个中等重量的杠铃。两手间距与肩等宽。

• 保持身体姿势平直，挺胸，双肩下沉。

运动分析	关节1	关节2	关节3
主要关节	膝关节	髋关节	脊柱
关节运动	向上——伸 向下——屈	向上——伸 向下——屈	向上——伸 向下——屈， 向后居中
主要运动的肌群	股四头肌	臀大肌 腘绳肌	竖脊肌

动作要领

• 要得到正确的指导。

• 上提杠铃时头和肩在上，髋关节在下。

• 杠铃始终贴近身体。

• 上提杠铃时吸气，下放时呼气。

屈膝伸臂臀上挺

辅助训练 •独立/单关节 •推 •闭路式训练 •体重 •初级到高级

臀上挺训练开始时应用于背部疾患的康复治疗和理疗。该项目是核心稳定性训练项目之一，已成为体育馆的常规训练项目。

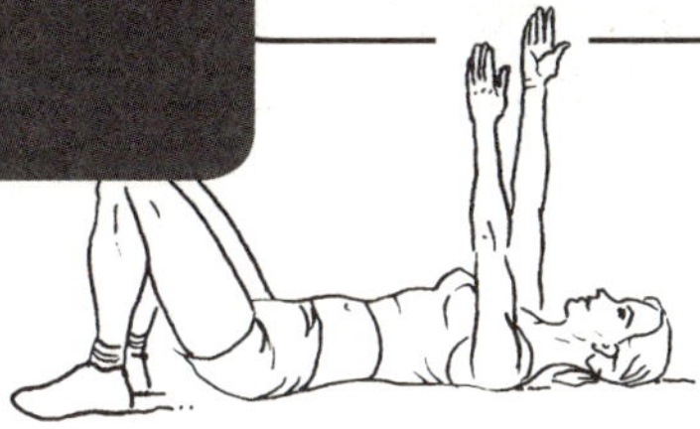

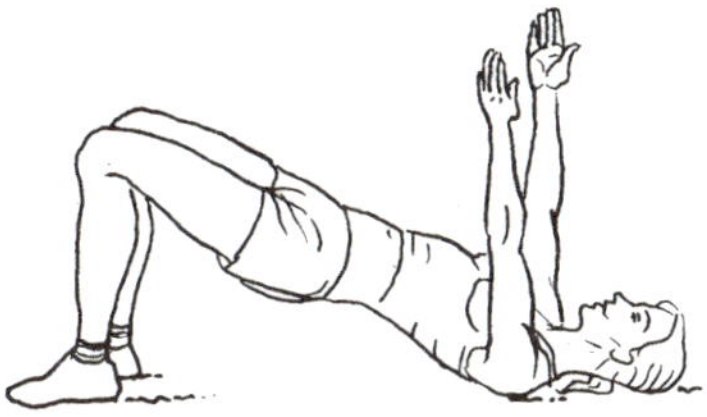

起始姿势

- 仰卧，屈膝，脚平放。
- 双臂垂直向上指向天花板。
- 保持肩关节放松，肩胛骨放低。

动作过程

通过伸展髋关节慢慢抬起躯干和下背部，双臂保持放松。稍停顿，还原，重复上述动作。

动作要领

- 主要是髋关节运动。
- 双膝分开，与髋同宽。
- 保持肩关节放松，挺胸。

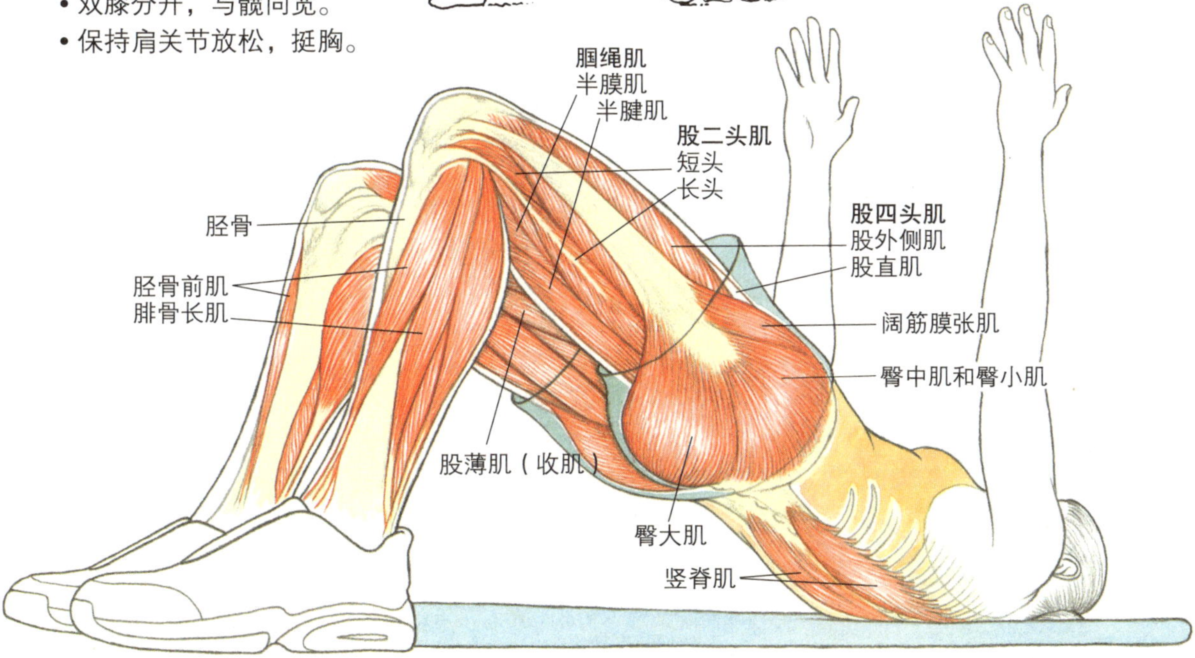

运动分析	关节1
主要关节	髋关节
关节运动	向上——伸 向下——屈
主要运动的肌群	臀大肌 腘绳肌

主要稳定肌群
主要稳定肌群是竖脊肌、腹肌和股四头肌 辅助稳定肌群： 肩关节：肌腱袖和三角肌前部 肩胛骨：斜方肌中、下部和前锯肌 躯干：腰方肌 髋关节：臀中肌和臀小肌、深层髋关节外旋肌和内收肌群

平衡球臀上挺

全身稳定性训练 •推 •闭路式训练 •体重 •初级到高级

此项训练对臀上挺进行了改良，在小腿下面放置一平衡球。

动作过程

呼气的同时伸展髋关节，慢慢抬起躯干和下背部，保持手臂放松。稍停顿，还原，重复上述动作。

起始姿势

- 仰卧，屈膝，将小腿肚放在平衡球上。
- 保持双脚和双膝分开，与髋同宽。
- 双臂放松置于身体两侧。
- 保持脊柱居中，并使腹肌参与维持身体的稳定，收腹。

动作要领

- 控制动作缓慢进行。
- 主要是髋关节运动。
- 膝关节分开，与髋同宽。
- 保持肩关节放松，挺胸，双臂下面有膨胀感。

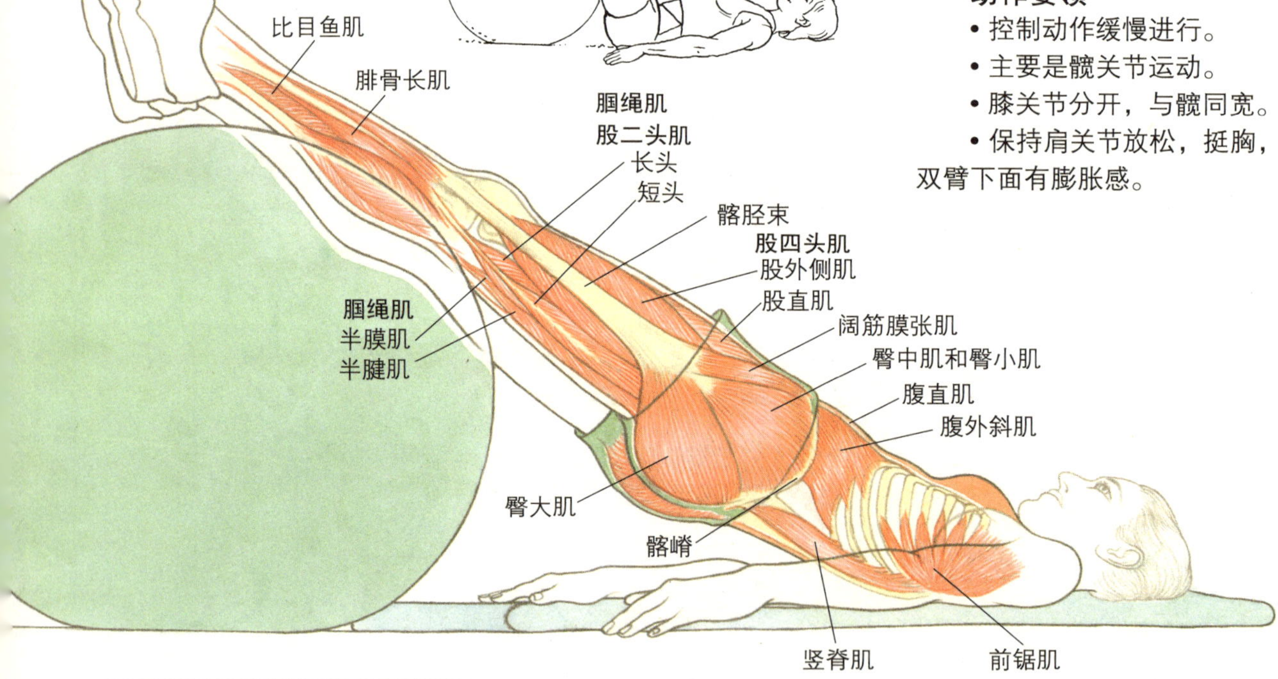

运动分析	关节1
主要关节	髋关节
关节运动	向上——伸 向下——屈
主要运动的肌群	臀大肌 腘绳肌

主要稳定肌群
主要稳定肌群是竖脊肌、腹肌和股四头肌 辅助稳定肌群： 肩关节：肌腱袖和三角肌前部 肩胛骨：斜方肌中、下部和前锯肌 躯干：腰方肌 髋关节：臀中肌和臀小肌、深层髋关节外旋肌和内收肌群

侧卧直腿夹球侧平举

主要稳定肌的重点辅助训练 •独立/单关节 •拉/推 •开放式训练 •体重 •从中级到高级

这项独特的训练是将两腿和两髋分开，使内收肌和外展肌同时运动。

动作过程

将球缓慢向上侧举2～5厘米，坚持片刻，还原，重复上述动作。换对侧并重复上述动作。

运动分析	关节1	关节2
主要关节	髋关节上部	髋关节下部
关节运动	向上～外展 向下～内收	向上～内收 向下～外展
主要运动的肌群	臀中肌，臀小肌，阔筋膜张肌	内收肌群

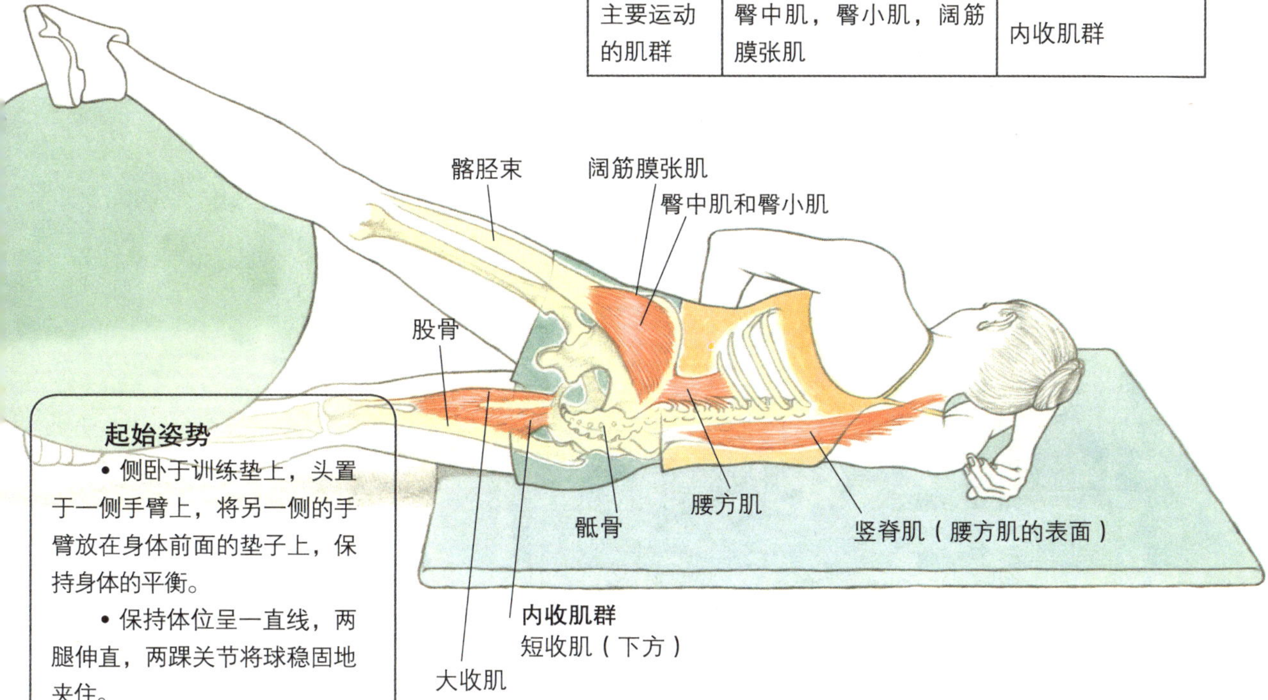

起始姿势

• 侧卧于训练垫上，头置于一侧手臂上，将另一侧的手臂放在身体前面的垫子上，保持身体的平衡。

• 保持体位呈一直线，两腿伸直，两踝关节将球稳固地夹住。

主要稳定肌群
稳定躯干的主要是腹部肌群、竖脊肌和腰方肌 腿部和臀部：臀大肌和腘绳肌以及股四头肌

动作要领

• 训练的时候避免臀部前后移动；用腹肌来保持脊柱和骨盆的稳定。

• 动作缓慢进行，避免强烈运动。

• 上举不要超过5厘米。

器械髋外展

辅助训练 •独立/单关节 •推 •开放式训练 •健身机 •从初级到高级

虽然髋内收训练机与髋外展训练机比较容易混淆，但是它们都是用于锻炼肌肉、发挥姿势稳定肌作用的。因此，在这两种训练机上训练都是有效的。

动作过程

用力使两腿分开，坚持片刻。还原，重复上述动作。

动作要领

• 控制动作缓慢进行以缓解阻力，避免强烈运动。

• 当髋关节外展时避免弓背。

• 主要应用臀中肌和臀小肌的收缩力来使髋关节外展，而不是通过膝关节和脚的力量。

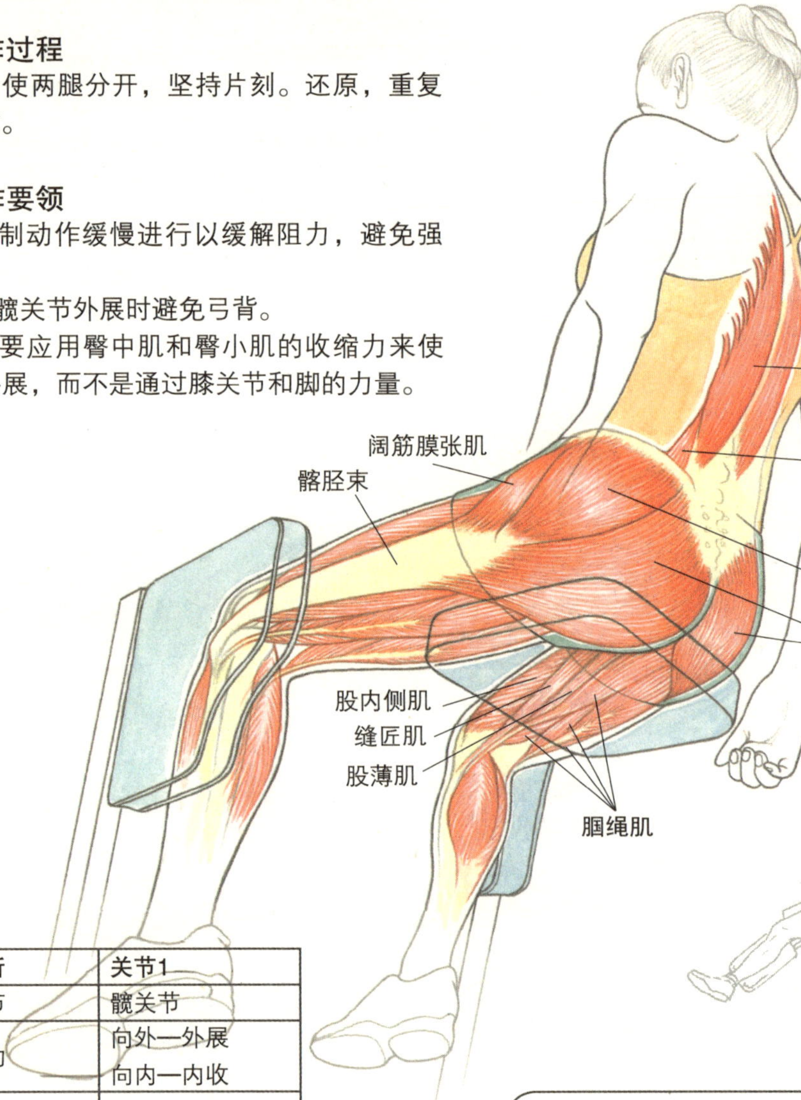

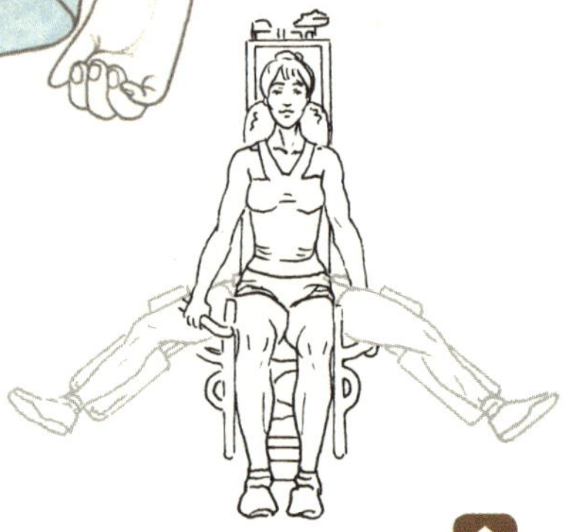

运动分析	关节1
主要关节	髋关节
关节运动	向外—外展 向内—内收
主要运动的肌群	臀中肌和臀小肌

主要稳定肌群
主要稳定肌群：腹部肌群，竖脊肌和腰方肌

起始姿势

• 坐在训练机上，两腿紧贴于活动臂的垫板上。

• 身体坐直。挺胸，脊柱挺直。

• 有的训练机配有可调节的控制杆，使双腿位于正确的位置。

器械髋内收

辅助训练 •独立/单关节 •拉 •开放式训练 •器械 •从初级到高级

“局部减肥”就是反复训练一个部位，从而达到局部塑身的目的，因此内收训练机和外展训练机流行起来。正确使用训练机有利于内收肌群发挥其姿势稳定肌的作用，防止膝关节的内侧受到损伤。

动作过程

双腿用力并拢，坚持片刻。还原，重复上述动作。

动作要领

• 控制动作缓慢进行以缓解阻力，避免强烈运动。

• 主要应用内收肌群的收缩力使两腿靠拢，而不是双脚用力。

运动分析	关节1
主要关节	髋关节
关节运动	向内—内收 向外—外展
主要运动的肌群	内收肌群，即耻骨肌、短收肌、长收肌、大收肌和股薄肌

主要稳定肌群
腹部肌群、竖脊肌和腰方肌

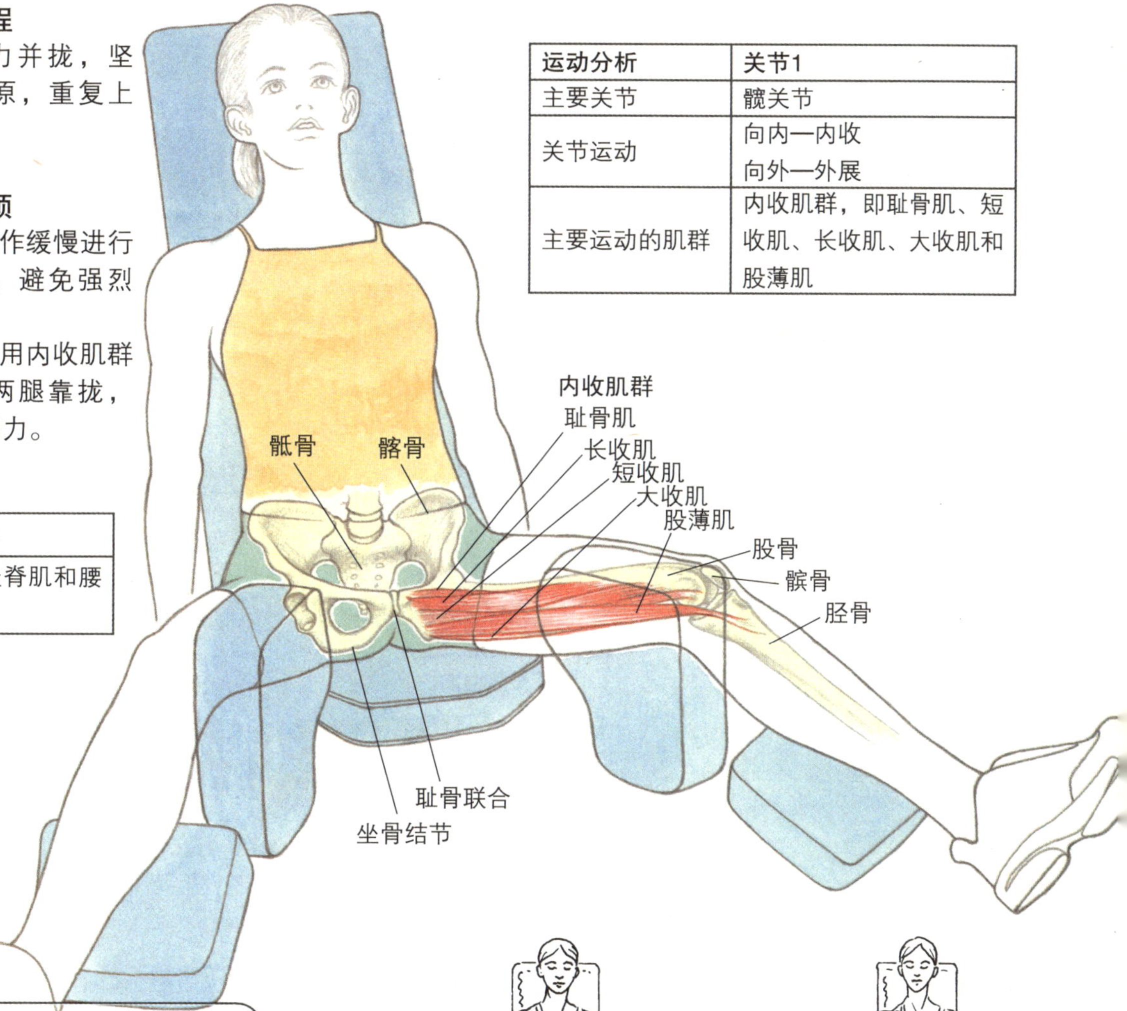

起始姿势

• 坐在训练机上，两腿紧贴于垫板上。

• 身体坐直。挺胸，脊柱挺直。

• 训练机需配备可调节的控制杆，使双腿位于正确的位置。

平衡球仰卧内收肌稳定性训练

主要稳定肌的重点辅助训练 •独立/单关节 •拉/推 •开放式训练 •体重 •从初级到高级

这个独特的训练利用一个平衡球通过保持全身的稳定来整合内收肌，比传统的髋关节训练更加有用和先进。

动作过程

保持腹部稳定，呼气并抬起小腿，接着将腿伸直，使腿与地面呈45度角或者更大度角。这将调动腹肌发挥更大的稳定作用，但是只有在背部放松的情况下才能做这一动作。还原，并重复上述动作。

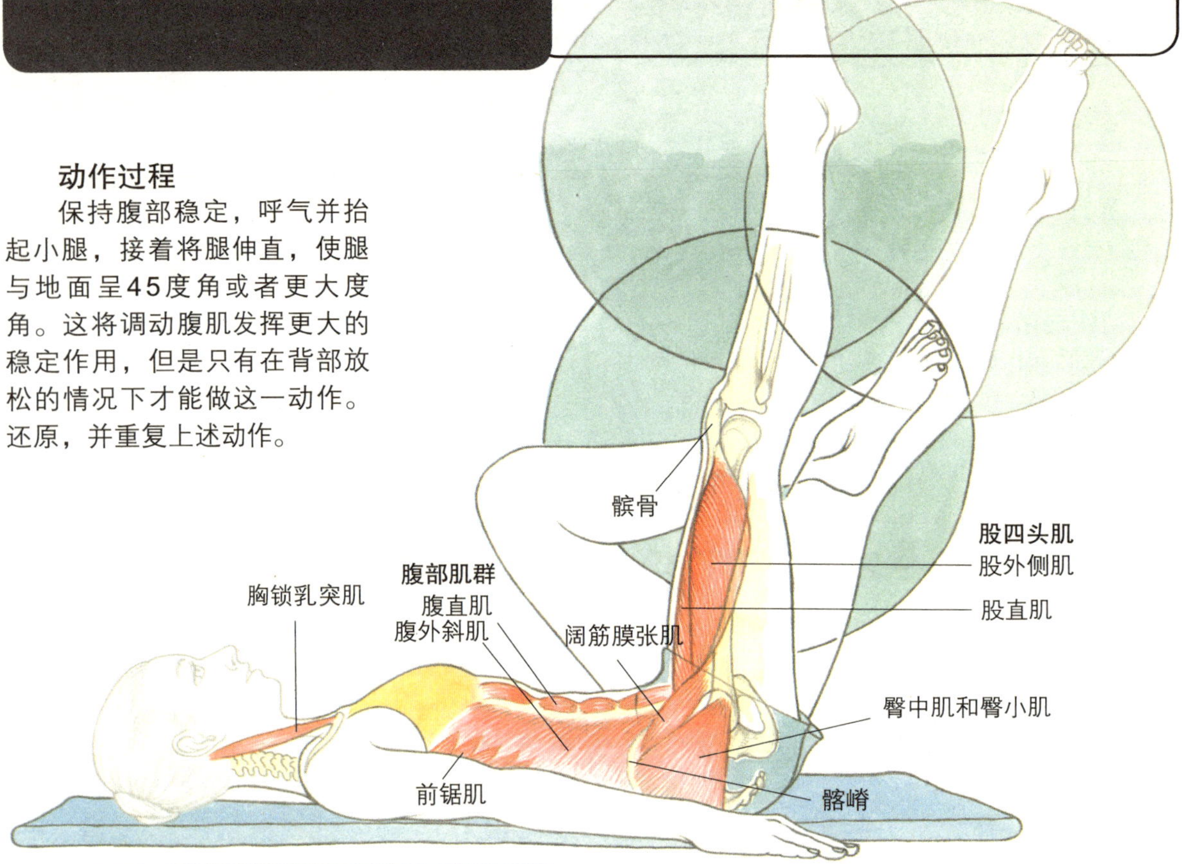

起始姿势

• 仰卧，髋关节和膝关节屈曲，将平衡球置于两侧小腿和踝关节之间。

• 保持双臂放松，置于身体两侧。

• 利用腹肌的稳定作用保持脊柱居中，收腹，保持脊柱不动。

动作要领

• 动作缓慢进行，避免强烈运动。

• 避免弓起双肩，保持胸廓打开，头和脊柱居中，肩胛骨压低。

• 避免绷紧臀部或者压低腰部接触到垫子，集中于利用腹部的力量。

运动分析	关节1	关节2
主要关节	膝关节	髋关节
关节运动	向上～伸 向下～俯屈	向上～轻度伸 向下～轻度俯屈
主要运动的肌群	股四头肌	股直肌，髂腰肌

主要稳定肌群
主要的稳定力量来自于内收肌、股四头肌和腹部肌群 颈部：胸锁乳突肌 肩胛骨：前锯肌、菱形肌和斜方肌下部 髋关节：髂腰肌和股直肌

拉力器髋外展

辅助训练 • 独立/单关节：增强稳定肌的作用 • 拉 • 开放式训练 • 拉力器 • 从初级到中级

这项以前在健身房里受人喜爱的运动，比用外展肌训练机锻炼外展肌的稳定功能更实用。

运动分析	关节1
主要关节	髋关节
关节运动	向外～外展 往内～内收
主要运动的肌群	臀中肌和臀小肌，阔筋膜张肌

主要稳定肌群
稳定躯干的肌肉主要是腹部肌群、竖脊肌、腰方肌和固定腿的肌肉

动作过程

控制肌肉缓慢地外展髋关节，将外侧的腿向外移动，离开身体中线。坚持片刻，慢慢将腿收回，重复上述动作。换另一侧腿，重复上述动作。

动作要领

• 使用较小的重量，主要使臀中肌和臀小肌收缩。

• 保持髋关节的中心在身体的垂直中心线上，使腹肌参与运动。

• 在腿外展时大腿不要向外旋转或髋关节扭动。

• 动作缓慢进行，避免强烈运动。

• 髋关节不要过度外展。

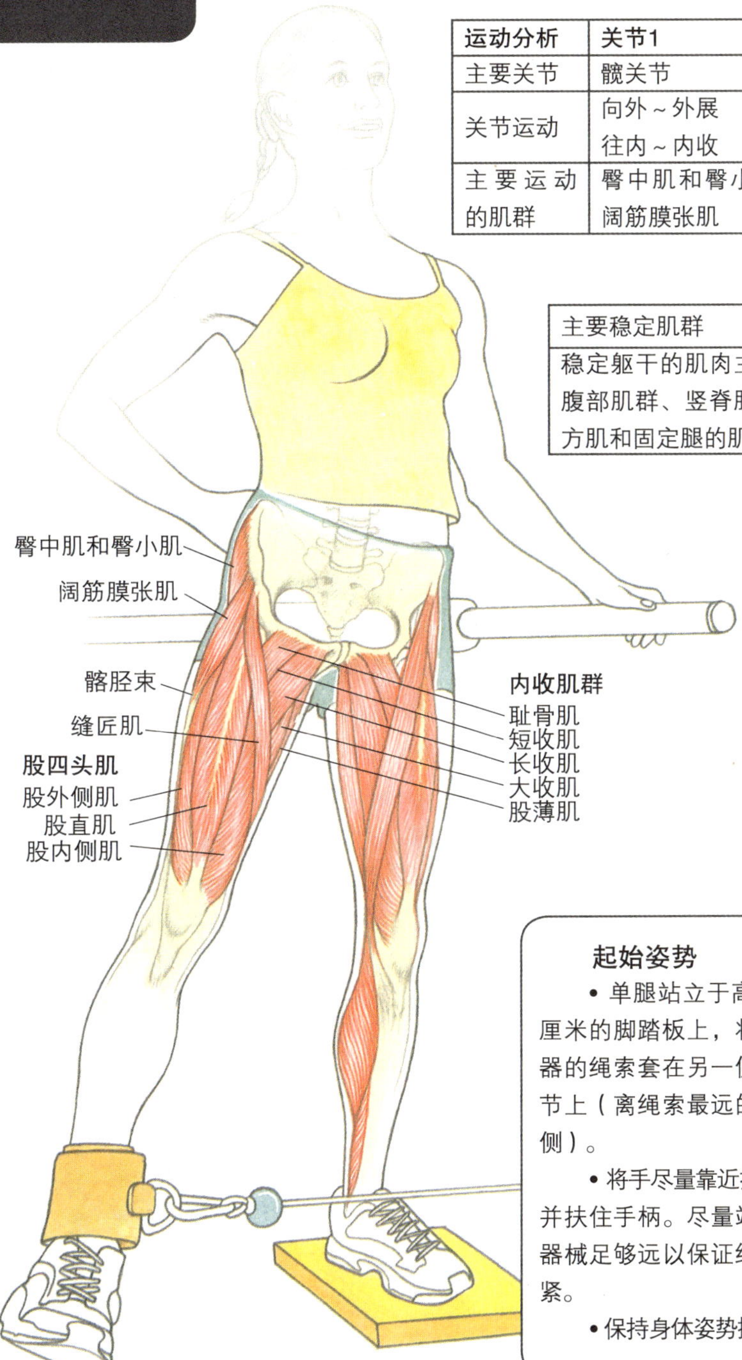

起始姿势

• 单腿站立于高2～5厘米的脚踏板上，将拉力器的绳索套在另一侧踝关节上（离绳索最远的那一侧）。

• 将手尽量靠近拉力器并扶住手柄。尽量站得离器械足够远以保证绳索绷紧。

• 保持身体姿势挺直。

俯卧伸髋

辅助训练 •独立/单关节 •推 •开放式训练 •体重 •从初级到中级

➡ 伸髋的活动幅度仅超过垂直面10～15度，准确地进行此项训练能够使你臀部的肌肉更结实。

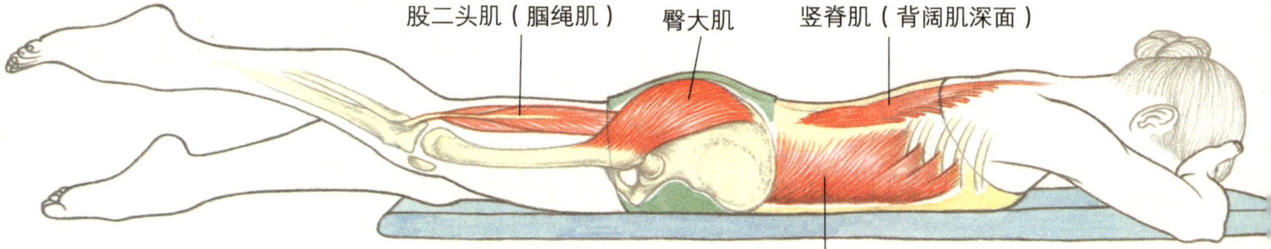

动作过程

呼气时，髋关节伸抬起一条腿，坚持片刻。还原，并且重复上述动作。

起始姿势

• 俯卧在垫子上。
• 保持双腿伸直，双脚背着地。
• 双手重叠，将前额置于双手之上。

运动分析	关节1
主要关节	髋关节
关节运动	向上～伸 向下～俯屈
主要运动的肌群	臀大肌，腘绳肌

主要稳定肌群
大多数上半身的肌肉都会参与稳定躯干，尤其是竖脊肌和腹部肌群。

动作要领

• 避免利用背下部的运动过伸髋关节。髋关节只能伸展10～15度。

• 动作缓慢进行，避免利用猛力或躯干和腰部的运动来补偿。

• 保持躯干和脊柱的稳定。腹肌主要起稳定作用。当你抬腿的时候保持臀肌稍微向脊柱收缩。

俯卧腿弯举

辅助训练 •独立/单关节 •拉 •开放式训练 •器械 •从中级到高级

女性的腘绳肌比较薄弱，在膝关节伸活动中会增加膝关节受伤的危险。格外结实的腘绳肌加上臀部脂肪的减少，可使臀部显得更小。这是为数不多的专门训练腘绳肌的方法之一。

动作要领

• 动作要缓慢，避免强烈运动。

• 避免过度伸膝关节；避免在下放的过程中小腿离开滚轴。

• 保持腹部稳定，避免臀部上抬和晃动躯干。

• 应用腘绳肌的收缩力使小腿向上弯起，而不是通过脚的力量进行。避免牵拉扶柄而出现强烈运动。

• 小腿向上抬起时吸气，向下时呼气。

动作过程

膝关节屈，抬起小腿，还原并重复上述动作。

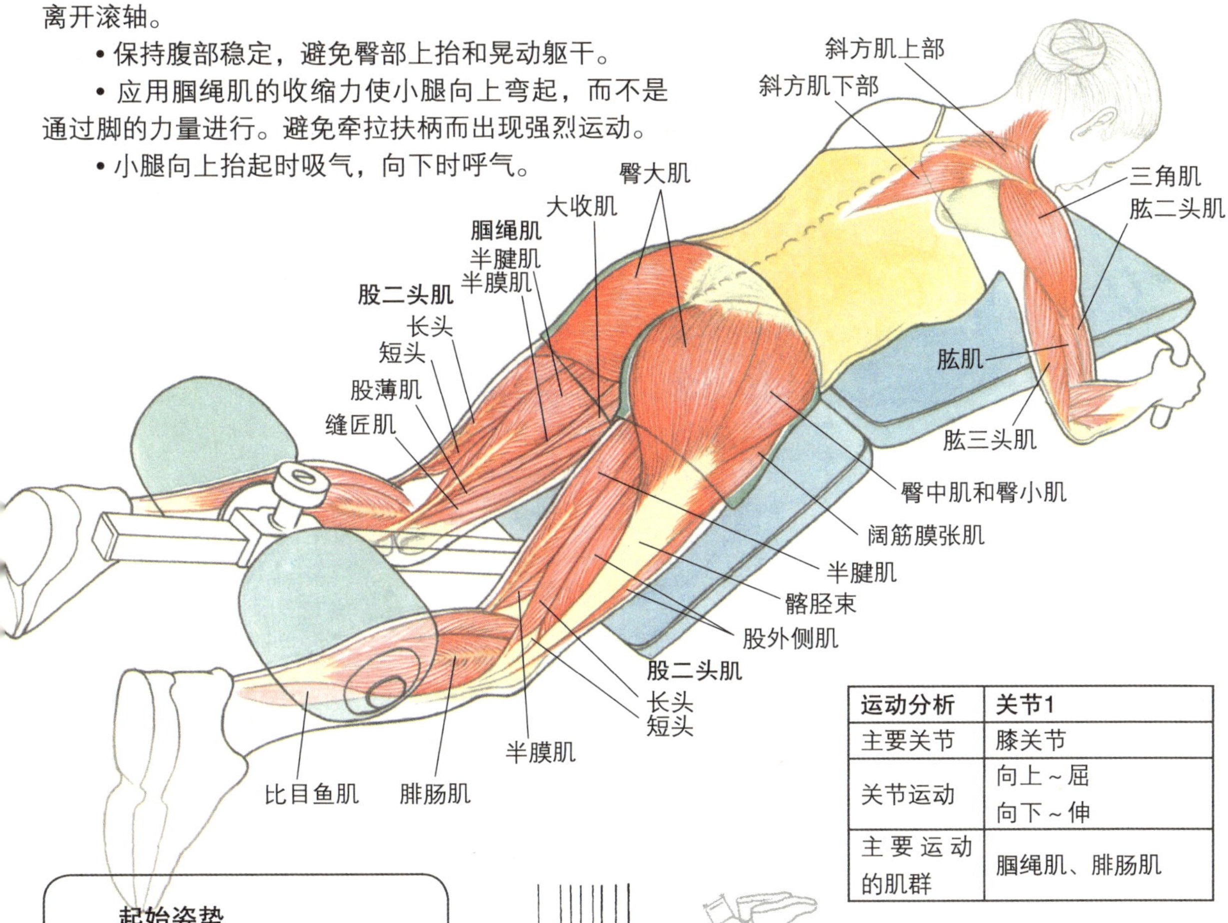

运动分析	关节1
主要关节	膝关节
关节运动	向上～屈 向下～伸
主要运动的肌群	腘绳肌、腓肠肌

起始姿势

• 俯卧在训练机上，踝关节置于阻力滚轴之下。

• 调节训练机，使膝关节与控制杆的支点平行，滚轴位于踝关节后上方。

• 握住两侧的手柄。

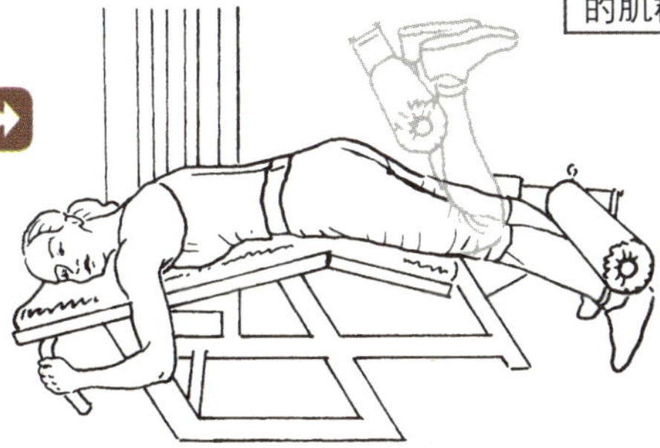

主要稳定肌群
主要稳定躯干的肌肉：腹部肌群 上半身：肱二头肌、斜方肌的下部和中部、前锯肌

抱球杠杆运动

全身稳定 •开放式训练 •体重 •从中级到高级

这是一项独特的比较吃力的训练，要求精力集中和稳定性。有助于提高稳定肌的力量、平衡、协调和本体技能，使腰、腹、臀和大腿更加健壮。

动作过程

通过髋关节向前屈使上半身慢慢向前倾斜，同时一条腿后伸至腿与躯干呈一水平线。还原并重复上述动作，然后换另一侧。

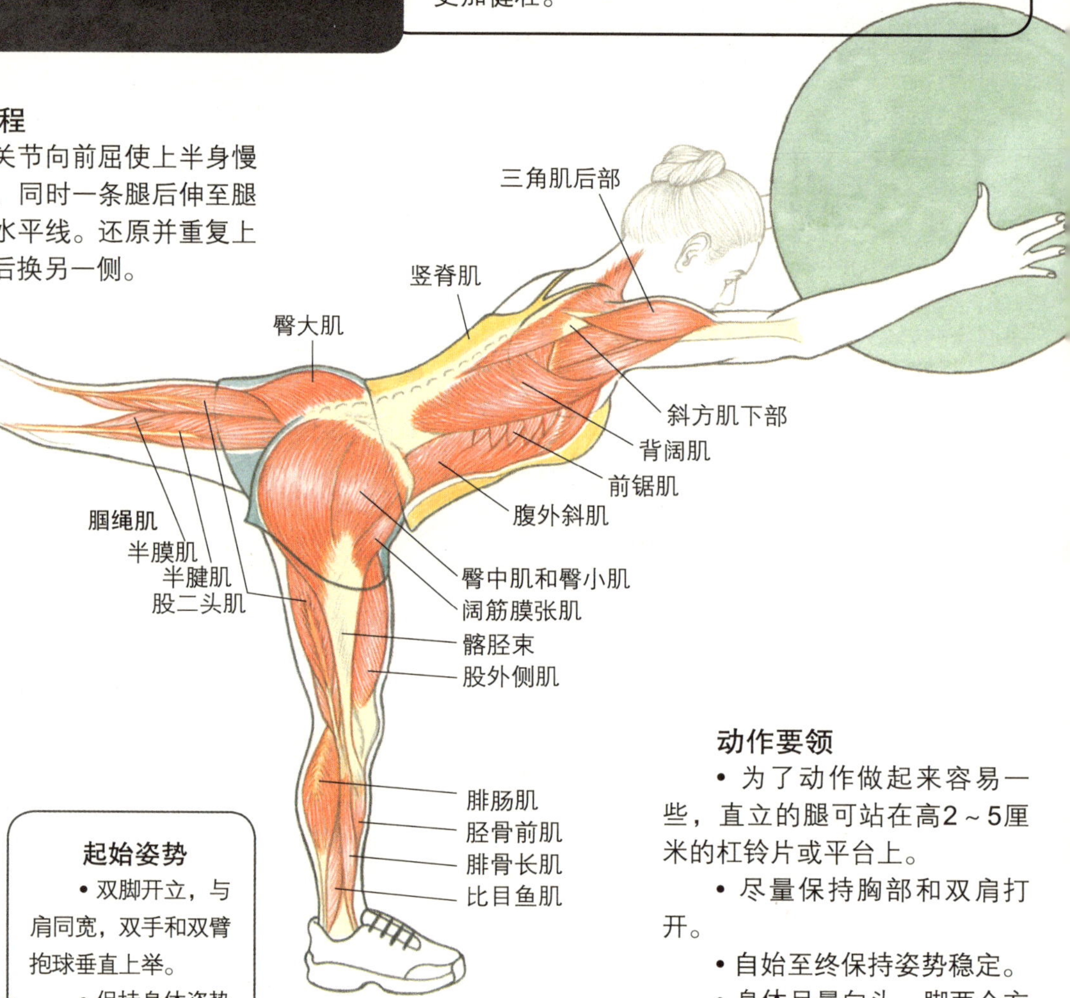

起始姿势

• 双脚开立，与肩同宽，双手和双臂抱球垂直上举。

• 保持身体姿势挺直，脊柱居中。

动作要领

• 为了动作做起来容易一些，直立的腿可站在高2～5厘米的杠铃片或平台上。

• 尽量保持胸部和双肩打开。

• 自始至终保持姿势稳定。

• 身体尽量向头、脚两个方向伸展。

运动分析	关节1
主要关节	髋关节（站立腿）
关节运动	向前～屈 还原～伸
主要运动的肌群	臀大肌 腘绳肌

主要稳定肌群
主要稳定躯干的肌肉是腹部肌群、竖脊肌、腰方肌和固定腿的肌肉 臀部：臀大肌和运动腿的腘绳肌 上半身：三角肌前部、肌腱袖、前锯肌、菱形肌和斜方肌下部

瑜伽前倾伸展

全身稳定 • 开放式训练 • 体重 • 从中级到高级

此项训练包括：主动的平衡、本体感觉、伸展、稳定和力量运动。

动作过程

用一只手抓住一只脚，将另一手臂垂直向上伸，同时肩部放松。保持身体的重心位于支撑脚的中心，通过髋关节向前转动使身体慢慢前倾。当上半身向前倾斜时，被手抓住的腿向后转动，直到倾斜15～30度。还原，并重复上述动作，然后换另一侧。

动作要领

• 尽量保持胸部和双肩打开，保持姿势直立和脊柱居中 。

• 自始至终保持姿势稳定。

• 身体尽量向头、脚两个方向伸展。

起始姿势

• 站立姿势，一条腿屈膝关节。

• 同侧的手后伸，抓住抬起的脚，将脚后跟拉向臀部。

运动分析	关节1
主要关节	髋关节（站立腿）
关节运动	向前～屈 还原～伸
主要运动的肌群	臀大肌 腘绳肌

主要稳定肌群
主要稳定躯干的肌肉是腹部肌群、竖脊肌、腰方肌和支撑腿的肌肉 臀部：臀大肌和运动腿的腘绳肌 上半身：三角肌前部、肌腱袖、前锯肌、菱形肌和斜方肌下部

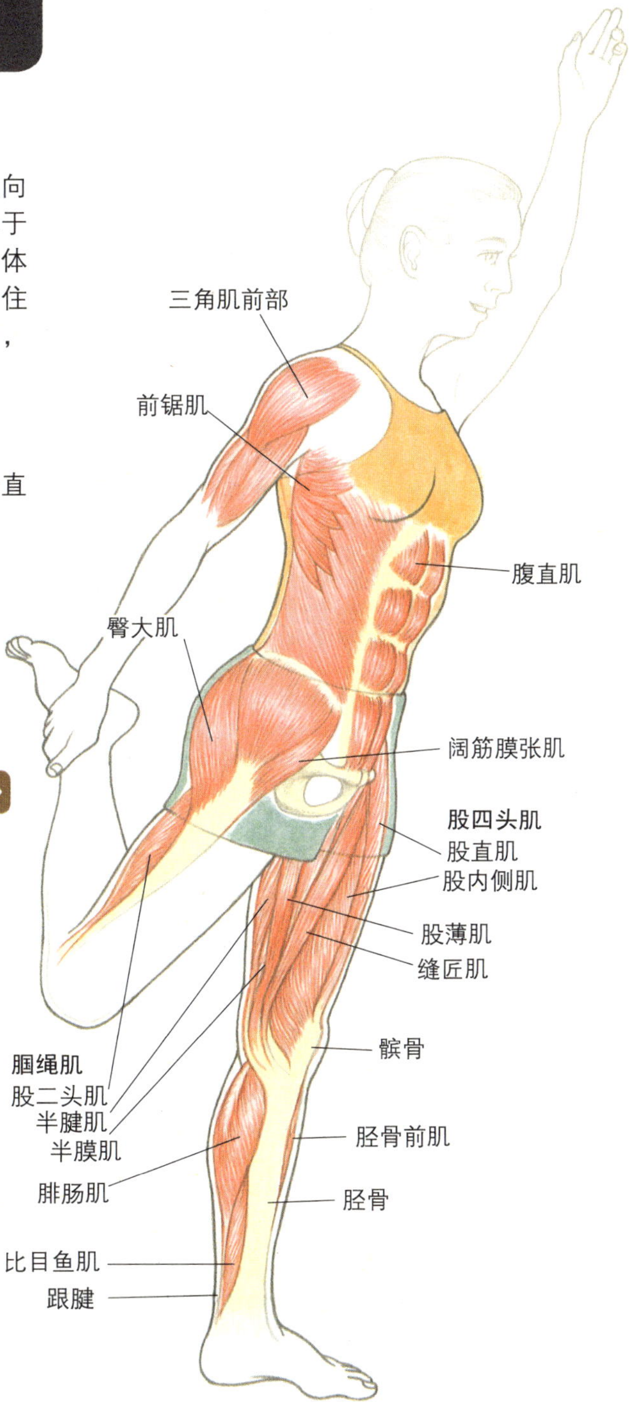

站姿提踵

辅助训练 •独立/单关节 •推 •闭路式训练 •器械 •从初级到高级

在家里你也可以利用台阶进行此项运动。为了增加重量，可进行单腿锻炼。

动作过程

通过踝关节尽量跖屈使足跟抬高，坚持片刻，至小腿有拉伸感时足跟下落。重复上述动作。

起始姿势

• 将前脚掌放在踏板上。

• 站立，保持身体挺直和腹部稳定。

动作要领

• 避免膝关节屈和过伸。

• 足趾放松，主要加强小腿三头肌的收缩力。

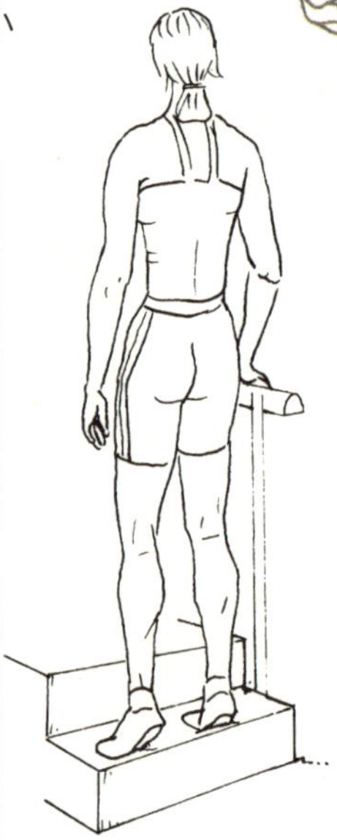

运动分析	关节1
主要关节	踝关节
关节运动	向上 ~ 跖屈 向下 ~ 背屈
主要运动的肌群	腓肠肌、比目鱼肌、胫骨后肌、腓骨长肌

主要稳定肌群
躯干：竖脊肌、腰方肌和腹部肌群 腿和臀部：内收肌群、臀中肌和臀小肌和股四头肌

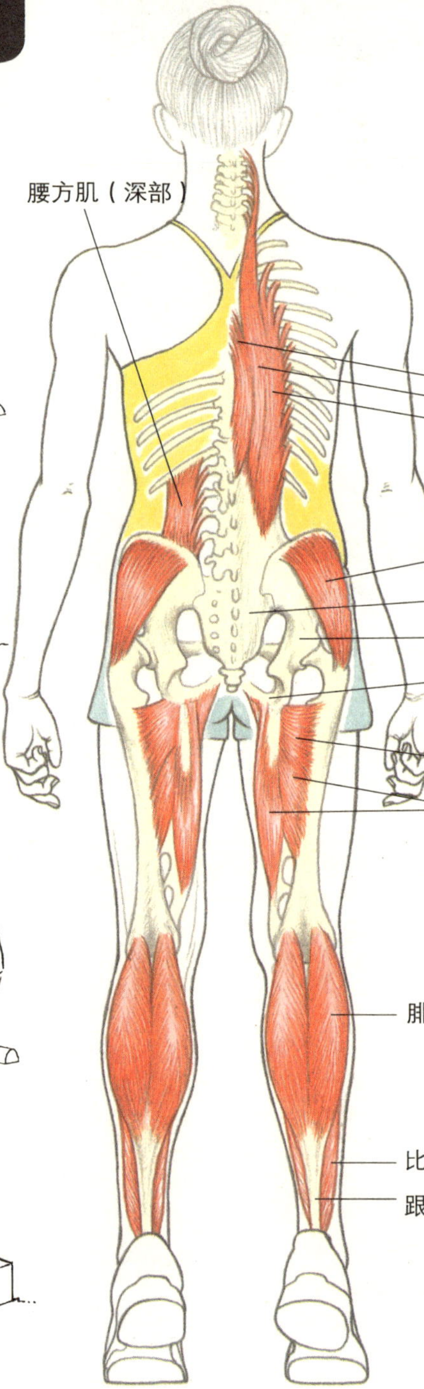

坐姿提踵

辅助训练 •独立/单关节 •推 •闭路式训练 •器械 •从中级到高级

与站姿提踵不同的是此项运动更加强化锻炼比目鱼肌，因为屈膝时，由于腓肠肌的生物力学优势降低导致其运动消极。

动作过程

放低足跟至小腿有拉伸感。回到起始姿势，并且重复上述动作。

动作要领

• 调节训练机，使小腿肌肉进行最大幅度的运动。

• 脚趾放松，不要用力，主要加强小腿三头肌的收缩力。

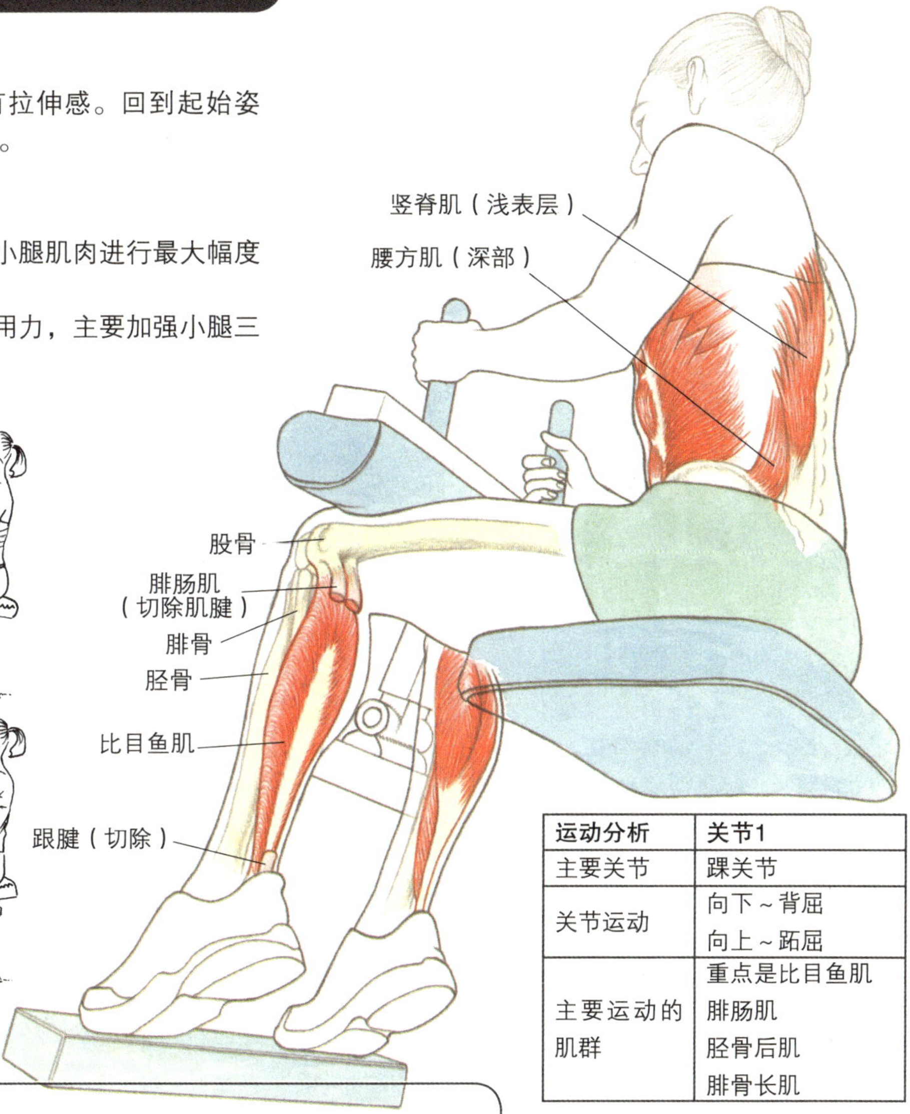

起始姿势

•坐直，脊柱居中 。

•双脚前脚掌放在脚尖踏板上。

• 将重力垫置于大腿下部；调节训练机使重力垫在全方位运动中始终能施加阻力；打开支撑控制杆。

•保持身体平直，腹部稳定。

运动分析	关节1
主要关节	踝关节
关节运动	向下～背屈 向上～跖屈
主要运动的肌群	重点是比目鱼肌 腓肠肌 胫骨后肌 腓骨长肌

主要稳定肌群
适度的稳定是由腹部肌群、竖脊肌、斜方肌的中、下部以及菱形肌完成的。

5.背部和肩部

背部和肩部的肌肉分为四层，是全身最为复杂的肌肉。具有多种复杂的运动功能。

与男性相比，女性骨骼典型的特点是胸廓较小，而骨盆较宽。这使女性的上半身较小，双肩圆润，尤其是胸围比较大的女性。胸廓扁平，后背中部的稳定作用减弱，胸廓力量减小并且引起颈部疼痛。同时累及呼吸和消化从而影响身体姿势和稳定及力量。

虽然双腿的主要作用是腿运动和维持基本姿势，但背部肌肉和腹部肌群联合起来是整个上半身运动的基础，这些肌肉有助于躯干的固定和稳固，保证上半身运动的产生。

隐喻地说，含胸弓背表明与世界隔离。当昂头挺胸站立时，我们将更加自信、清醒和沉着的迎接人生的挑战。这些事实强调了拥有一个良好状态的背部的重要性，支撑你从容地面对世界。

背部和肩部的主要肌肉

名称	跨越关节	起点	止点	作用
竖脊肌	脊柱全长	髂嵴后方与骶骨	肋角，所有肋骨横突	脊柱伸展
背阔肌	肩部	髂嵴后方，骶骨，腰椎的棘突和下6个胸椎的棘突	肱骨内侧	肩部：内收，后伸，内旋，水平外展
斜方肌的组成： 上部纤维 中部纤维 下部纤维	从脊柱到达肩胛骨的上方	枕骨，颈椎和胸椎的棘突	肩峰，肩胛冈，肩胛骨外侧三分之一	整肌，主要使肩胛骨靠近脊柱。 单独：上部纤维——提肩；中部纤维——肩胛骨靠近脊柱；下部纤维——降肩，向向上旋转
菱形肌	从脊柱到达肩胛骨上方	第七颈椎和上五个胸椎的棘突	肩胛骨内侧缘，肩胛冈下方	肩胛骨：内收；向向下旋转
肩胛提肌	颈椎到肩胛骨	上4个颈椎的横突	肩胛骨内侧缘	提肩
大圆肌	肩部	肩胛骨的后部、外下缘	肱骨内侧缘	肩关节：伸，内旋，内收
三角肌的组成： 后部纤维 中部纤维 前部纤维	肩部	后部纤维：肩胛冈的下缘；中部纤维：肩峰；前部纤维：锁骨的外三分之一	肱骨外侧缘	肩关节外展。后部纤维——肩关节伸，水平外展和旋外；中部纤维——肩关节外展；前部纤维——肩关节屈，水平内收和旋内

名称	跨越的关节	起点	止点	作用
前锯肌	肩部	胸廓侧面上8肋骨	整个肩胛骨内缘的前面	肩胛骨：外展（伸），向向上旋转
腰方肌	从脊柱到骨盆	髂嵴的后内面	上4个腰椎的横突，第12肋的下面	躯干侧屈；骨盆上提（站立时）

肌腱袖

名称	跨越关节	起点	止点	作用
冈上肌	肩部	冈上窝	肱骨大结节周围	肩关节外展（15度）
冈下肌	肩部	冈下窝内面的肩胛骨后面、肩胛冈的下方	肱骨大结节周围	肩关节：旋外，水平外展，伸
小圆肌	肩部	肩胛骨外侧缘的后面的上部和中部	肱骨大结节周围	肩部：旋外，水平外展，伸
肩胛下肌	肩部	肩胛下窝	肱骨小结节	肩部：旋内，内收，伸

注意：这些肌肉使肩关节更加稳定。下列例子可说明这些肌肉的作用：

- 臂向外抬起并轻度内旋能够加强冈上肌。
- 任何下拉的动作都需要冈下肌和小圆肌，如外侧下拉和引体向上。
- 手臂下垂于身体两侧时内旋抵抗阻力能够加强肩胛下肌。

训练项目

胸前外侧下拉

核心训练 •复合/多关节 •拉 •开放式训练 •器械 •从初级到高级

下拉是最全面的上半身训练项目之一，有很多变化形式，包括将拉杆下拉至颈部的后面，与传统的版本相比，这是更有用的训练。

起始姿势

- 坐直，挺胸，脊柱挺直。
- 膝部抵于滚垫下方进行约束。
- 宽握距抓握拉杆。
- 双腿置于训练机支架下。

动作过程

身体轻度后倾，将拉杆下拉到上胸部。坚持片刻，还原并重复上述动作。

动作要领

- 避免强烈运动。缓慢的进行可控制的、全方位的运动。
- 在训练中避免耸肩弓背。挺胸，双肩下沉。
- 身体稍后倾，与拉杆保持一定的空隙，使腹肌发挥稳定作用。
- 下拉拉杆时吸气。

主要稳定肌群
躯干：腹部肌群和竖脊肌 肩关节：肌腱袖 肩胛骨：前锯肌、菱形肌和斜方肌的下部 前臂：屈腕肌

运动分析	关节1	关节2	关节3
主要关节	肘关节	肩关节	肩胸关节
关节运动	向下——屈 向上——伸	向下——内收，部分伸 向上——外展，部分屈	向下——向下旋转，内收（收缩），下降 向上——向上旋转，外展（伸），上提
主要运动的肌群	肱二头肌 肱肌 肱桡肌	背阔肌 大圆肌 胸大肌 三角肌后部	菱形肌 斜方肌

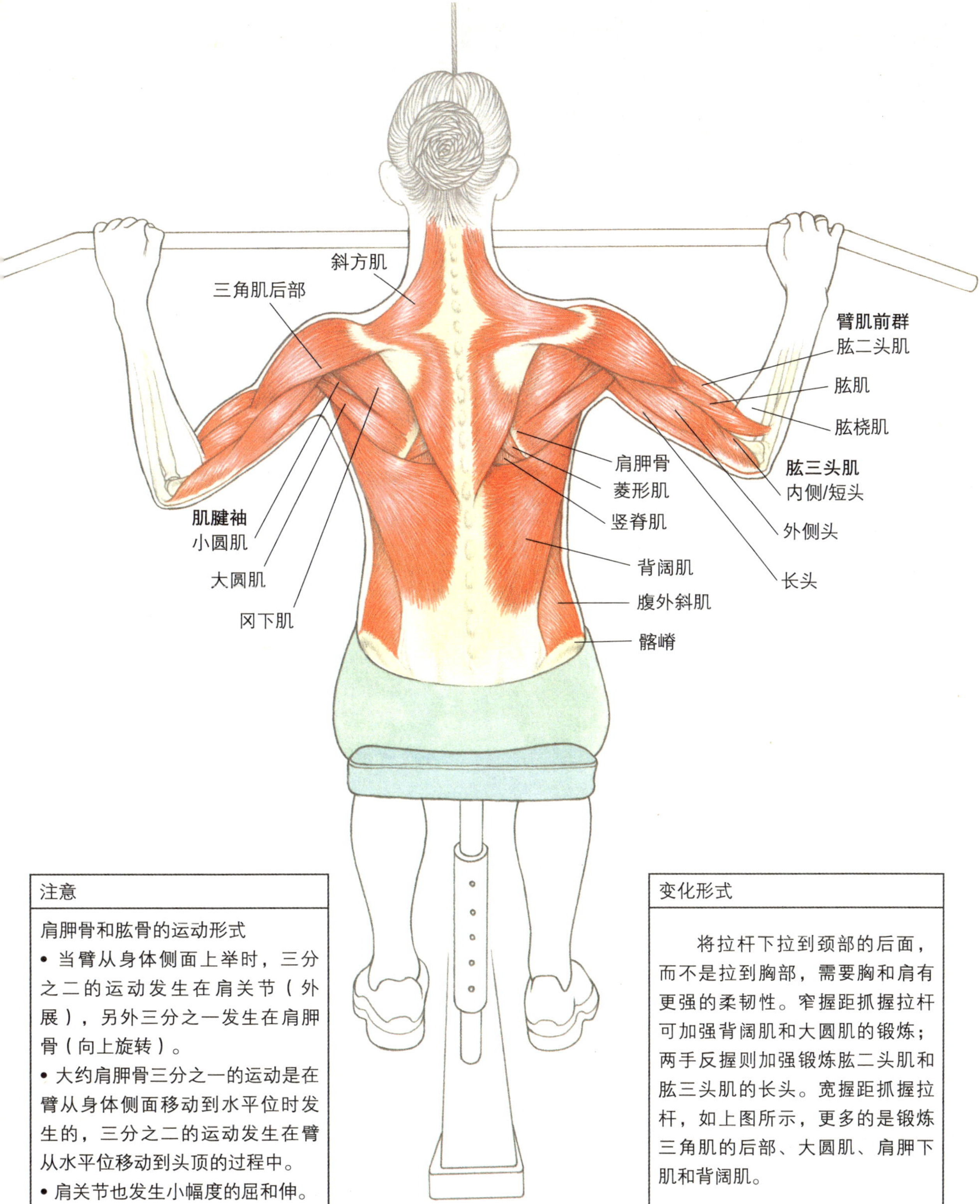

注意

肩胛骨和肱骨的运动形式

- 当臂从身体侧面上举时，三分之二的运动发生在肩关节（外展），另外三分之一发生在肩胛骨（向上旋转）。
- 大约肩胛骨三分之一的运动是在臂从身体侧面移动到水平位时发生的，三分之二的运动发生在臂从水平位移动到头顶的过程中。
- 肩关节也发生小幅度的屈和伸。

变化形式

将拉杆下拉到颈部的后面，而不是拉到胸部，需要胸和肩有更强的柔韧性。窄握距抓握拉杆可加强背阔肌和大圆肌的锻炼；两手反握则加强锻炼肱二头肌和肱三头肌的长头。宽握距抓握拉杆，如上图所示，更多的是锻炼三角肌的后部、大圆肌、肩胛下肌和背阔肌。

器械辅助引体向上

核心训练 •复合/多关节 •拉 •开放式训练 •器械 •从中级到高级

这个独特的器械可选择能够补偿体重的重量，选择得越重，动作越容易。随着训练的适应和进步，你就能慢慢地利用更少的支撑重量向上提起更多的自身体重。

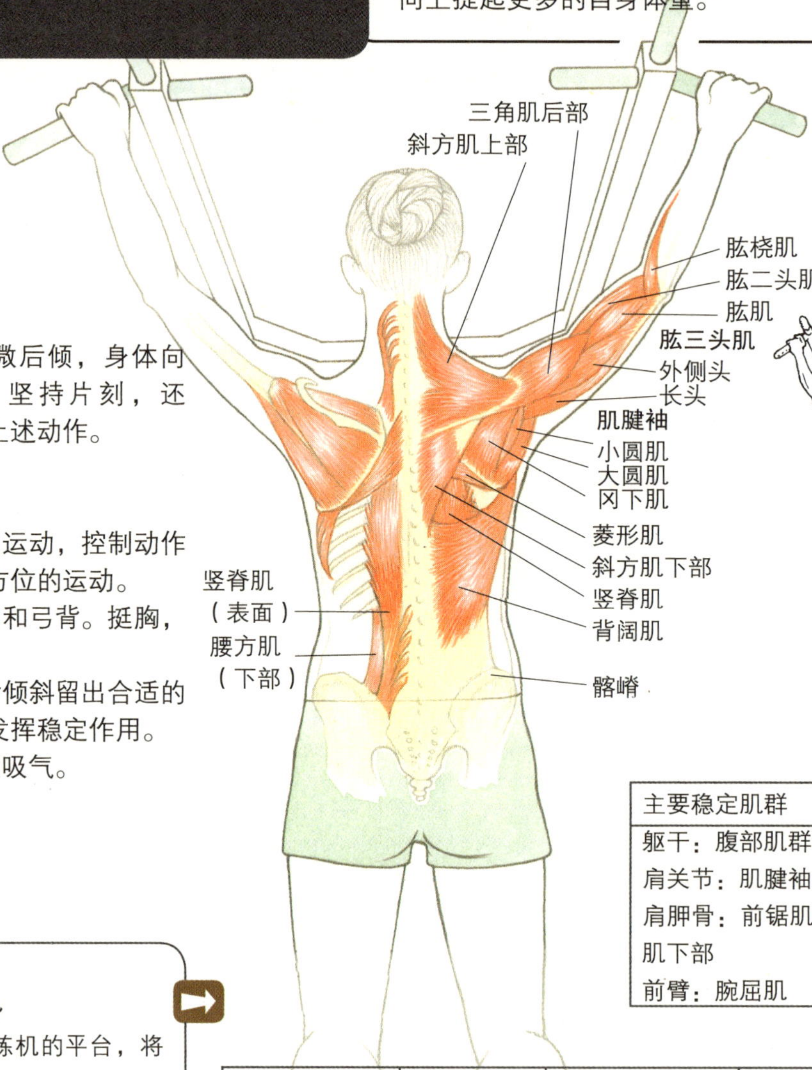

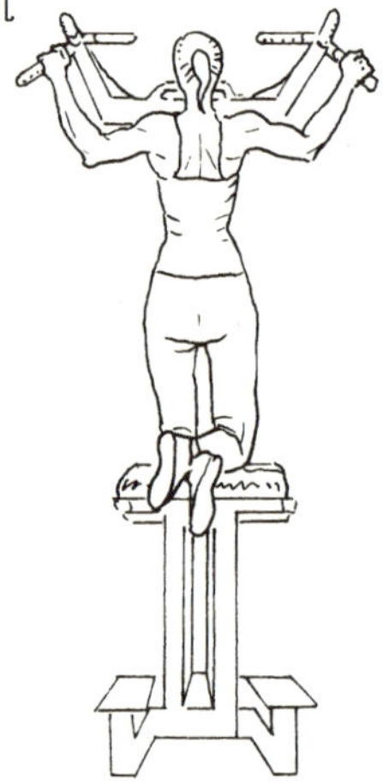

动作过程

上胸部微微后倾，身体向训练机牵拉。坚持片刻，还原，并且重复上述动作。

动作要领

- 避免强烈运动，控制动作缓慢进行，全方位的运动。
- 避免耸肩和弓背。挺胸，双肩下沉。
- 轻度向后倾斜留出合适的空隙，使腹肌发挥稳定作用。
- 下降阶段吸气。

主要稳定肌群
躯干：腹部肌群和竖脊肌
肩关节：肌腱袖
肩胛骨：前锯肌、菱形肌和斜方肌下部
前臂：腕屈肌

起始姿势

- 踏上训练机的平台，将一侧膝关节放在支撑垫上，双手握住手柄，上拉身体，并且将另一侧膝关节放在支撑垫上。
- 双臂伸，肩部放松，肩胛骨下压紧贴肋骨，慢慢将身体下降至预备姿势。

运动分析	关节1	关节2	关节3
主要关节	肘关节	肩关节	肩胸关节
关节运动	向下——屈 向上——伸	向下——内收，部分伸 向上——外展，部分屈	向下——向下旋转，内收（收缩），下沉 向上——向上旋转，外展（伸），上提
主要运动的肌群	肱二头肌 肱肌 肱桡肌	背阔肌 大圆肌 胸大肌	菱形肌 斜方肌

站姿绳索拉力器下拉

主要稳定肌的重点辅助训练 • 分离 • 拉 • 开放式训练 • 器械 • 从中级到高级

这是有利于加强姿势稳定肌的训练，如腹肌、前锯肌和斜方肌下部。在此项训练中，运动的质量比运动的数量更加重要。

动作过程

保持双臂伸直，通过伸肩关节下拉横杠至身体两侧，在控制下还原，并且重复上述动作。

动作要领

• 避免强烈运动，控制动作缓慢进行全方位的运动。

• 避免耸肩和弓背。挺胸，双肩下沉。

• 保持肘部柔软，不锁定或过度伸展。

• 保持躯干稳定，姿势挺直，脊柱居中。在进行中等幅度的运动时，可感到腹肌强烈收缩，参与维持身体的稳定。

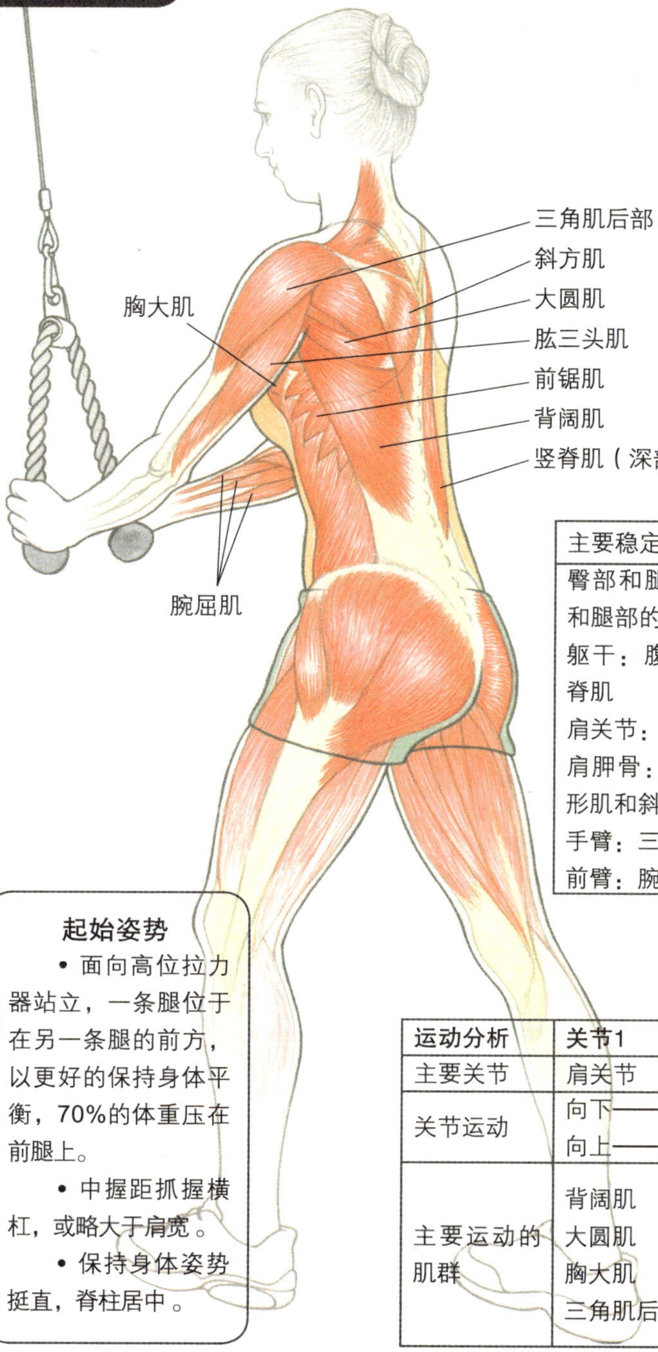

主要稳定肌群
臀部和腿部：臀大肌和腿部的主要肌肉
躯干：腹部肌群和竖脊肌
肩关节：肌腱袖
肩胛骨：前锯肌、菱形肌和斜方肌下部
手臂：三头肌
前臂：腕屈肌

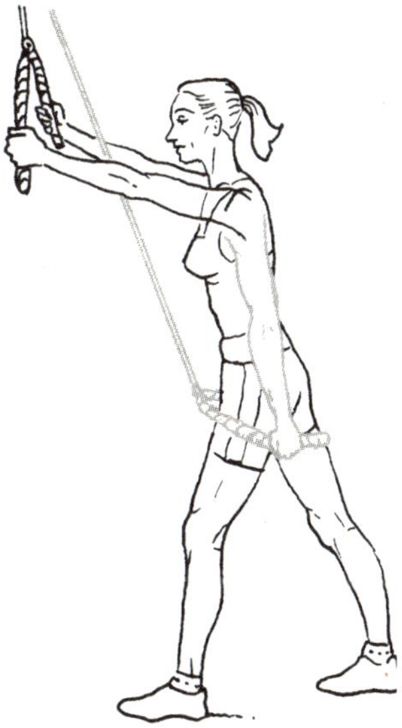

起始姿势

• 面向高位拉力器站立，一条腿位于另一条腿的前方，以更好的保持身体平衡，70%的体重压在前腿上。

• 中握距抓握横杠，或略大于肩宽。

• 保持身体姿势挺直，脊柱居中。

运动分析	关节1
主要关节	肩关节
关节运动	向下——伸 向上——屈
主要运动的肌群	背阔肌 大圆肌 胸大肌 三角肌后部

站姿反握拉力器划船

辅助训练 •分离 •拉 •闭路式训练 •器械 •从中级到高级

这项背部功能性训练整合了腿部和腹部的稳定作用及背部和上臂的力量，也比传统的绳索划船和外侧下拉训练更多地应用了臂肌前群。

动作过程

通过屈肘关节把杆拉向胸下部，控制运动。还原，重复上述动作。

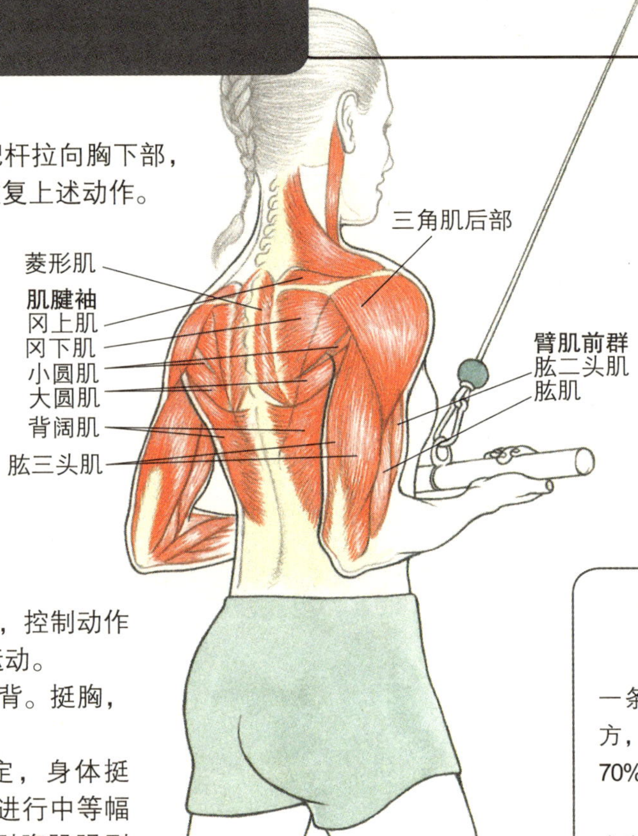

动作要领

• 避免强烈运动，控制动作缓慢进行全方位的运动。

• 避免耸肩和弓背。挺胸，双肩下沉。

• 保持躯干稳定，身体挺直，脊柱居中 。在进行中等幅度的运动时，可感到腹肌强烈收缩，参与维持身体的稳定。

• 拉向胸部时呼气，返回时吸气。

起始姿势

• 面向高位拉力器站立，一条腿位于在另一条腿的前方，以更好的保持身体平衡，70%的体重压在前腿上。

• 反握短杠，握距略大于肩宽 。

• 保持身体姿势挺直，脊柱居中 。

主要稳定肌群
臀部和腿部：臀大肌和腿部的主要肌肉 躯干：腹部肌群和竖脊肌 肩关节：肌腱袖 肩胛骨：前锯肌、菱形肌和斜方肌下部 前臂：腕屈肌

运动分析	关节1	关节2
主要关节	肩关节	肘关节
关节运动	向下——伸 向上——屈	向下——屈 向上——伸
主要运动的肌群	背阔肌 大圆肌 胸大肌 三角肌后部	肱二头肌 肱肌 肱桡肌

坐姿低位拉力器划船

核心训练 • 复合/多关节 • 拉 • 开放式训练 • 器械 • 从中级到高级

第一台坐姿划船训练器于19世纪40年代晚期问世，可为你提供有效的综合背部肌肉训练。

动作过程

拉横杠至腰部，保持挺胸，肩和肘朝向后。还原，重复上述动作。

动作要领

• 避免强烈运动，控制动作缓慢进行全方位的运动。

• 在训练中避免耸肩和弓背。挺胸，双肩下沉。

• 避免背的中、下部拱起。

• 向后拉时吸气。

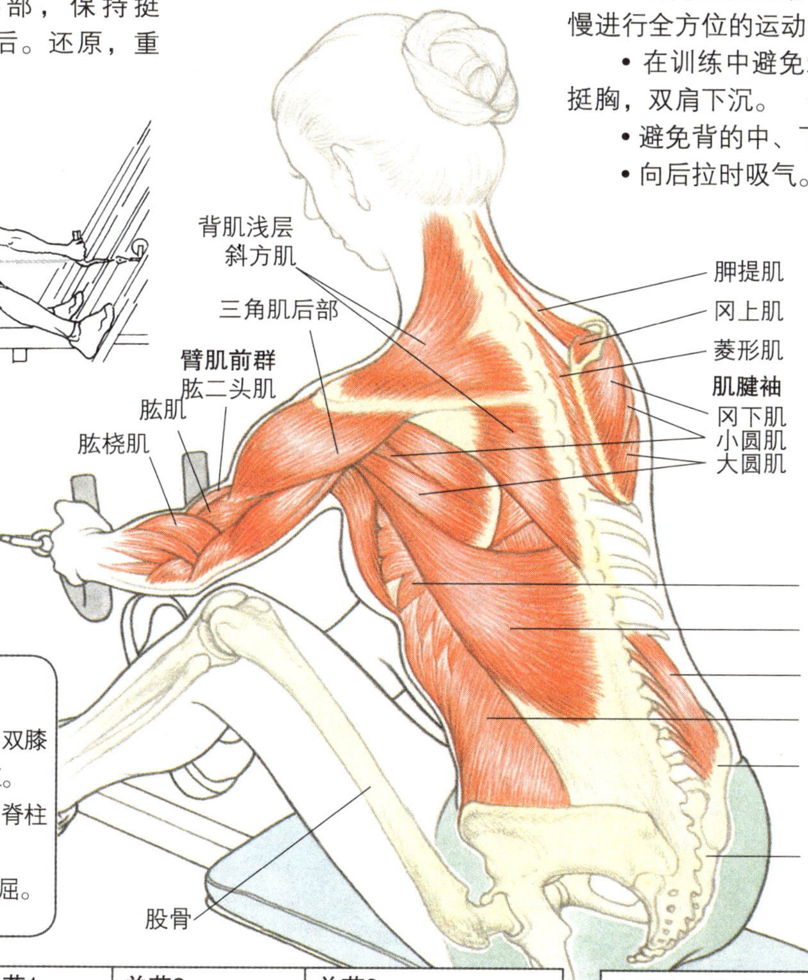

起始姿势

• 坐在平台上，双膝屈，窄握距抓握横杠。

• 坐直，挺胸，脊柱挺直。

• 保持膝关节微屈。

运动分析	关节1	关节2	关节3
主要关节	肘关节	肩关节	肩胸关节
关节运动	向后—屈 向前—伸	向后—伸 向前—屈	向后—内收（收） 向前—外展（伸）
主要运动的肌群	肱二头肌 肱肌 肱桡肌	背阔肌 大圆肌 三角肌后部	菱形肌 斜方肌

主要稳定肌群
臀部和腿部：腘绳肌、臀肌和收肌 躯干：腹部肌群和竖脊肌 肩关节：肌腱袖 肩胛骨：前锯肌、菱形肌和斜方肌下部 手臂：腕屈肌

器械支撑俯身划船

核心训练 •复合/多关节 •拉 •开放式训练 •器械 •从中级到高级

这项训练是利用器械支撑来进行有效的无重力训练的。

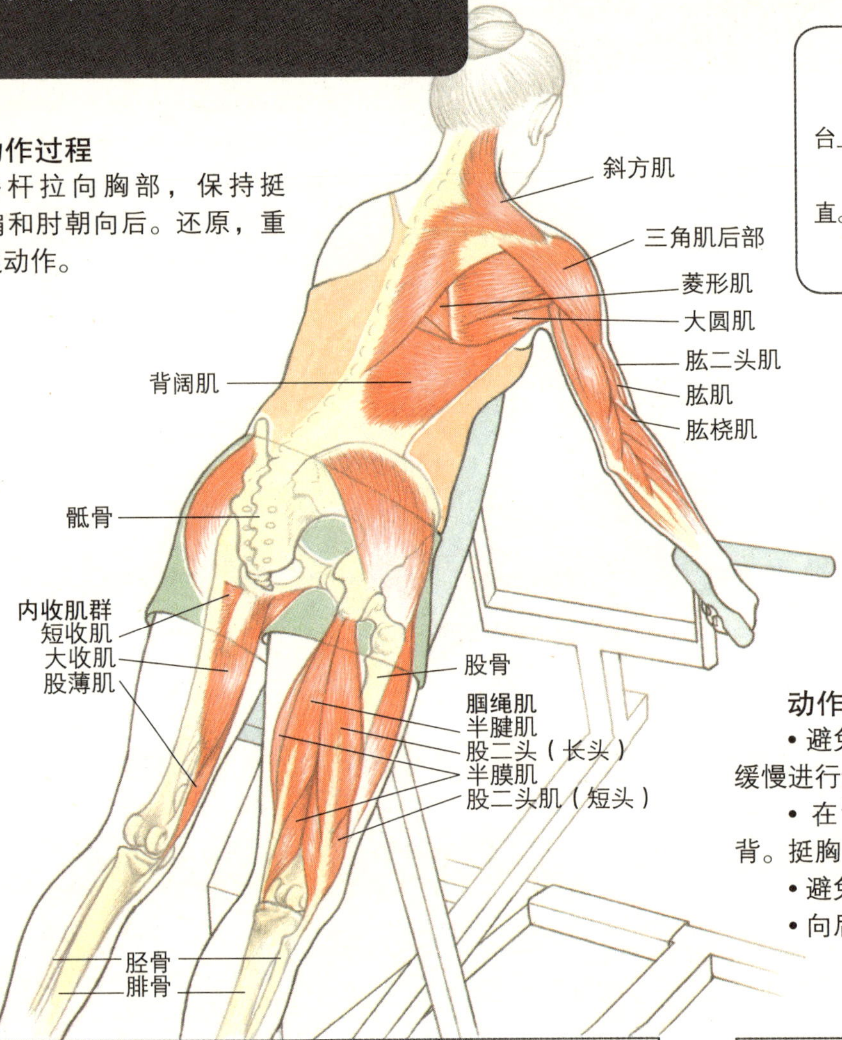

动作过程

将杆拉向胸部，保持挺胸，肩和肘朝向后。还原，重复上述动作。

起始姿势

- 身体前倾俯卧于平台上，双手握杆。
- 保持挺胸，脊柱挺直。
- 保持膝关节微屈。

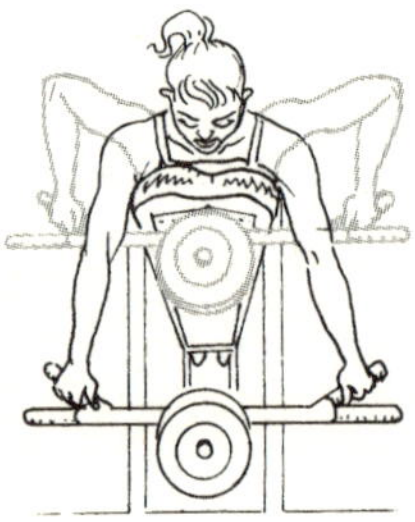

动作要领

- 避免强烈运动，控制动作缓慢进行全方位的运动。
- 在训练中避免耸肩和弓背。挺胸，双肩下沉。
- 避免背的中、下部拱起。
- 向后拉时吸气。

运动分析	关节1	关节2	关节3
主要关节	肘关节	肩关节	肩胸关节
关节运动	向后—屈 向前—伸	向后—伸 向前—屈	向后—内收（收） 向前—外展（伸）
主要运动的肌群	肱二头肌 肱肌 肱桡肌	背阔肌 大圆肌 三角肌后部	菱形肌 斜方肌

主要稳定肌群
臀部和腿部：腘绳肌、臀肌和收肌 躯干：腹部肌群和竖脊肌 肩关节：肌腱袖 肩胛骨：前锯肌、菱形肌和斜方肌下部 颈部：头夹肌和颈夹肌 手臂：腕屈肌

哑铃俯身划船

主要稳定肌的重点核心训练 •复合/多关节 •拉 •闭路式训练 •哑铃 •从中级到高级

➡ 如果姿势正确，这是所有上半身训练中最有效和最完整的训练之一，同时锻炼姿势稳定肌和运动肌。

动作过程

把哑铃上提至上腰部，肩胛骨回缩。还原并重复上述动作。

动作要领

• 避免强烈运动，控制动作缓慢进行全方位的运动。

• 在训练中避免耸肩和弓背，挺胸，双肩下沉。

• 避免背的中、下部拱起，保持骨盆居中和脊柱挺直。

• 在上提的阶段吸气。

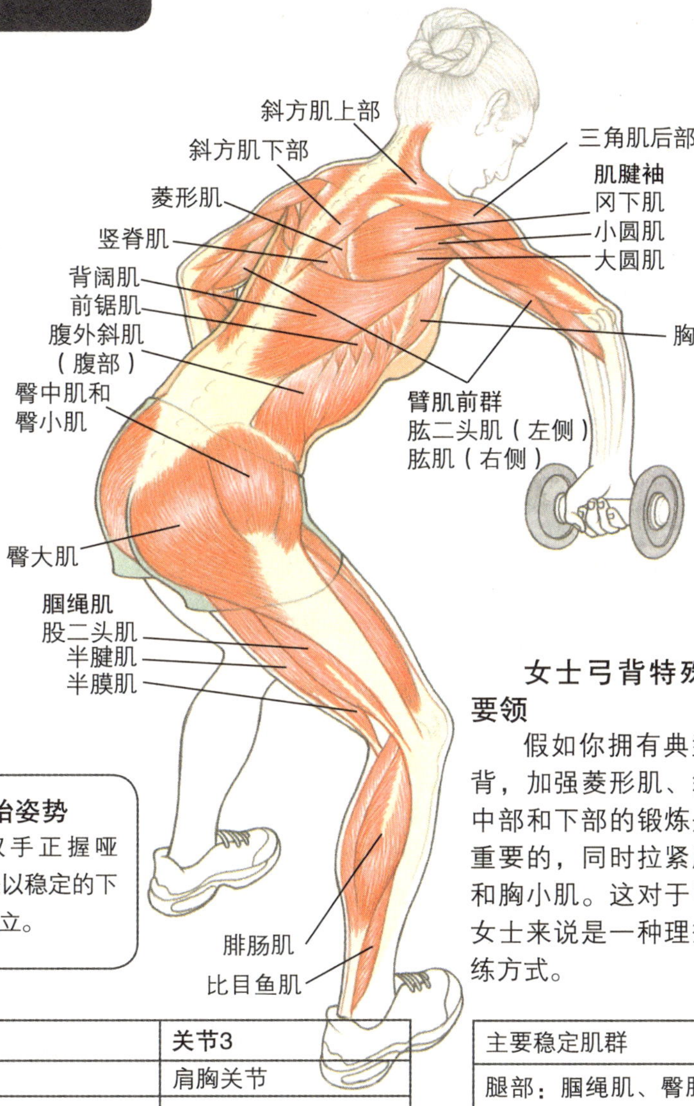

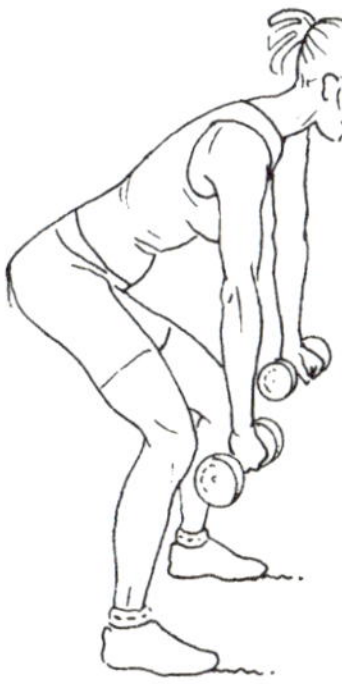

起始姿势

• 双手正握哑铃，双腿以稳定的下蹲姿势站立。

女士弓背特殊训练要领

假如你拥有典型的弓背，加强菱形肌、斜方肌中部和下部的锻炼是非常重要的，同时拉紧胸大肌和胸小肌。这对于弓背的女士来说是一种理想的训练方式。

运动分析	关节1	关节2	关节3
主要关节	肘关节	肩关节	肩胸关节
关节运动	向上——屈 向下——伸	向上——伸，水平外展 向下——屈，水平内收	向上——内收（收） 向下——外展（伸）
主要运动的肌群	臂肌前群（部分活动）	背阔肌 大圆肌 三角肌后部 冈下肌 小圆肌	菱形肌 斜方肌

主要稳定肌群
腿部：腘绳肌、臀肌、内收肌群和股直肌 躯干：腹部肌群和竖脊肌 肩关节：肌腱袖 肩胛骨：前锯肌、菱形肌和斜方肌下部 前臂：腕屈肌 颈部：头夹肌和颈夹肌

俯卧平衡球挺身

辅助训练 •复合/多关节 •拉 •开放式训练 •体重 •从中级到高级

这项在健身房内称为“平衡球”（见38页）的训练，在20世纪60年代早期起源于意大利。

动作过程

球不动，从臀部开始伸展上半身，重点在于脊柱的运动。还原并重复上述动作。将球放在腰部下方可降低训练难度，将球放在臀部下方或者将双臂置于头后可加大训练难度。

动作要领

• 避免强烈运动，控制动作缓慢进行全方位的运动。

• 在向上阶段吸气。

运动分析	关节1
主要关节	脊柱
关节运动	向上——伸 向下——屈
主要运动的肌群	竖脊肌

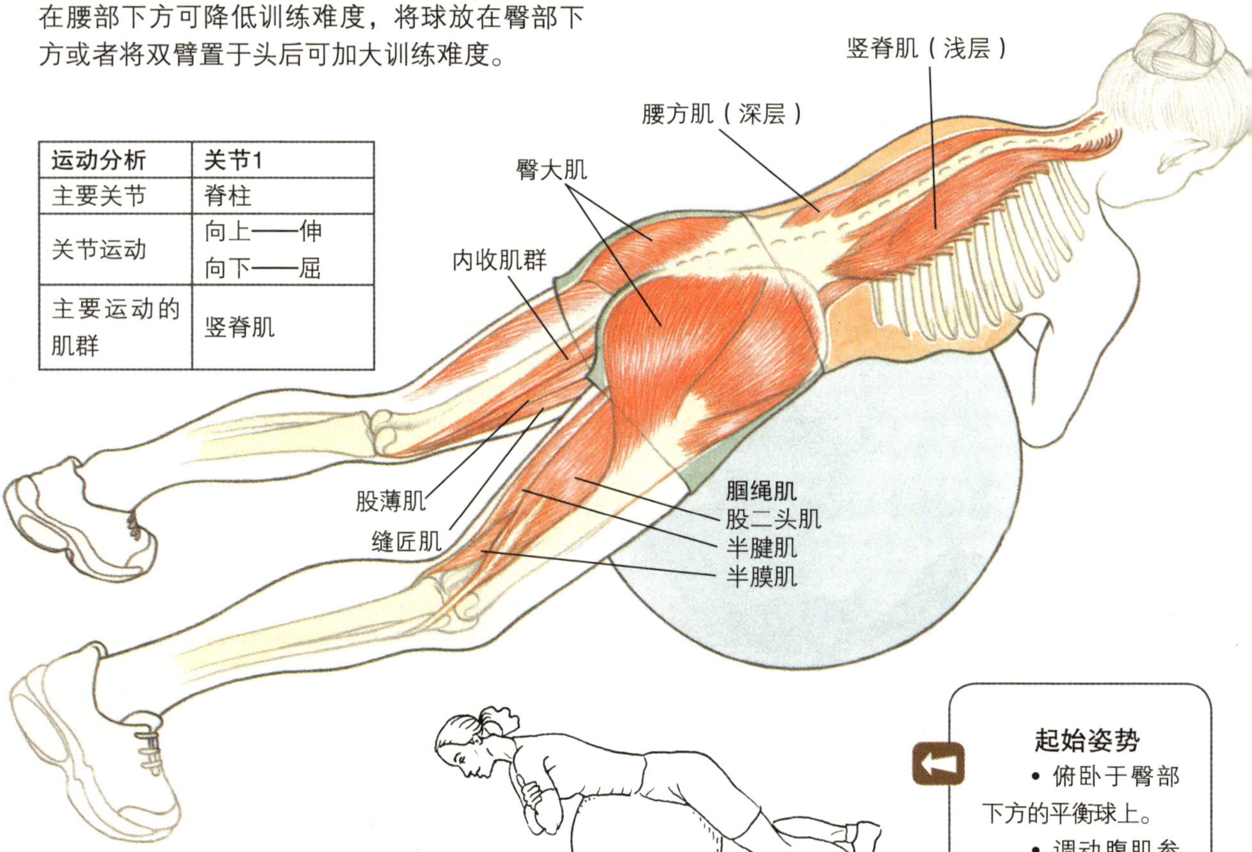

起始姿势

• 俯卧于臀部下方的平衡球上。

• 调动腹肌参与维持身体的稳定，收腹。

• 两腿分开，与肩同宽，双脚着地，膝关节微屈。

• 保持双臂在胸前交叉。

主要稳定肌群
腿部：腿部的腘绳肌、臀肌、内收肌群和股直肌
躯干：腹部肌群、背阔肌、腰方肌和竖脊肌
肩胛骨：前锯肌、菱形肌和斜方肌下部
颈部：头夹肌和颈夹肌

俯卧挺身

辅助训练 •复合/多关节 •拉 •开放式训练 •体重 •从中级到高级

俯卧挺身可做两种不同形式的运动，但锻炼效果相同。因为均是锻炼背肌，在此一并阐述。将双臂交叉于胸前，如黑线条图所示，加大训练难度。

动作过程

方式1：通过腰部弯曲使上半身朝向地面下降（见黑线条图所示），背部挺直。抬起身体，直至躯干与腿平行。重复上述动作。

方式2：通过脊柱向上拱起，并屈髋使上半身朝向地面下降（见左图）。主要加强脊柱的运动。以相反的动作顺序还原并重复上述动作。

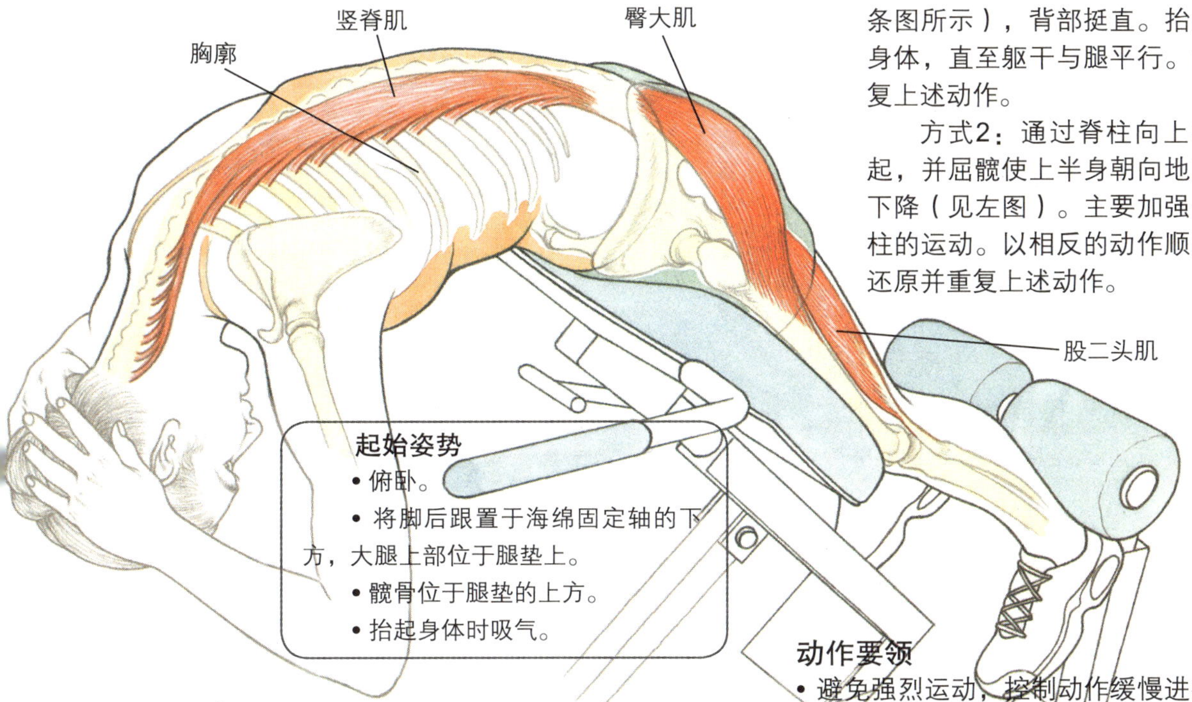

起始姿势

- 俯卧。
- 将脚后跟置于海绵固定轴的下方，大腿上部位于腿垫上。
- 髋骨位于腿垫的上方。
- 抬起身体时吸气。

动作要领

- 避免强烈运动，控制动作缓慢进行全方位的运动。
- 调动腹肌参与维持身体的稳定，收腹。
- 抬起身体时吸气。

运动分析	关节1	关节2	关节3
	版本1	版本2	
主要关节	臀部	脊柱	臀部
关节运动	向上——伸 向下——屈	向上——伸 向下——屈	向上——伸 向下——屈
主要运动的肌群	臀大肌 腘绳肌	竖脊肌	臀大肌 腘绳肌

主要稳定肌群
方式1 腿部：腿部的股直肌 躯干：腹肌和竖脊肌 肩胛骨：前锯肌、菱形肌和斜方肌下部 颈部：头夹肌和颈夹肌
方式2 腿部：腘绳肌、臀肌、收肌和股直肌 躯干：腹肌和竖脊肌 颈部：头夹肌和颈夹肌

平衡球臂腿交替举

核心训练 •复合/多关节 •推 •闭路式训练 •体重 •从中级到高级

慢性下背部疼痛是导致美国一般人群劳动能力丧失与残疾的一个主要原因。此项训练可以用于器械性下背部损伤的康复治疗，也可用于该病的预防。

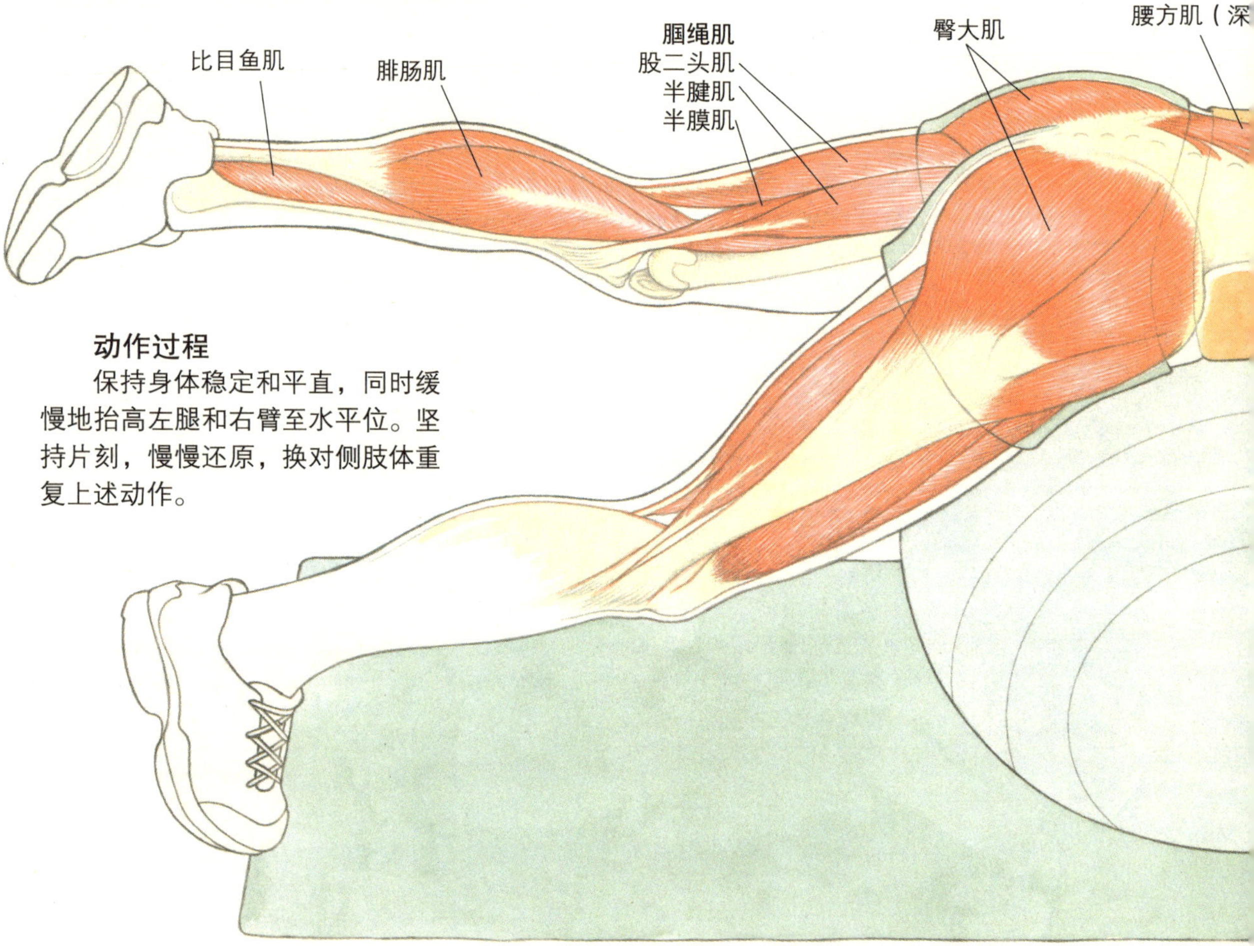

动作过程

保持身体稳定和平直，同时缓慢地抬高左腿和右臂至水平位。坚持片刻，慢慢还原，换对侧肢体重复上述动作。

运动分析	关节1	关节2
主要关节	肩关节（抬手臂）	臀部（抬腿）
关节运动	向上——屈 向下——伸	向上——伸 向下——屈
主要运动的肌群	三角肌后部	臀大肌 腘绳肌

主要稳定肌群
对侧上臂（主要是肱三头肌）和大腿肌肉 躯干：腹部肌群、腰方肌、竖脊肌、内收肌群和臀中肌、臀小肌 肩关节:肌腱袖 肩胛骨：前锯肌、菱形肌和斜方肌 颈部：头夹肌和颈夹肌

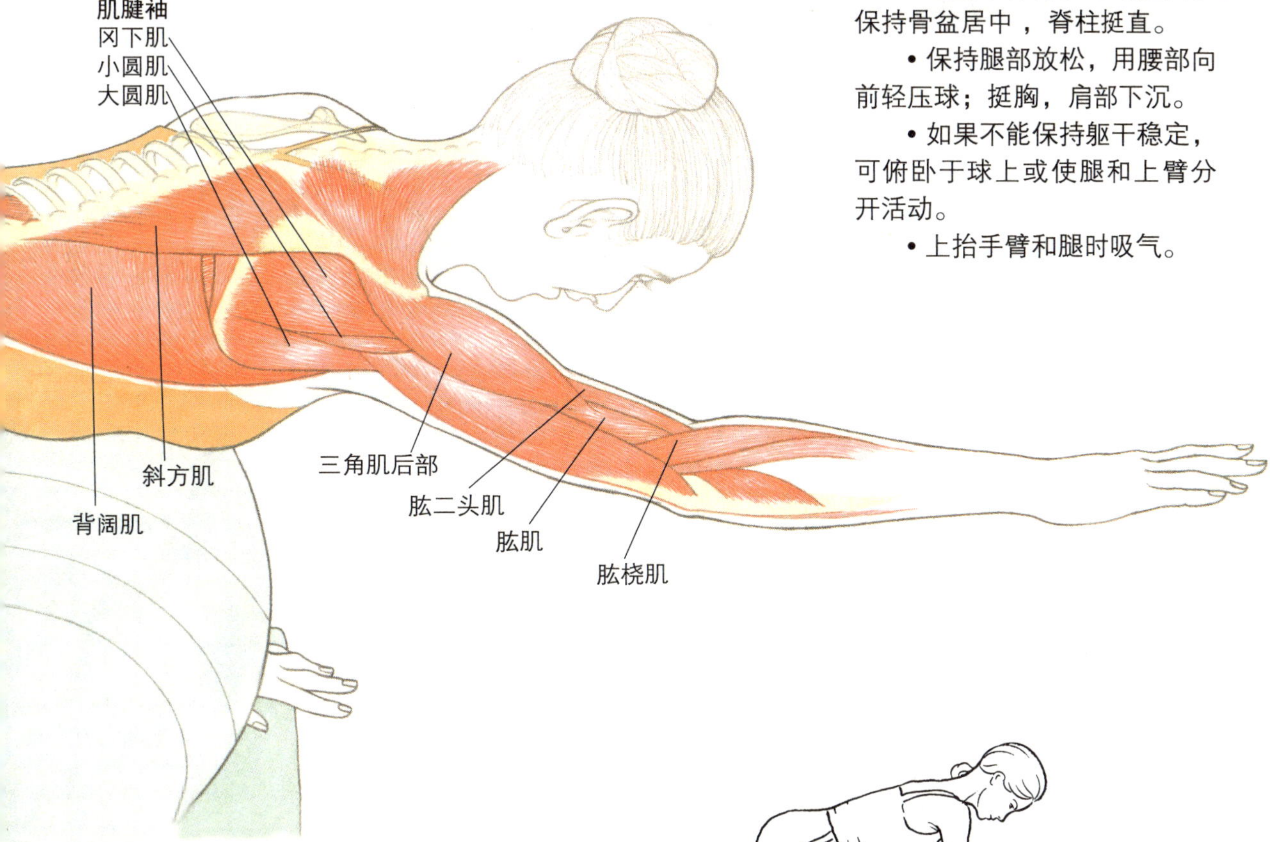

动作要领

• 避免强烈运动，控制动作缓慢进行全方位的运动。

• 避免下背部拱起或扭曲。保持骨盆居中，脊柱挺直。

• 保持腿部放松，用腰部向前轻压球；挺胸，肩部下沉。

• 如果不能保持躯干稳定，可俯卧于球上或使腿和上臂分开活动。

• 上抬手臂和腿时吸气。

起始姿势

• 俯卧于平衡球上（球位于腰部水平），双手放于肩关节下方，屈膝，双脚着地与肩同宽。比一般的球略小一些则更好。

• 保持脊柱居中，调动腹肌参与维持身体的稳定，收腹。

• 挺胸。前锯肌收缩，拉肩胛骨向前。

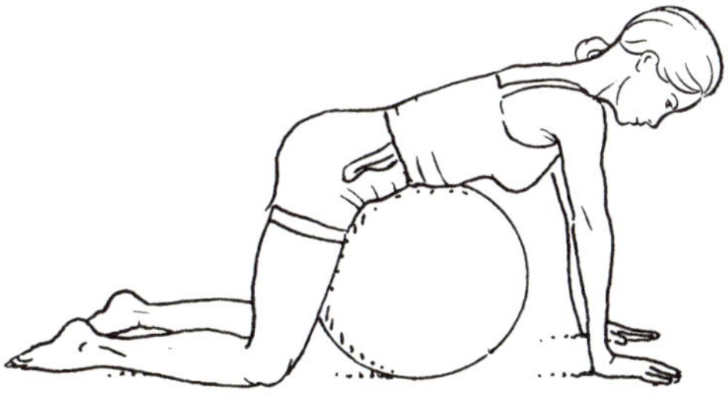

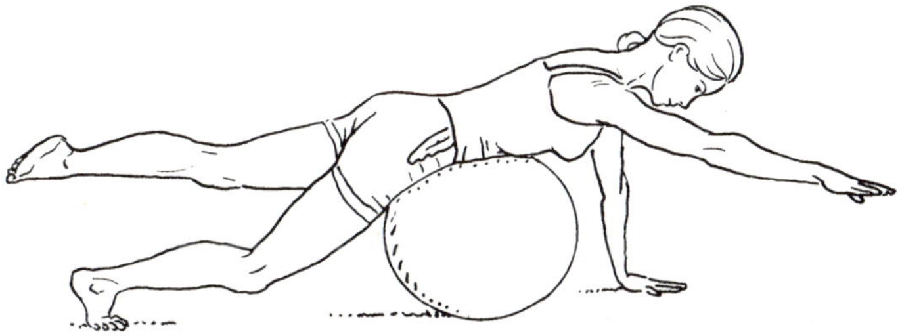

坐姿推举机肩上推举

核心 • 复合/多关节 • 推 • 闭路式训练 • 器械 • 从中级到高级

当手臂由水平位向外展或伸展时，肩关节容易受伤。因此，过头推举训练需要循序渐进。推举机对初练者是一个很好的选择。

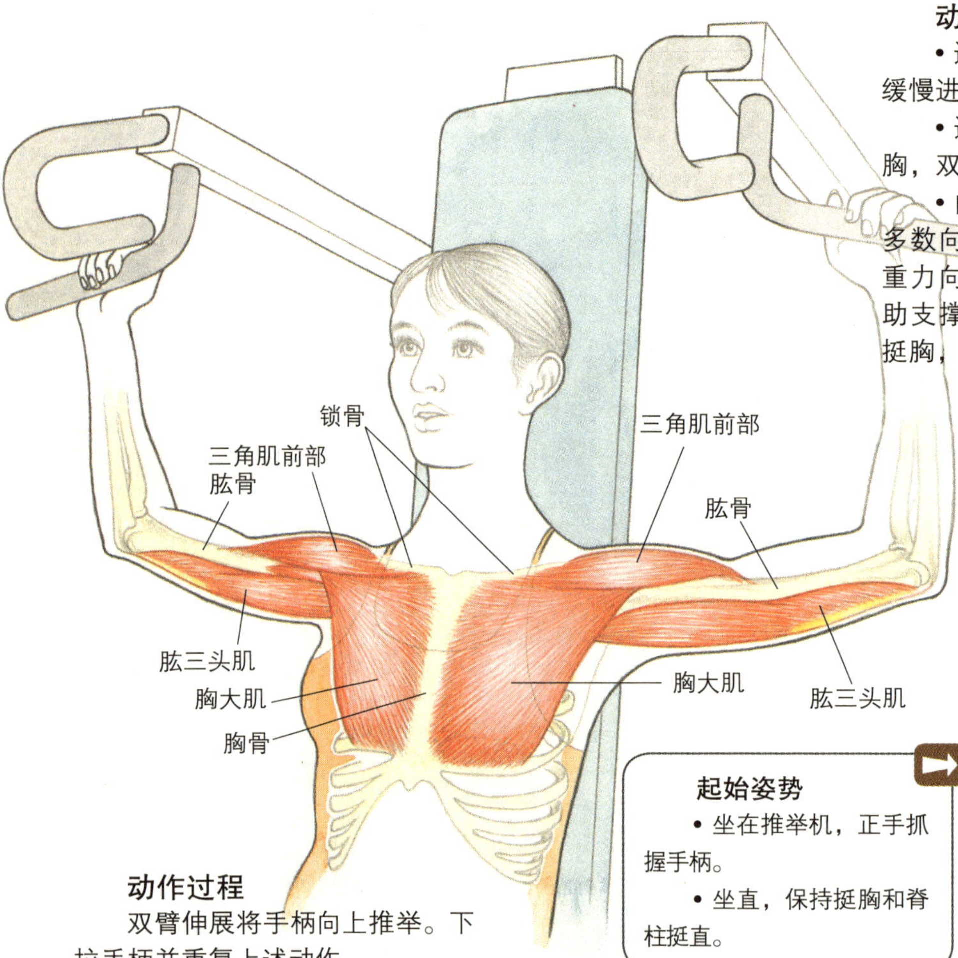

动作要领

• 避免强烈运动，控制动作缓慢进行全方位的运动。

• 避免耸肩和弓背。保持挺胸，双肩下沉。

• 向上推举时吸气。虽然大多数向上推举时呼气，但是在重力向上推举过头顶时吸气帮助支撑（增加腹内压），保持挺胸，防止脊柱弯曲。

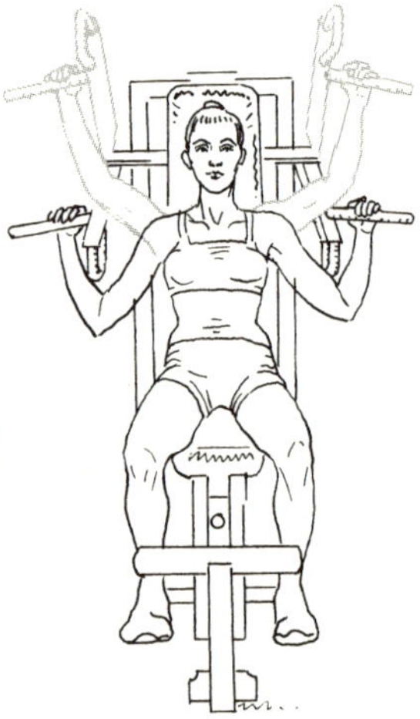

起始姿势

• 坐在推举机，正手抓握手柄。

• 坐直，保持挺胸和脊柱挺直。

动作过程

双臂伸展将手柄向上推举。下拉手柄并重复上述动作。

运动分析	关节1	关节2	关节3
主要关节	肘关节	肩关节	肩胸关节
关节运动	向上——伸 向下——屈	向上——外展，屈 向下——内收，伸	向上——向上旋转 向下——向下旋转
主要运动的肌群	肱三头肌 肘肌	三角肌 胸大肌（锁骨部）	前锯肌 斜方肌

主要稳定肌群
躯干：腹肌和竖脊肌 肩关节：在肩关节周围的肌腱袖 肩胛骨：前锯肌、菱形肌和斜方肌上部和下部 前臂：腕屈肌

坐姿哑铃肩上推举

核心 •复合/多关节 •推 •闭路式训练 •哑铃 •从初级到高级

与推举机形式相比，此项运动包含来自肩部和背部稳定肌的更多运动，同时也使肩部肌肉在一个较大的范围内活动。

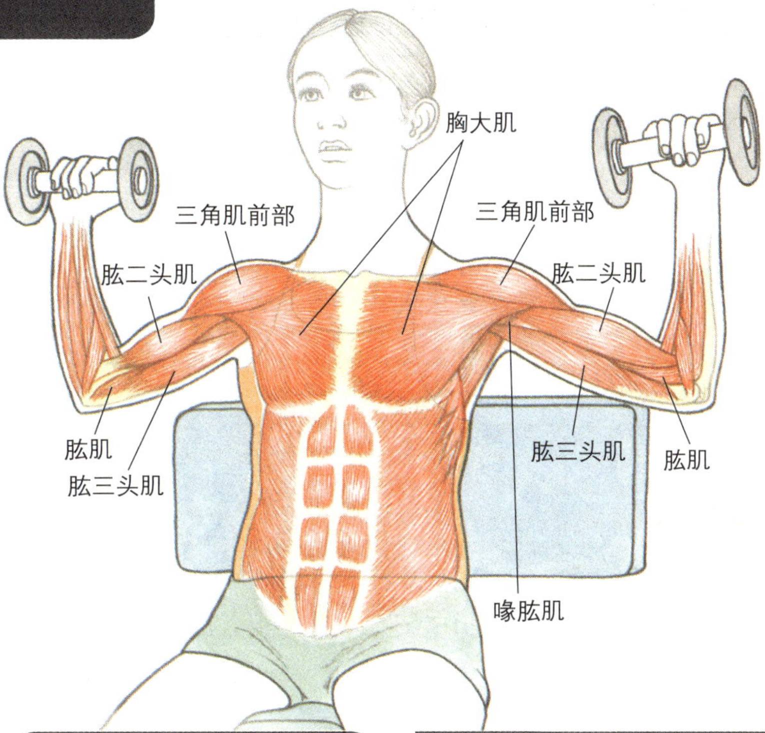

动作过程

通过伸展双臂举起哑铃，保持两前臂平行，也就是不要让两个哑铃相碰。下降并重复上述动作。

动作要领

• 避免强烈运动，控制动作缓慢进行全方位的运动。

• 在训练中避免耸肩和弓背。保持挺胸，双肩下沉。

• 向上推举时吸气。虽然大多数向上推举时呼气，但是在重力向上推举过头顶时吸气帮助支撑（增加腹内压），保持挺胸，防止脊柱弯曲。

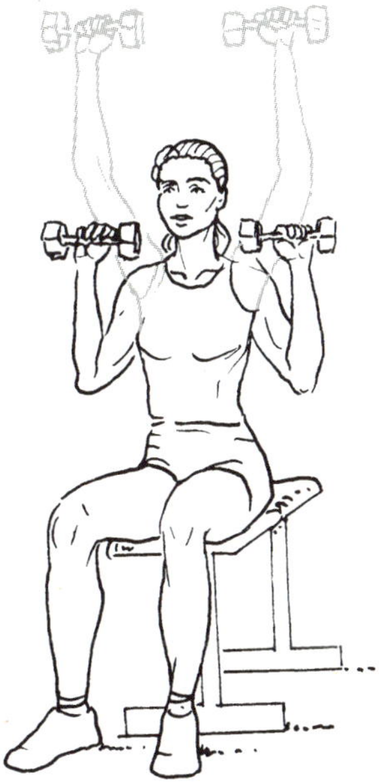

起始姿势

• 坐于长椅上，握住哑铃与肩同高，掌心向前。

• 坐直，保持挺胸和脊柱挺直。

主要稳定肌群
躯干：腹部肌群和竖脊肌 肩关节：肩关节的肌腱袖 肩胛骨：前锯肌、菱形肌、和斜方肌的上、下部 前臂：腕屈肌

运动分析	关节 1	关节 2	关节 3
主要关节	肘关节	肩关节	肩胸关节
关节运动	向上～伸 向下～屈	向上～外展，屈 向下～内收，伸	向上～向上旋转 向下～向下旋转
主要运动的肌群	肱三头肌，肘肌	三角肌，胸大肌（锁骨部）	前锯肌，斜方肌

站姿哑铃侧平举

辅助训练 •独立/单关节 •拉 •闭路式训练 •哑铃 •从初级到高级

这个非常简单的锻炼方法是最容易被误解的生物力学运动之一。常见的是哑铃过重和用力太强，但如果动作正确，这是一项非常好的三角肌训练项目。

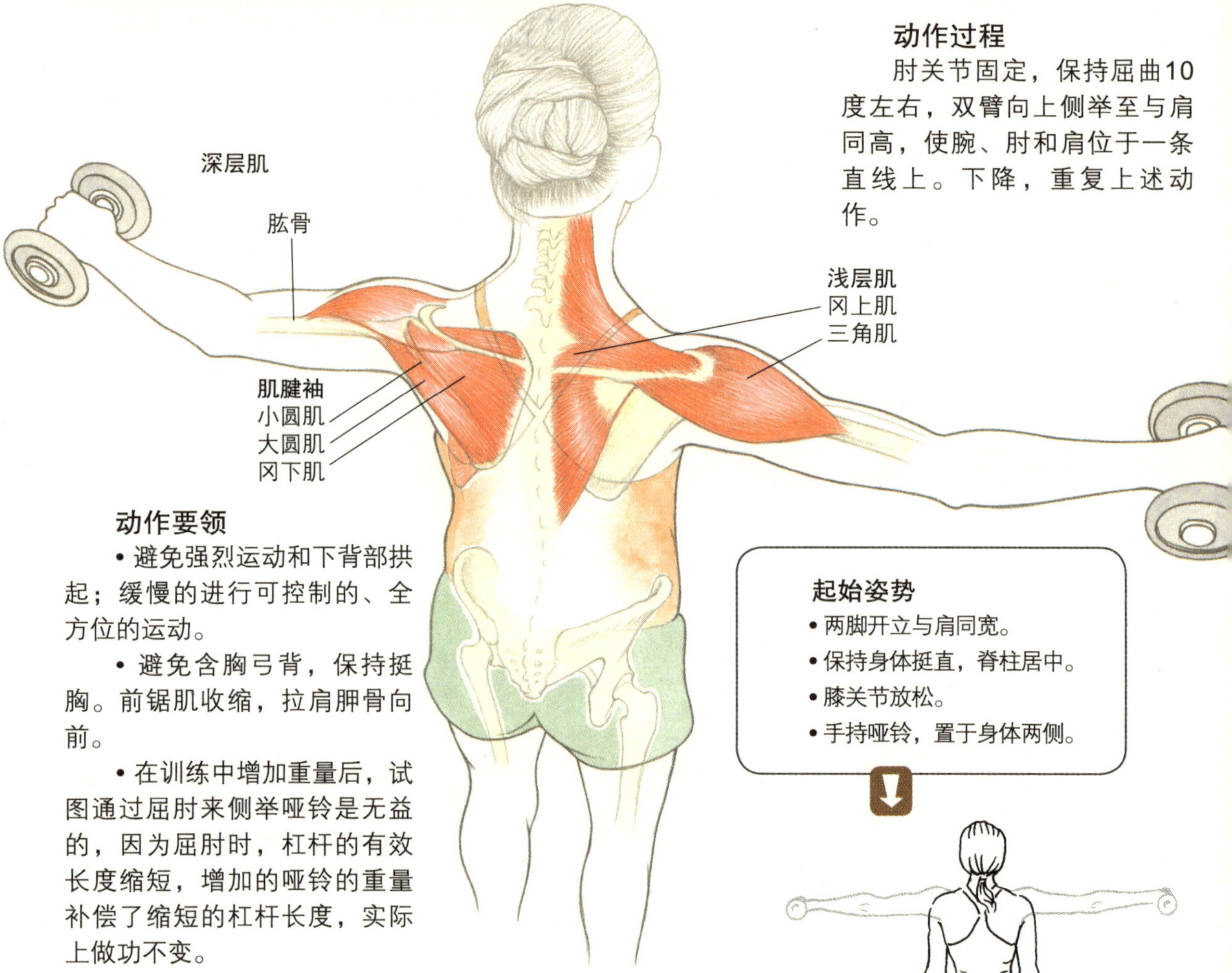

动作过程

肘关节固定，保持屈曲10度左右，双臂向上侧举至与肩同高，使腕、肘和肩位于一条直线上。下降，重复上述动作。

动作要领

• 避免强烈运动和下背部拱起；缓慢的进行可控制的、全方位的运动。

• 避免含胸弓背，保持挺胸。前锯肌收缩，拉肩胛骨向前。

• 在训练中增加重量后，试图通过屈肘来侧举哑铃是无益的，因为屈肘时，杠杆的有效长度缩短，增加的哑铃的重量补偿了缩短的杠杆长度，实际上做功不变。

• 上举哑铃时吸气。

起始姿势

• 两脚开立与肩同宽。
• 保持身体挺直，脊柱居中。
• 膝关节放松。
• 手持哑铃，置于身体两侧。

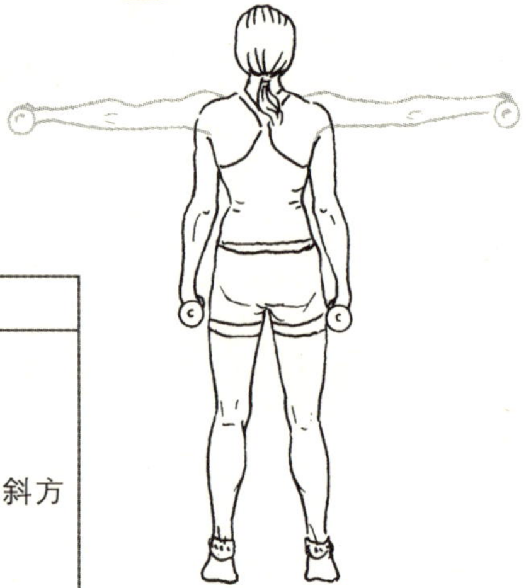

运动分析	关节 1
主要关节	肩关节
关节运动	向上～外展 向下～内收
主要运动的肌群	三角肌、冈上肌

主要稳定肌群
主要腿肌
躯干：腹肌和竖脊肌
肩关节：肌腱袖
肩胛骨：前锯肌、菱形肌、和斜方肌上、下部
前臂：腕伸肌

三角肌后部训练

辅助训练 •独立/单关节 •拉 •闭路式训练 •器械 •从初级到高级

常见的体位综合症可导致三角肌前、后部的不平衡，即前部会变紧而后者会有功能退化。三角肌后推器可增强三角肌后部。

动作过程

肘关节固定，保持屈曲10度左右，后推海绵滚轴至肘部位于躯干后方。还原并重复上述动作。

动作要领

• 避免强烈运动和下背部拱起，控制动作缓慢进行。

• 避免含胸弓背，保持挺胸和肩部下沉。

• 在后推时吸气。

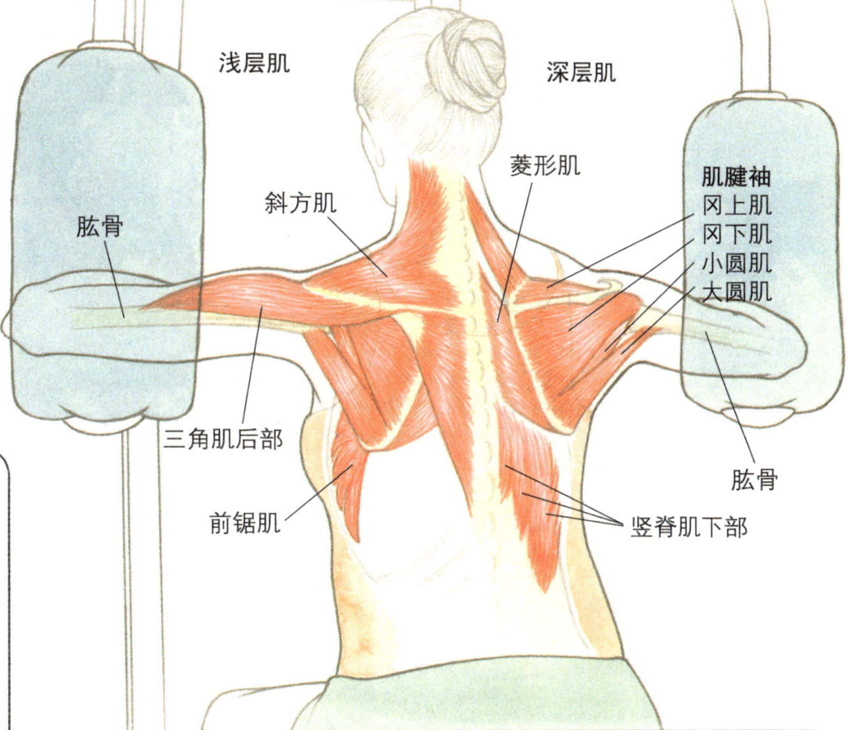

起始姿势

• 面向三角肌后拉器坐下。

• 使海绵滚轴位于臂的后方，保持臂呈水平姿势。（某些训练机用手柄代替）。

• 坐直，保持挺胸和脊柱挺直。

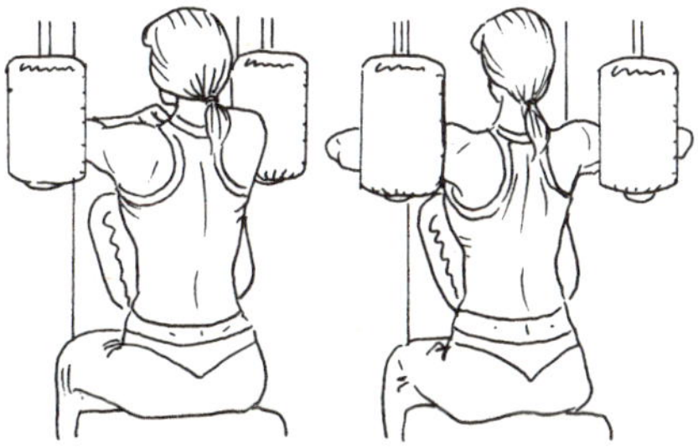

主要稳定肌群
躯干：腹肌和竖脊肌 肩关节：肌腱袖 肩胛骨：前锯肌、菱形肌和斜方肌 前臂：腕伸肌

运动分析	关节1	关节2
主要关节	肩关节	肩胸关节
关节运动	向后——水平外展 向前——水平内收	向后——内收（收） 向下——外展（伸）
主要运动的肌群	三角肌后部	菱形肌 斜方肌

平衡球坐姿哑铃侧平举

主要稳定肌的重点辅助训练 •独立/单关节 •拉 •闭路式训练 •哑铃 •从中级到高级

在许多力量型训练中，三角肌后部常常被忽视。此项训练可以弥补这个不足，专门锻炼三角肌后部。

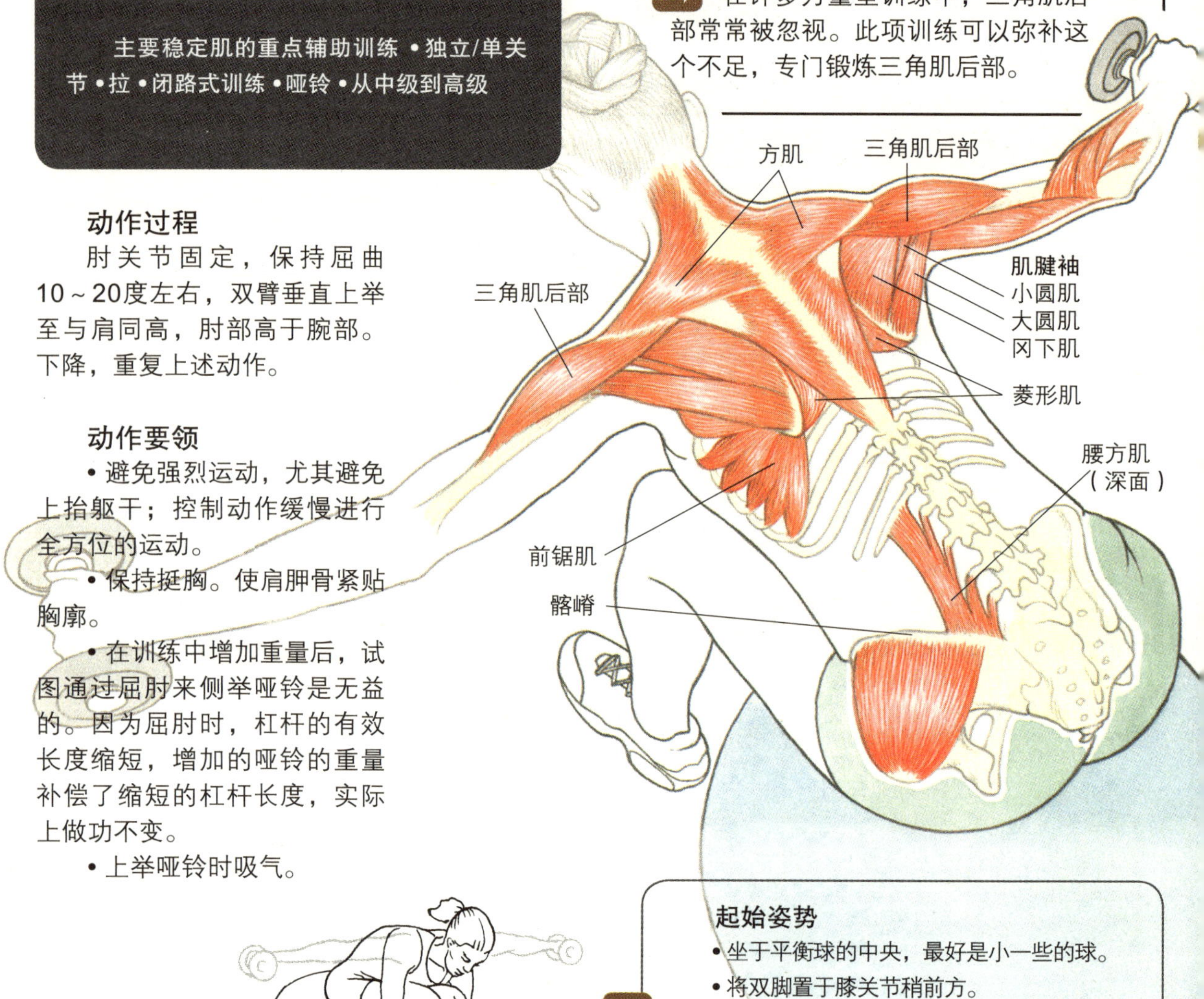

动作过程

肘关节固定，保持屈曲10～20度左右，双臂垂直上举至与肩同高，肘部高于腕部。下降，重复上述动作。

动作要领

• 避免强烈运动，尤其避免上抬躯干；控制动作缓慢进行全方位的运动。

• 保持挺胸。使肩胛骨紧贴胸廓。

• 在训练中增加重量后，试图通过屈肘来侧举哑铃是无益的。因为屈肘时，杠杆的有效长度缩短，增加的哑铃的重量补偿了缩短的杠杆长度，实际上做功不变。

• 上举哑铃时吸气。

起始姿势

• 坐于平衡球的中央，最好是小一些的球。

• 将双脚置于膝关节稍前方。

• 使躯干前倾，趴在膝盖上，尽可能位于水平位。

• 手持哑铃置于身体两侧、腿的下方。

运动分析	关节 1	关节 2
主要关节	肩关节	肩胛关节
关节运动	向上——水平外展 向下——水平内收	向上——内收（收） 向下——外展（伸）
主要运动的肌群	三角肌后部	前锯肌 斜方肌

主要稳定肌群
躯干：腹部肌群
臀部：臀中肌和臀小肌、内收肌群、腰方肌
肩关节：肌腱袖
肩胛骨：前锯肌、菱形肌、和斜方肌
前臂：腕伸肌
颈部：头夹肌和颈夹肌

弹力带肌腱袖的稳定性训练

辅助训练 •分离单个关节 •拉 •闭路式训练 •弹力带 •从初级到高级

肌腱袖力量薄弱或不均衡会影响训练效果或引起损伤。这常常会导致肩关节旋外肌力量薄弱（冈上肌、冈下肌、小圆肌），旋内肌紧张（肩胛下肌），这样的肌腱袖稳定性较差。

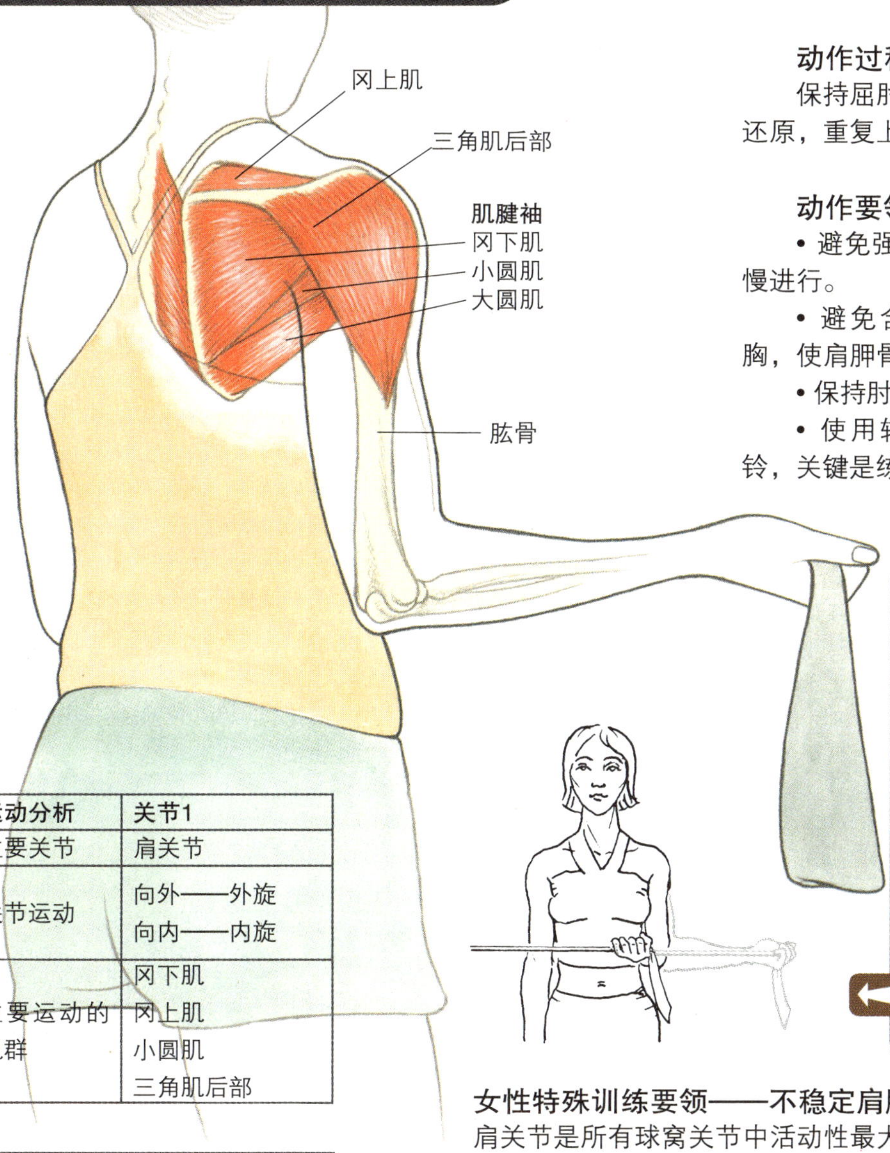

动作过程

保持屈肘，肩关节向外旋转。还原，重复上述动作。

动作要领

• 避免强烈运动，控制动作缓慢进行。

• 避免含胸和耸肩，保持挺胸，使肩胛骨紧贴胸廓。

• 保持肘部位于身体两侧。

• 使用轻的或适当重量的哑铃，关键是练技术。

起始姿势

• 两脚一前一后站立，与肩同宽，膝部放松。

• 保持身体姿势挺直，保持脊柱居中。

• 手持哑铃，屈肘90度。

• 肘部屈曲90度，一只手握住弹力带的一端，另一只手在同一高度固定弹力带的另一端。

运动分析	关节1
主要关节	肩关节
关节运动	向外——外旋 向内——内旋
主要运动的肌群	冈下肌 冈上肌 小圆肌 三角肌后部

主要稳定肌群
躯干：腹部肌群和竖脊肌
肩胛骨：前锯肌、菱形肌和斜方肌
前臂：腕屈肌

女性特殊训练要领——不稳定肩膀

肩关节是所有球窝关节中活动性最大的关节，所以极易受到伤害，尤其是当臂外展超过90度时。女性肌腱袖的肌肉薄弱可导致在过头上举运动时肩关节容易脱位和颈部疼痛。如果你属于这类高危人群，锻炼肌腱袖以使肩关节更稳固，要将过头推举训练留在中级阶段；开始训练时适度地重复每组动作，循序渐进。

6. 上臂

虽然女性拥有塑形良好、线条优美的上臂是当前流行时尚，但许多女性担心上臂的锻炼会导致上臂的肌肉像男性一样臃肿和缺乏吸引力。然而，由于男性和女性的激素平衡的根本不同，这是不可能发生的。

激素作为细胞信使，可激活和限制某些生理功能，如增长、月经周期和血糖平衡。事实上，机体多种生理功能受激素调节。妇女体内有更多的雌性激素，而男性有更多的雄性激素，如睾酮和生长激素。男性体内能促进肌肉体积增长的激素在女性体内是有限的，因此女性不会出现粗壮肥大的上臂。

然而，女性的肌肉组织质量与男性相同，上臂的重量训练有利于女性拥有线条优美的上臂。

对女性而言，在上臂肱三头肌后面有一个小小的脂肪组织的储存库。然而，这个脂肪库只有在全身的脂肪整体增加的时候才会增加，如果一个女性拥有久坐的生活方式，在更年期后很可能上臂增肥。

肱三头肌肌肉占据的三分之二，肱二头肌占据三分之一，加强这些肌肉的多种训练能够使上臂更加饱满、更匀称和更具吸引力。

前臂的主要肌肉

注: 本着简单的目的，其他重要的肌肉在此不详细阐述。

名称	跨越关节	起点	止点	关节
屈腕肌群				
桡侧腕屈肌	腕	肱骨内上髁，前臂骨间膜	第2掌骨底	腕关节：屈;外展（亦协助屈肘）
尺侧腕屈肌	腕	肱骨内上髁，前臂骨间膜	豌豆骨	腕关节：屈;内收（亦协助助轻微屈肘）
掌长肌	腕	肱骨内上髁	掌腱膜	屈腕
伸腕肌群				
尺侧腕伸肌	腕	肱骨外上髁	第5掌骨底背面	腕关节：伸; 内收（亦协助伸肘）
桡侧腕短伸肌	腕	肱骨外上髁	第3掌骨底背面	腕关节：伸; 内收（亦协助伸肘）
桡侧腕长伸肌	腕	肱骨外上髁	第2掌骨底背面	腕关节：伸; 内收（亦协助轻微伸肘）
前臂旋后肌	肘	肱骨外上髁，尺骨上端	桡骨上端前面	前臂旋后

名称	跨越关节	起点	止点	关节
前臂旋前肌				
旋前圆肌	肘关节	肱骨内上髁远端，尺骨内侧	桡骨远端1/3外侧面	前臂旋前（亦协助屈肘）
旋前方肌	桡尺关节	尺骨远端前面	桡骨远端前面	前臂旋前

主要的上肢肌

名称	跨越关节	起点	止点	关节
臂肌前群				
肱二头肌	肩、肘	包括两个头：长头：肩胛骨关节盂上方的盂上结节 短头：肩胛骨喙突	桡骨粗隆	屈肘关节（前臂位于旋后位时最佳）；前臂旋后；协助屈肩关节
肱肌	肘	肱骨远端前面	尺骨冠突	屈肘关节
肱桡肌	肘	肱骨外上髁上方	桡骨远端外侧缘，尺骨茎突	屈肘关节由旋后位旋前至中间位置，由旋后位旋前至中间位置
肱三头肌，由终止点相同的三块肌肉组成：长头，外侧头，内侧头	均跨越肘关节，长头亦跨越肩关节	长头：肩胛骨关节盂下缘外侧； 外侧头：肱骨后面近端1/2； 内侧头：肱骨后面远端2/3	尺骨鹰嘴	伸肘关节；长头助肩关节伸
肘肌	肘	肱骨外上髁	尺骨鹰嘴背侧	伸肘关节
注意：肌腱袖列于第二部分第5节，背和肩				

训练项目

1. 稳定球颈后臂屈伸　第144页。
2. 仰卧杠铃法式弯举　第115页
3. 肱三头肌训练　第116页
4. 正握下拉　第117页
5. 绳索拉力器胸前下拉　第118页
6. 站姿杠铃弯举　第119页
7. 上斜坐姿哑铃前臂旋后弯举　第120页
8. 哑铃单臂弯举　第121页

稳定球颈后臂屈伸

核心 • 独立/单关节 • 推 • 闭路式训练 • 弹力带 • 从中级到高级

此项训练是由传统的健身运动变换而来，通过平衡球的应用，加强了诸如腹肌和竖脊肌等稳定肌的作用，从而较传统健身运动更为全面有效。

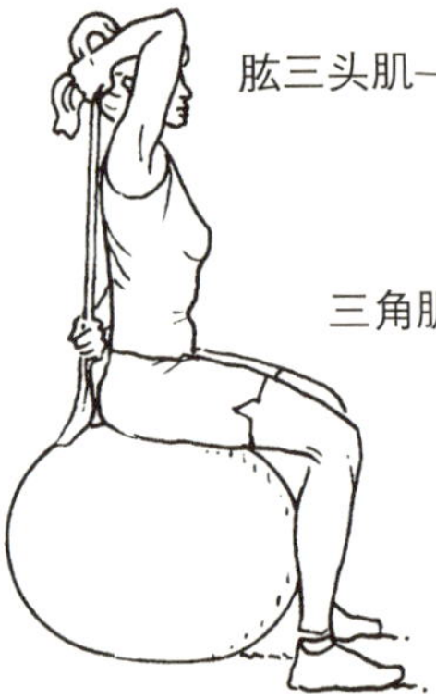

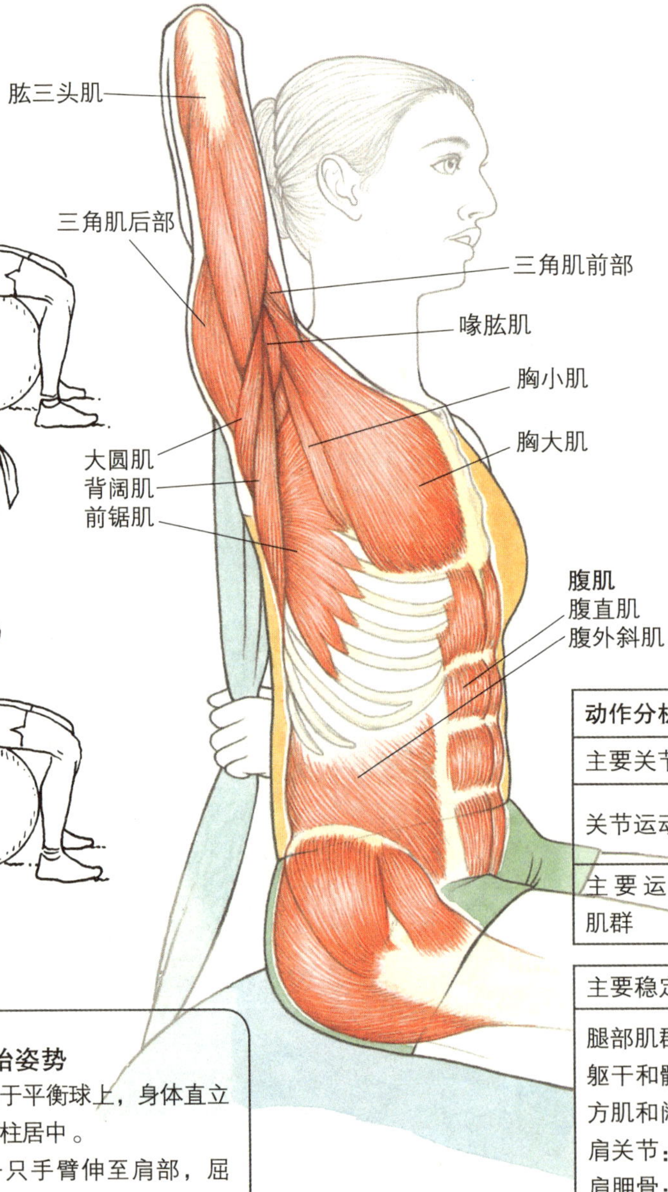

起始姿势

• 坐于平衡球上，身体直立不动，脊柱居中 。

• 一只手臂伸至肩部，屈肘，抓住弹力带的一端。另一只手在背后固定弹力带的下端。

动作过程

将肘关节紧贴头部，伸肘上拉弹力带，回复到起始姿势。还原并重复上述动作。

动作要领

• 避免强烈运动，控制动作缓慢进行。

• 保持调动腹肌参与维持身体的稳定，收腹。

• 保持肘尖竖直向上，避免肘下拉或者外斜，保持上臂稳定，紧贴体侧。

• 保持挺胸，避免弓起双肩。

• 下拉弹力带时吸气，向上运动时呼气。

动作分析	关节1
主要关节	肘关节（移动臂）
关节运动	向上——伸 向下——屈
主要运动的肌群	肱三头肌（重点是长头） 肘肌

主要稳定肌群
腿部肌群 躯干和髋关节：腹肌、背阔肌、竖脊肌、腰方肌和阔筋膜张肌 肩关节：三角肌、肌腱袖和胸大肌 肩胛骨：前锯肌、菱形肌和斜方肌下部 前臂：腕屈肌

仰卧杠铃法式弯举

核心 • 独立/单关节 • 推 • 开放式训练 • 杠铃 • 从中级到高级

这是目前最有效的上臂肱三头肌锻炼方法。

动作过程

屈肘关节，下拉杠铃贴近前额。还原并重复上述动作。当动作做到标准且稳定后，可以稍微伸展肘关节以增大动作幅度。

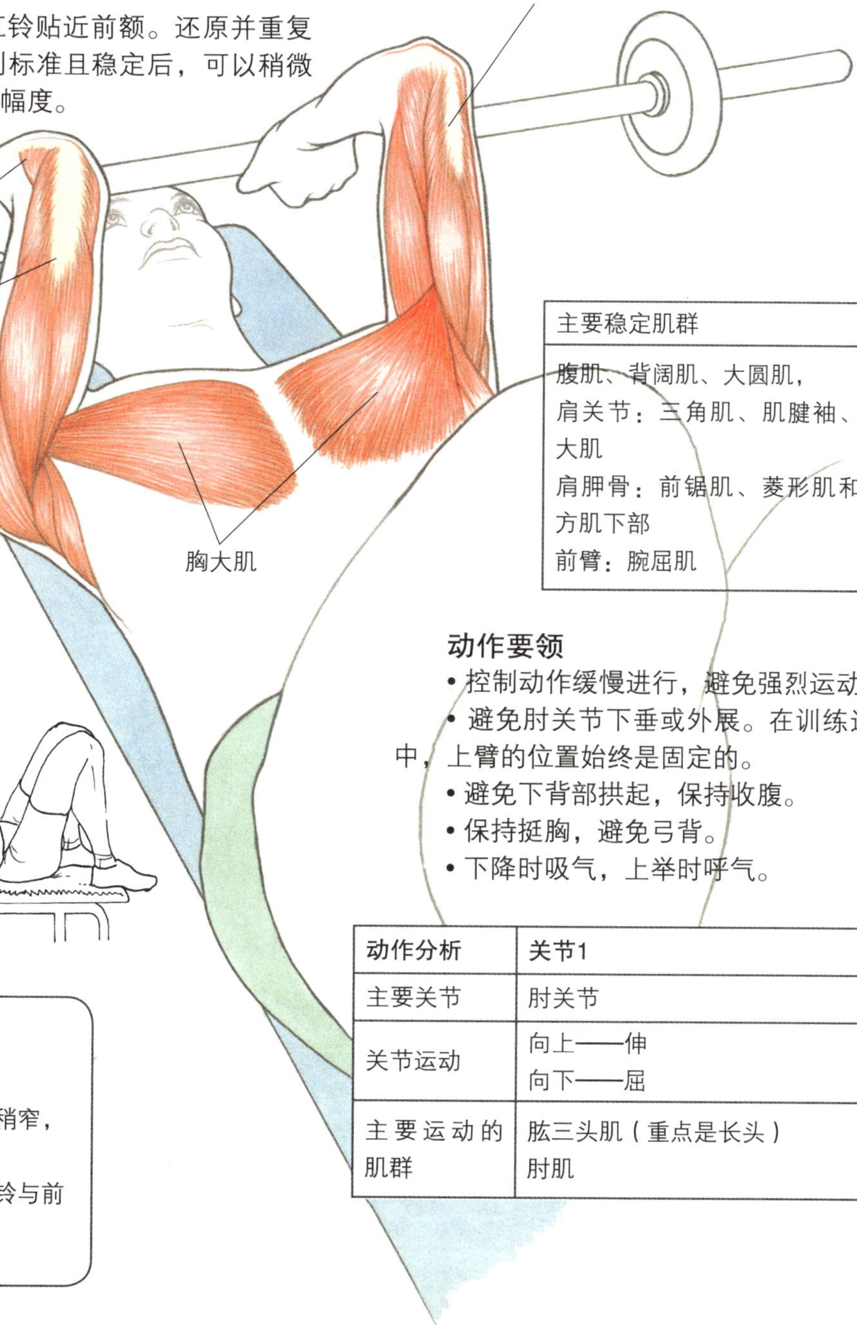

主要稳定肌群
腹肌、背阔肌、大圆肌， 肩关节：三角肌、肌腱袖、胸大肌 肩胛骨：前锯肌、菱形肌和斜方肌下部 前臂：腕屈肌

动作要领

- 控制动作缓慢进行，避免强烈运动。
- 避免肘关节下垂或外展。在训练过程中，上臂的位置始终是固定的。
- 避免下背部拱起，保持收腹。
- 保持挺胸，避免弓背。
- 下降时吸气，上举时呼气。

动作分析	关节1
主要关节	肘关节
关节运动	向上——伸 向下——屈
主要运动的肌群	肱三头肌（重点是长头） 肘肌

起始姿势

- 仰卧于长凳上。
- 两臂与肩同宽或稍窄，正手抓杠。
- 双臂伸展时，杠铃与前额位于一条垂线上。

肱三头肌训练

•辅助训练 •独立/单关节 •推 •闭路式训练 •器械 •从初级到高级

三头肌训练机有许多种，有些起始姿势为坐姿或跪立，有些需应用杠铃、手柄或护垫。但是，所有的三头肌训练机都是利用上臂运动，其动作原理将在下面展示。

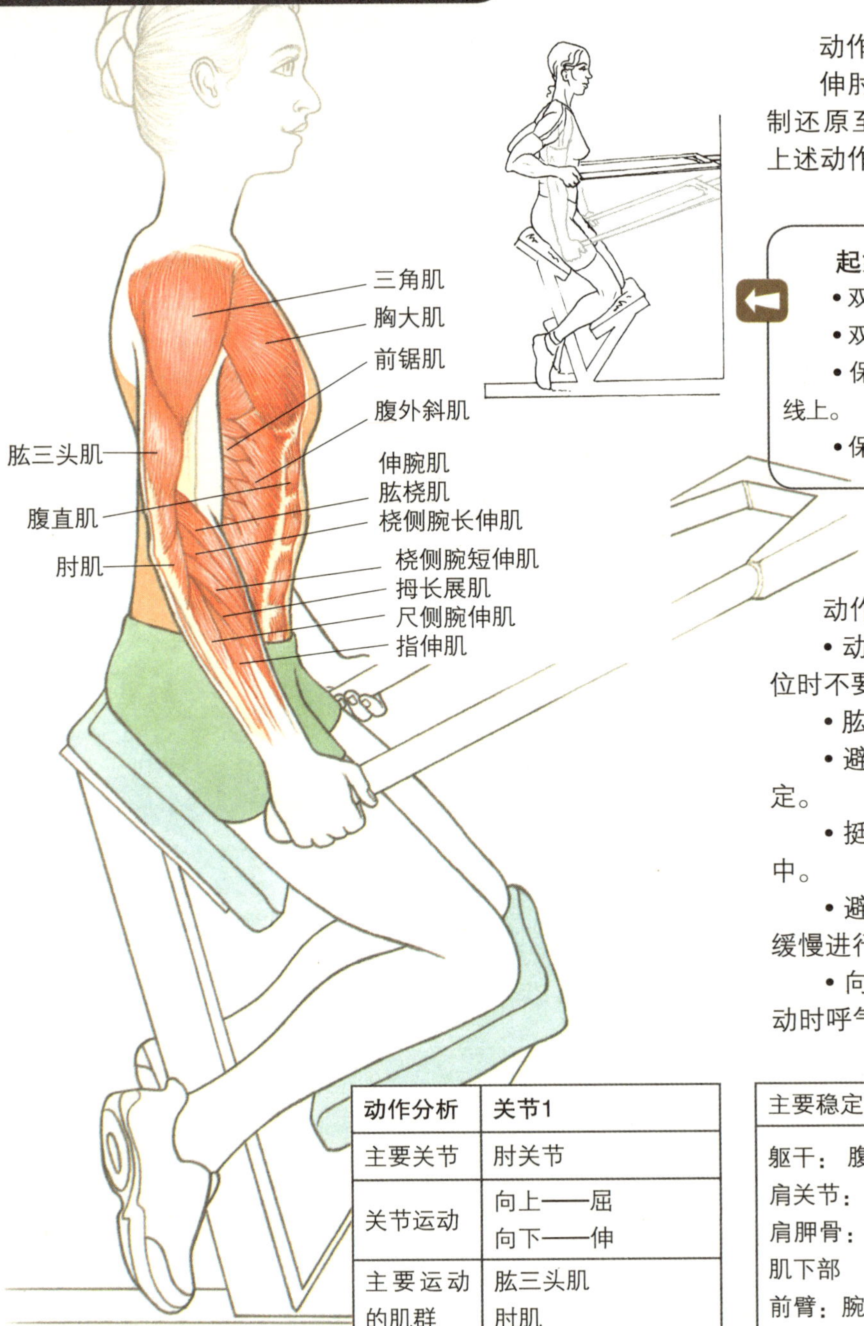

动作过程

伸肘向下推压活动杆，控制还原至前臂贴近上臂，重复上述动作。

起始姿势

- 双膝跪于海绵垫上。
- 双手握住活动杆。
- 保持肘、腕和肩在同一条直线上。
- 保持双肩放松，脊柱居中。

动作要领

- 动作连贯，前臂处于水平位时不要停顿。
- 肱三头肌用力。
- 避免肘外翻，保持上臂稳定。
- 挺胸，双肩放松，脊柱居中。
- 避免强烈运动，控制动作缓慢进行。
- 向下运动时吸气，向上运动时呼气。

动作分析	关节1
主要关节	肘关节
关节运动	向上——屈 向下——伸
主要运动的肌群	肱三头肌 肘肌

主要稳定肌群
躯干：腹肌、竖脊肌和腰方肌 肩关节：三角肌、肌腱袖、胸大肌 肩胛骨：前锯肌、菱形肌和斜方肌下部 前臂：腕屈肌

正握下拉

•辅助训练•独立/单关节•推•闭路式训练
•器械•从初级到高级

这是一项最基本的肱三头肌锻炼，主要锻炼肱三头肌的中部。为了使肱三头肌各部都得到有效的锻炼，需要增加阻力。

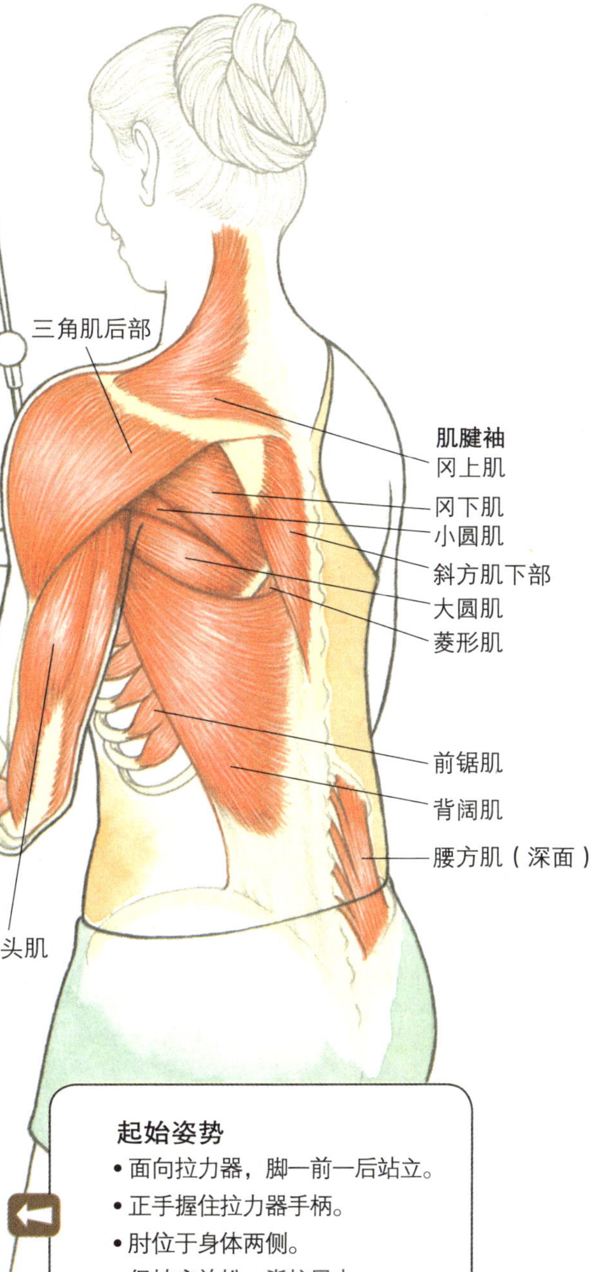

动作过程

伸肘下拉拉力器手柄。还原至前臂紧贴于上臂，重复上述动作。

动作要领

• 动作连贯，前臂处于水平位时不要停顿。

• 由肱三头肌发力，而并非双手用力。

• 为了更好地保持平衡和承受更大的重量，身体可稍微前倾，将重心落于前方的腿上。

• 避免肘外翻，保持上臂稳定。

• 通过肱三头肌的力量下拉，而不是通过手的力量下拉。

• 挺胸，双肩放松，脊柱居中。

• 向下运动时吸气，向上运动时呼气。

动作分析	关节1
主要关节	肘关节
关节运动	向上——伸 向下——屈
主要运动的肌群	肱三头肌 肘肌

主要稳定肌群
躯干：腹肌，竖脊肌和腰方肌 肩：三角肌，肌腱袖，胸大肌 肩胛骨：前锯肌，菱形肌和斜方肌下部 前臂：腕屈肌

起始姿势

• 面向拉力器，脚一前一后站立。

• 正手握住拉力器手柄。

• 肘位于身体两侧。

• 保持肩放松，脊柱居中。

• 保持双膝放松。

绳索拉力器胸前下拉

•辅助训练 •独立/单关节 •推 •闭路式训练 •器械 •从初级到高级

此项训练着重锻炼肱三头肌外侧头。

动作过程

通过伸肘关节呈曲线下拉绳索，前臂先下降至臀部，然后转向外，擦过身体两侧。最后的姿势应该是拇指在内侧，小指在外侧。还原，重复上述动作。

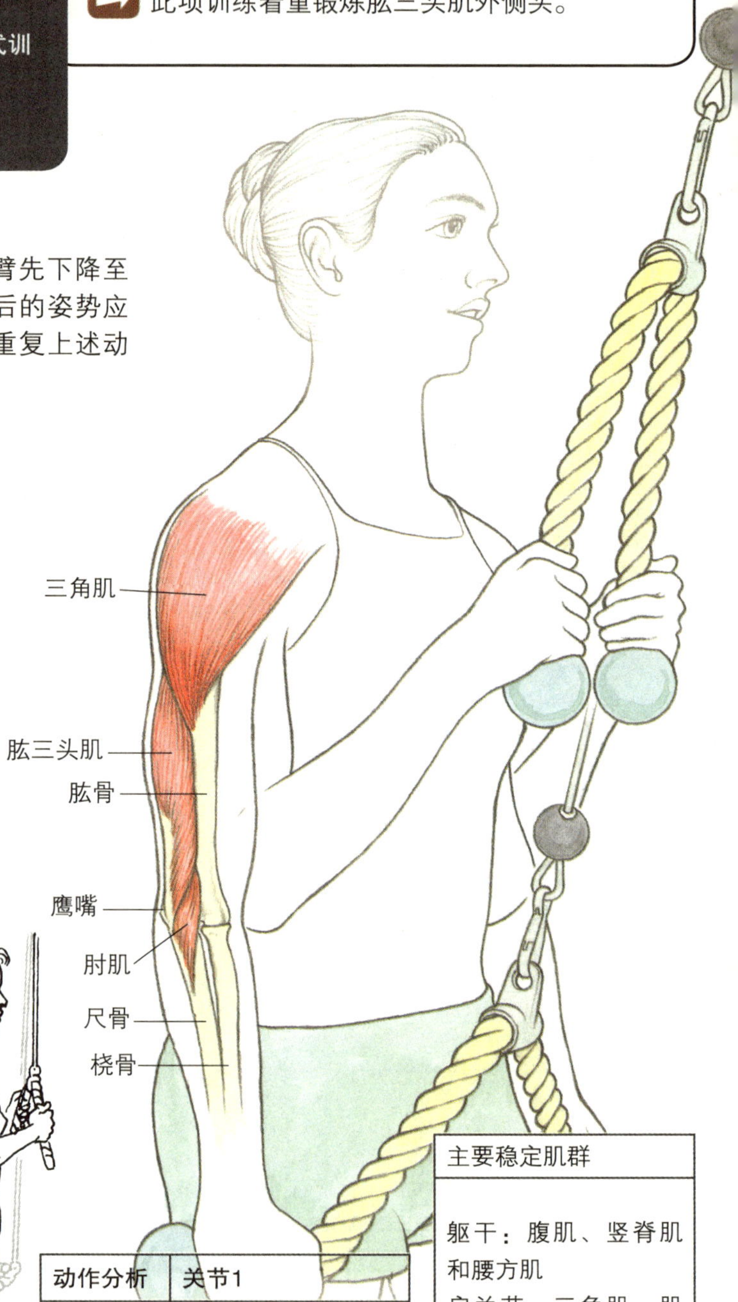

动作要领

• 动作连贯，前臂处于水平位时不要停顿。

• 保持姿势直立，脊柱居中。

• 保持挺胸，避免双肩拱起。

• 避免肘外翻，保持上臂稳定。

• 控制动作缓慢进行，避免强烈运动。

• 由肱三头肌发力，而并非双手用力。

• 向下运动时吸气，向上运动时呼气。

起始姿势

• 面向高位绳索滑轮拉力器站立。

• 双手正握拉力器的绳索。

• 保持腕关节居自然中立位，两手大拇指相对。

• 双肘位于身体两侧。

• 双肩放松，脊柱居中 。

• 双膝放松。

动作分析	关节1
主要关节	肘关节
关节运动	伸
主要运动的肌群	肱三头肌，重点是外侧头

主要稳定肌群
躯干：腹肌、竖脊肌和腰方肌 肩关节：三角肌、肌腱袖、胸大肌 肩胛骨：前锯肌、菱形肌和斜方肌下部 前臂：腕屈肌

站姿杠铃弯举

核心训练 • 独立/单关节训练 • 推 • 闭路式训练 • 杠铃 • 从初级到高级

这是一种最有效的肱二头肌锻炼方式之一。当前臂旋前时屈肘，可加强肱二头肌的锻炼。

动作分析	关节1
主要关节	肘关节
关节运动	向上——屈 向下——伸
主要运动的肌群	肱二头肌 肱肌 肱桡肌

动作过程

通过屈肘关节上举杠铃，至前臂几乎触及上臂。下降杠铃至双臂完全伸展，重复上述动作。

动作要领

- 保持姿势直立，脊柱居中 。
- 控制动作缓慢进行，避免强烈运动（尤其以下背部为支点的旋转运动）。
- 动作连贯，前臂处于水平位时不要停顿。
- 保持挺胸，避免耸肩和弓背。
- 在运动的过程中保持上臂稳定。当肘关节完全屈曲时，上臂可略向前移动，使前臂呈垂直位。
- 由肱二头肌发力，而不是用双手或下背部摆动的拉力。
- 保持重心通过足跟至足的中部，避免足跟抬起。
- 向下运动时吸气，向上运动时呼气。

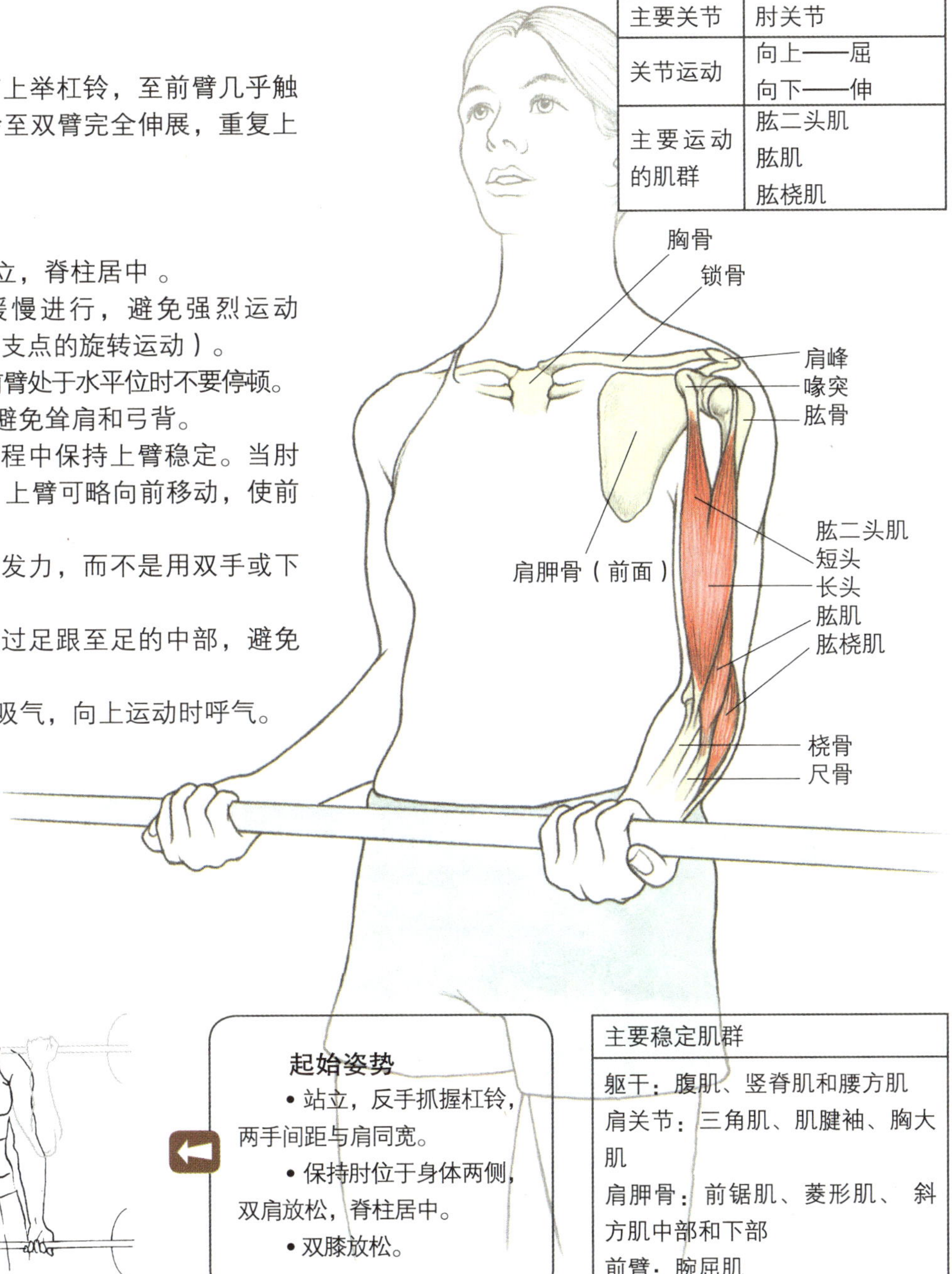

起始姿势

- 站立，反手抓握杠铃，两手间距与肩同宽。
- 保持肘位于身体两侧，双肩放松，脊柱居中。
- 双膝放松。

主要稳定肌群
躯干：腹肌、竖脊肌和腰方肌 肩关节：三角肌、肌腱袖、胸大肌 肩胛骨：前锯肌、菱形肌、 斜方肌中部和下部 前臂：腕屈肌

上斜坐姿哑铃前臂旋后弯举

核心训练 • 独立/单关节训练 • 推 • 闭路式训练 • 哑铃 • 从初级到高级

当使用杠铃进行肱二头肌训练时，强壮的一侧上臂可以弥补肱二头肌的不足；而使用分离的两个哑铃就可以暴露出力量薄弱的手臂。采用稍微向后倾斜的坐姿可以增加肱二头肌的活动范围和稳定性。

动作过程

屈肘上举哑铃，前臂旋后至垂直位，掌心朝向肩关节。还原，重复上述动作。双臂交替。

动作要领

• 保持姿势平衡，脊柱居中 。

• 控制动作缓慢进行，避免强烈运动。

• 动作连贯，前臂处于水平位时不要停顿。

• 保持挺胸，避免耸肩。

• 在运动的过程中保持上臂稳定。由肱二头肌发力。

• 向下运动时吸气，向上运动时呼气。

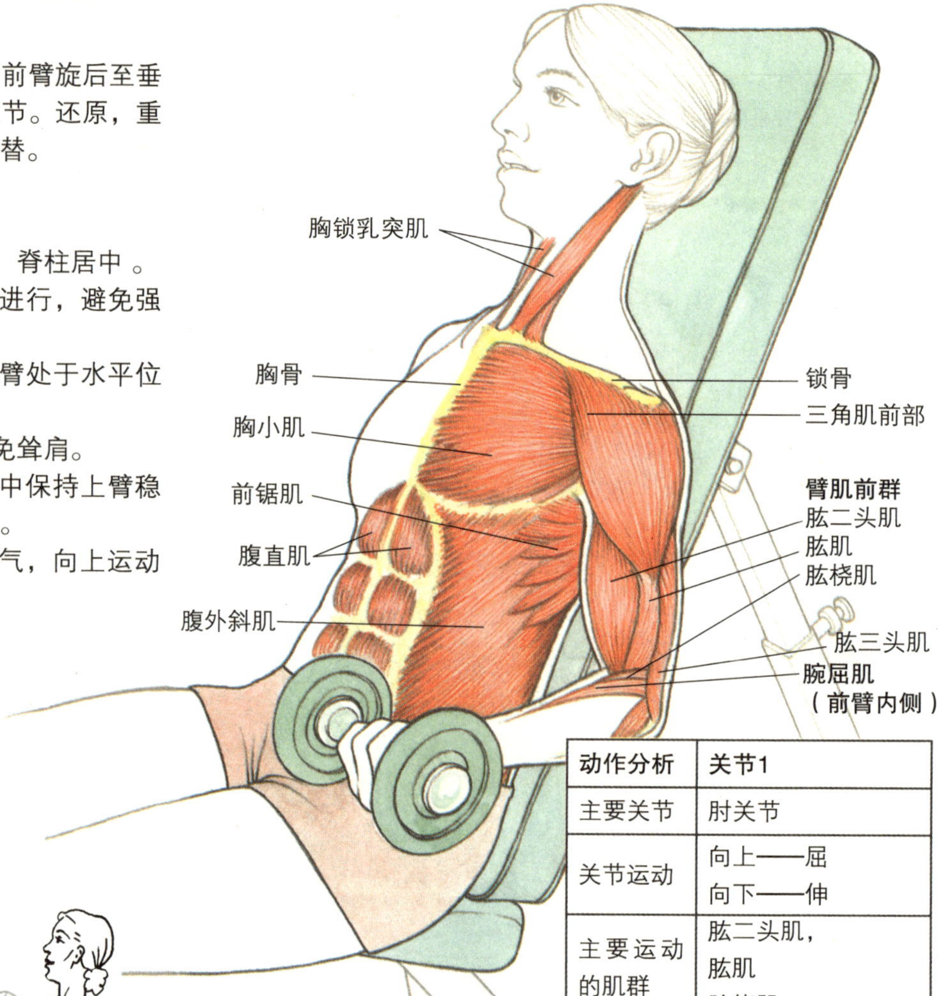

动作分析	关节1
主要关节	肘关节
关节运动	向上——屈 向下——伸
主要运动的肌群	肱二头肌， 肱肌 肱桡肌

主要稳定肌群
躯干：腹肌，竖脊肌和腰方肌
肩关节：三角肌，肌腱袖， 背阔肌和胸大肌
肩胛骨：前锯肌，菱形肌 斜方肌中部和下部
前臂：腕屈肌

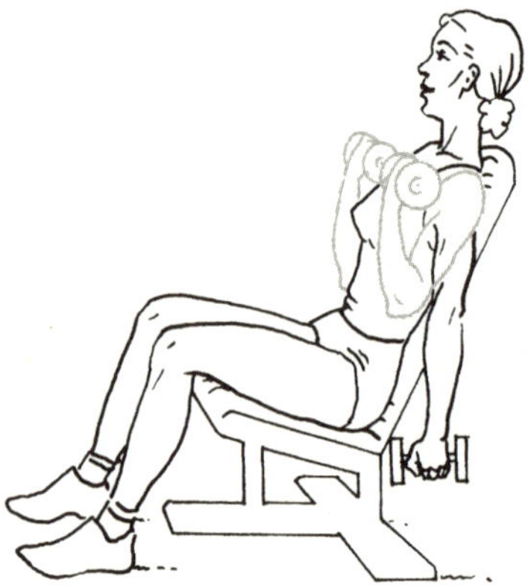

起始姿势

• 坐于靠背向后倾斜15度的椅子上。

• 双手各握一哑铃，双臂垂直向下超过肩的延长线15度。

• 双臂放于身体两侧，掌心向内，双脚平放于地。

哑铃单臂弯举

辅助训练 •独立/单关节训练 •推 •闭路式训练 •哑铃 •从中级到高级

该项训练重点是集中锻炼肱二头肌的力量和强度。

动作过程

通过屈肘关节上举哑铃至肩关节的前方。还原，哑铃下降至臂完全伸直，重复上述动作。换另一只手握哑铃，重复上述动作，换对侧臂继续。

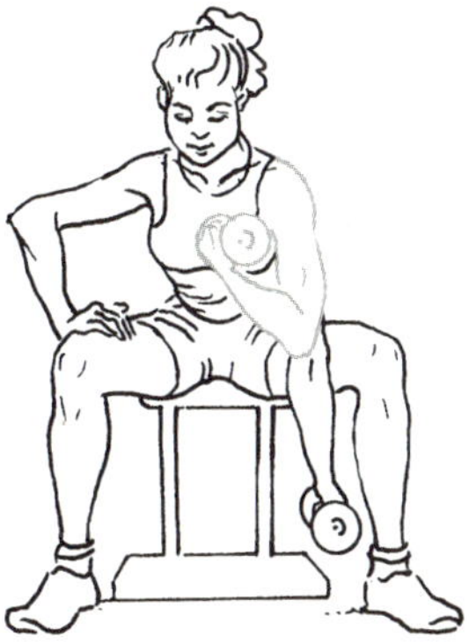

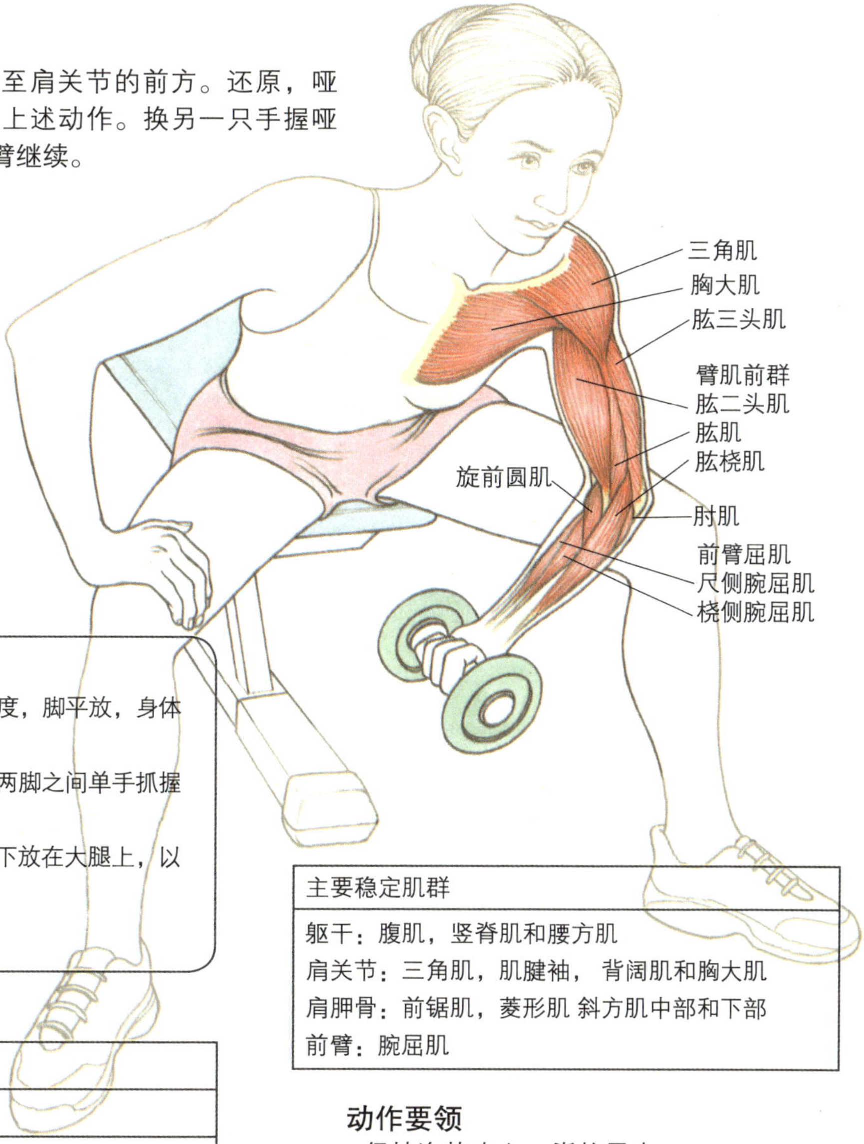

起始姿势

• 坐在长凳上，腿外展45度，脚平放，身体稍前倾。

• 肘部位于大腿内侧，在两脚之间单手抓握哑铃。

• 对侧手臂旋内，掌心向下放在大腿上，以平衡身体。

• 保持脊柱居中。

动作分析	关节1
主要关节	肘关节
关节运动	向上——屈 向下——伸
主要运动的肌群	肱二头肌， 肱肌 肱桡肌

主要稳定肌群
躯干：腹肌，竖脊肌和腰方肌
肩关节：三角肌，肌腱袖， 背阔肌和胸大肌
肩胛骨：前锯肌，菱形肌 斜方肌中部和下部
前臂：腕屈肌

动作要领

• 保持姿势直立，脊柱居中。
• 控制动作缓慢进行，避免强烈运动。
• 保持挺胸，避免耸肩和弓背。
• 由肱二头肌发力，而不用手的推力。
• 向下运动时吸气，向上运动时呼气。

7.伸展和柔韧性

关节的柔韧性常被定义为关节的活动度。对每一关节来说，为了适应日常生活，都有一个正常的、适宜的活动范度。但是，许多活动，包括体操、速跑、舞蹈和武术，都要求关节有更大的活动度。

训练手册中常提到四种类型的伸展训练：静态伸展训练、活动伸展训练、本体神经肌肉易化训练（PNF）和弹震伸展训练（详见123页）。

在静态伸展训练中，一组动作采取轻柔的伸展训练。本章提供的伸展训练大多数都是静态伸展训练。活动伸展训练需要关节进行全方位的运动。本体神经肌肉易化技术需要使用特殊的技术来刺激肌肉中的腱梭，从而增加运动的幅度，最好有陪练协同进行训练。弹震伸展训练是在静态伸展训练中融入了轻微的弹震，经常被不公正地估计，但有利于进行弹性伸展热身运动。

静态伸展训练相对比较安全，也易于开展，是健身活动之后非常理想的一种放松方式。活动伸展训练是最有效的一种功能训练。而本体神经肌肉易化训练和弹震伸展是比较高级的训练形式，训练中有受到伤的风险，如果没有专家的指导，不推荐进行此类训练。

柔韧性训练的益处

虽然对改善关节柔韧性的益处的观点众说纷纭，但是关节缺乏柔韧性是造成姿势补偿的一个重要因素，可降低关节活动的运动幅度、增加肌肉拉伤和运动损伤的风险。

有些人的关节的灵活性比较好，可能受性别、遗传、年龄和体育锻炼等因素的影响。不爱运动的人，其关节的灵活性相对比较差；久坐的人步入老年以后，关节可能会失去灵活性。

有规律的进行伸展训练的好处包括运动灵活、体态优美、年老以后关节仍然保持好的柔韧性、降低运动损伤和肌肉拉伤的风险等。

关于伸展训练的益处还有不一致的观点，可能是忽视了关节力量与关节灵活性之间的本质联系：肌肉运动过程中的竞争和对抗关系，也就是说，一些肌肉在运动中相互协调，一些肌肉在运动中相互拮抗。

在相互拮抗的肌群中，一块肌肉力量的不均衡会影响另一块肌肉的力量。举例来说，竖脊肌紧张会抑制腹肌的全方位收缩；肱二头肌紧张会使肱三头肌处于轻微伸展状态。

当身体姿势严重失衡时，一些肌肉会紧张，而另一些肌肉力量薄弱。紧张的肌肉需要伸展，薄弱的肌肉需要加强力量。许多功能训练专家认为，伸展由姿势失衡引起的肌肉紧张的最好方法是有效地加强其拮抗肌群的力量。充分的评估对于具体确定每一个人需要哪种伸展训练和力量训练非常必要。

静态伸展训练的指导方针

- 做伸展训练之前最好先作热身运动，这样可以大大减少受损伤的几率。
- 起始位置时的姿势必须正确和稳定。
- 放松地进行呼吸；避免屏住呼吸；避免强力伸展肌肉。
- 将伸展强度全量程定为1～10，做到4～7即可。在这个强度下，仅有轻微的不适感。超过7会出现刺痛感。
- 感到肌肉被拉伸后，放松。静态伸展需要持续30～90秒。
- 静力伸展指南。

伸展运动

静态伸展训练

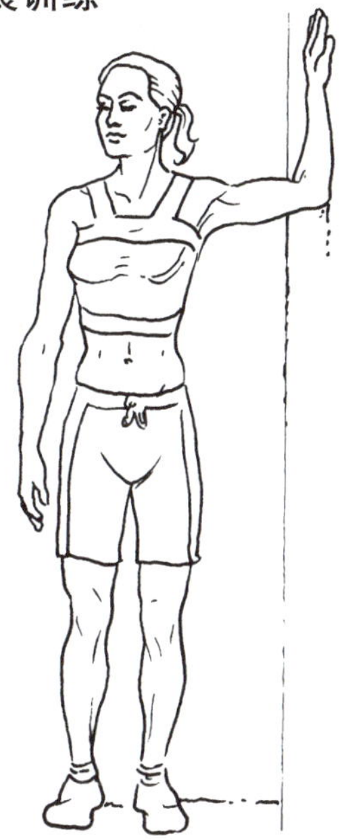

动力伸展训练

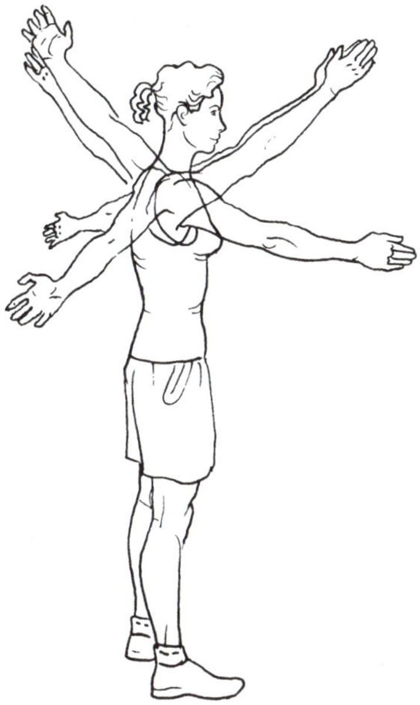

本体感受神经易化训练

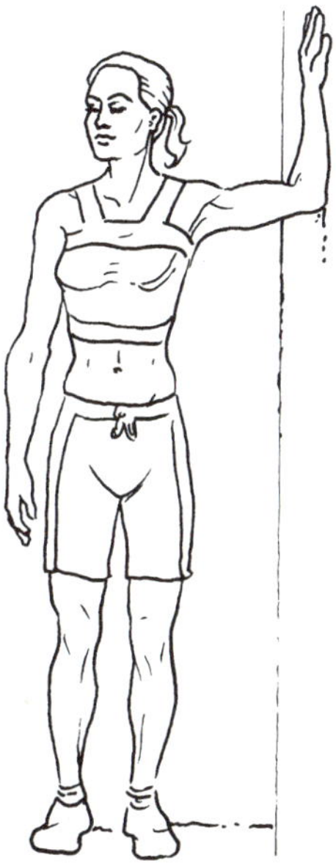

弹震伸展训练

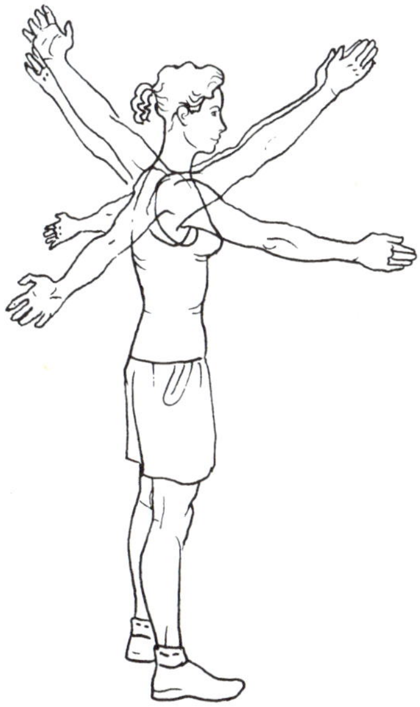

颈肩伸展

•静态伸展训练 •独立/单关节 •闭路式训练 •体重 •从初级到高级

伴随着现代生活的压力，肩部承受了打电话及数不清的提包之累，一到晚上就容易觉得肩部僵硬酸痛。有规律的做舒缓的伸展运动，可有效地缓解肩部的肌肉紧张。

动作过程

站立，双臂放于身后，左手握住右手腕部，并轻轻向左侧牵拉，颈部向左侧屈，避免用力，伸展强度为4～7（全量程为1～10），维持伸展，左、右手交换重复上述动作；上肢不参与此动作，可简化运动形式。如果要加强躯干肌的稳定性，可坐于平衡球上进行训练。

动作要领

• 避免强力拉伸。主要用手的牵拉力量作用于颈部，使其顺应颈和肩产生的自然重力。保持双肩下沉，伸展运动时放松。

• 呼吸放松。

• 避免耸肩或弓背，保持挺胸，肩部放松并沉肩。

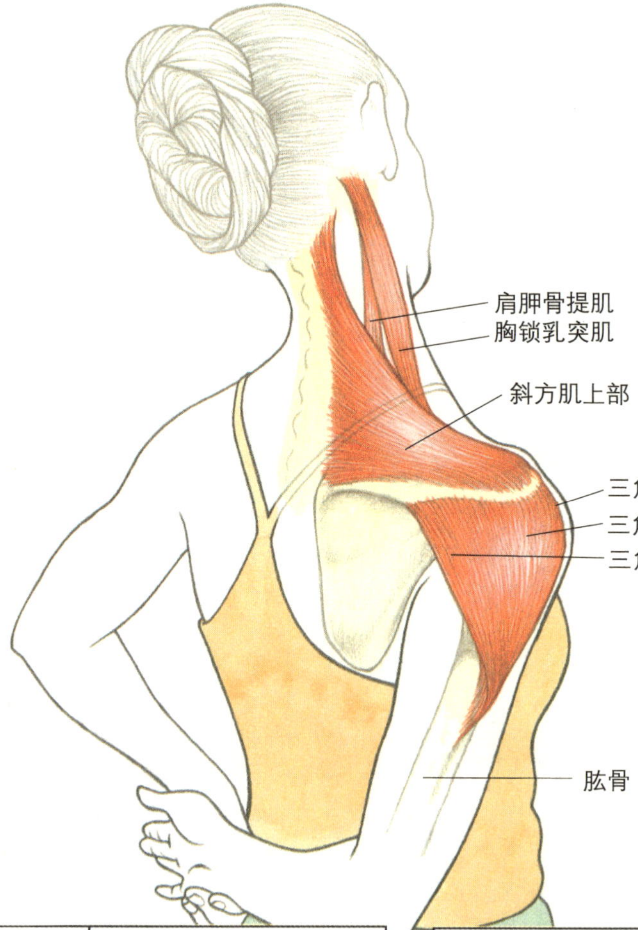

动作分析	关节1	关节2
活动的关节	颈，例如颈椎	肩关节
关节位置	侧屈	伸和内收
主要运动的肌群	斜方肌上部 夹肌 胸锁乳突肌 肩胛骨提肌 头外侧直肌 跨越颈椎，但是附着于肩胛骨（均位于被伸展侧）	三角肌，重点是前部 胸大肌锁骨部 喙肱肌 肱二头肌（长头）

主要稳定肌群
肩关节：肌腱袖 肩胛骨：菱形肌和斜方肌下部 躯干：腹肌、竖脊肌和腰方肌 腿和臀：臀肌群、腘绳肌、股直肌、内收肌群和其他腿部肌肉

站姿胸肌及三角肌前部伸展

•静态伸展训练 •独立/单关节 •闭路式训练 •体重 •从初级到高级

胸肌活动度的降低可增加在做头后运动时受损伤的危险，尤其是在肩关节旋外活动度降低，并伴有肩胛骨过度伸展时。这种活动度的降低限制了多种胸部锻炼的效果，并且增加了肌腱袖受损伤的风险。

动作过程

两脚开立与肩同宽，膝关节放松。保持身体挺直稳固。一侧手臂伸展至肩部水平，手掌放于门框上。轻轻转动身体至胸肌有拉伸感，伸展强度为4～7（全量程为1～10），并保持片刻。换对侧手臂，重复上述动作。

动作要领

• 避免强力拉伸；训练时放松。

• 呼吸放松。

• 伸展时，不要耸肩或弓背。保持挺胸，肩部放松，双肩下沉。

• 避免肘关节固定；保持肘关节在屈曲10度左右的状态下伸展。

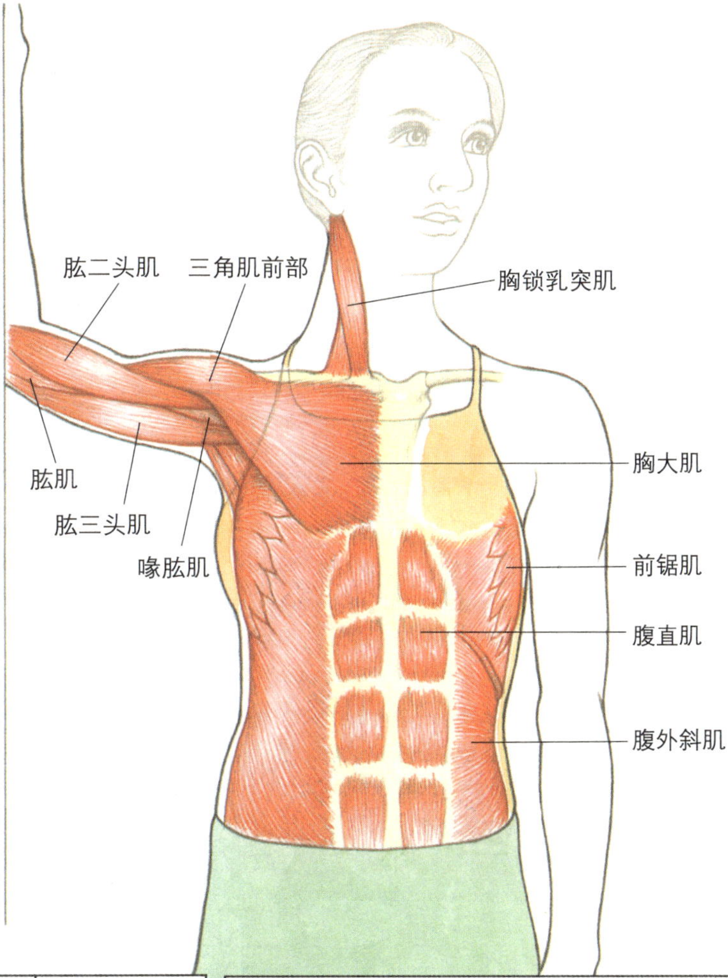

动作分析	关节1	关节2
活动关节	肩关节	躯干
关节位置	水平外展，旋外	旋转
主要运动的肌群	胸大肌 三角肌前部 喙肱肌	腹外斜肌（伸展臂的同侧）

主要稳定肌群
腹肌群 躯干和髋关节：腰方肌、竖脊肌、收肌群、臀中肌和臀小肌 下肢：股直肌、腘绳肌和全部腿部肌肉 肩关节：肌腱袖 肩胛骨：前锯肌、菱形肌和斜方肌下部

平衡球肩关节伸展

• 静态伸展训练 • 复合/多关节 • 闭路式训练 • 体重 • 从初级到高级

这种大幅度的放松伸展运动有助于减轻肩部和上背部的张力，并且可以使肩关节的关节头与关节窝良好对接。

动作过程

双膝跪于垫子上，平衡球位于身体前方。将双手放于平衡球的两侧，屈髋使臀部向后倾斜，双手向前滚动平衡球，身体向下，使头和躯干呈水平位，面部朝下。伸展强度为4～7（全量程为1～10），并保持片刻。

动作要领

• 伸展时，不要耸肩或弓背。保持挺胸，肩部放松，双肩下沉。

• 避免颈部弯曲，双眼朝向地面。

• 避免强力拉伸。训练时放松。

• 呼吸放松。

主要稳定肌群
躯干：腹肌群、竖脊肌和腰方肌
肩胛骨：斜方肌下部、菱形肌和前锯肌
肩关节：肌腱袖
颈部：头夹肌、颈夹肌

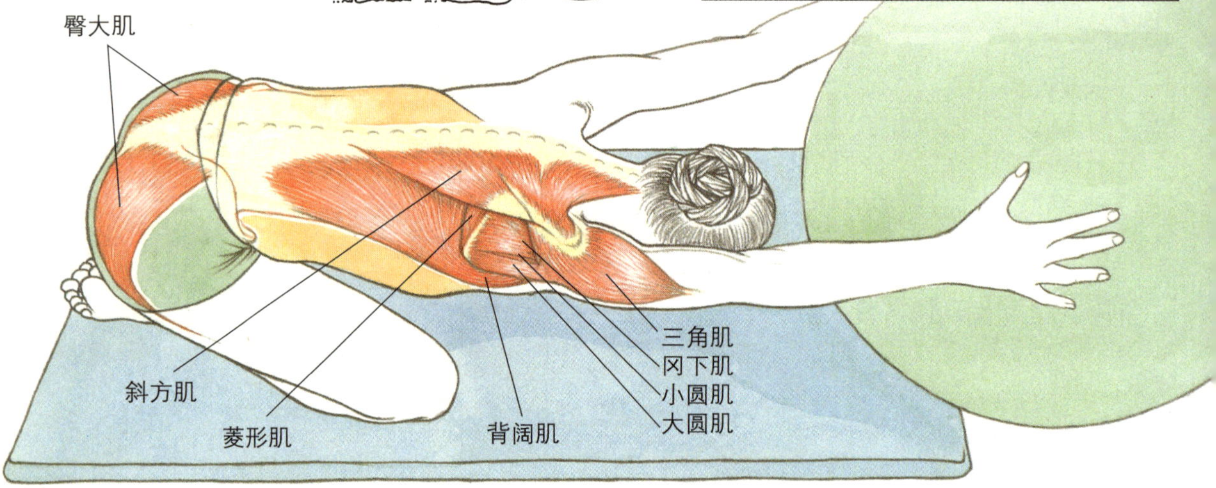

动作分析	关节1	关节2	关节3	关节4
活动关节	肩关节	肩胛骨	髋关节	膝关节
关节运动	屈、旋内	下压	屈	屈
主要拉伸的肌群	胸大肌、背阔肌 三角肌前部、肌腱袖、肱二头肌	胸小肌、大圆肌、小圆肌 中和斜方肌下部 菱形肌下部	臀大肌 腘绳肌	股四头肌

坐姿平衡球侧屈伸展

•静态伸展训练 •复合/多关节 •闭路式训练 •体重 •从初级到高级

➡ 这种优雅的伸展运动可以舒缓身体两侧肌肉的张力。平衡球的应用使髋关节向一侧移动时得以伸展，从而增加此项运动对髋深部伸展功能锻炼的作用。

动作过程

坐于平衡球的中央，双脚平放于地。坐直，保持腹部稳定肌的紧张。将左手放于右膝之上，右臂上举，同时脊柱屈向左侧，伸展强度为4～7（全量程为1～10），并保持片刻。两侧交替进行，重复上述动作。

动作要领

• 避免强力拉伸；训练时放松。

• 呼吸放松。

• 伸展时，不要耸肩或弓背。保持挺胸，肩部放松，双肩下沉。

• 保持身体重心位于平衡球的中心。

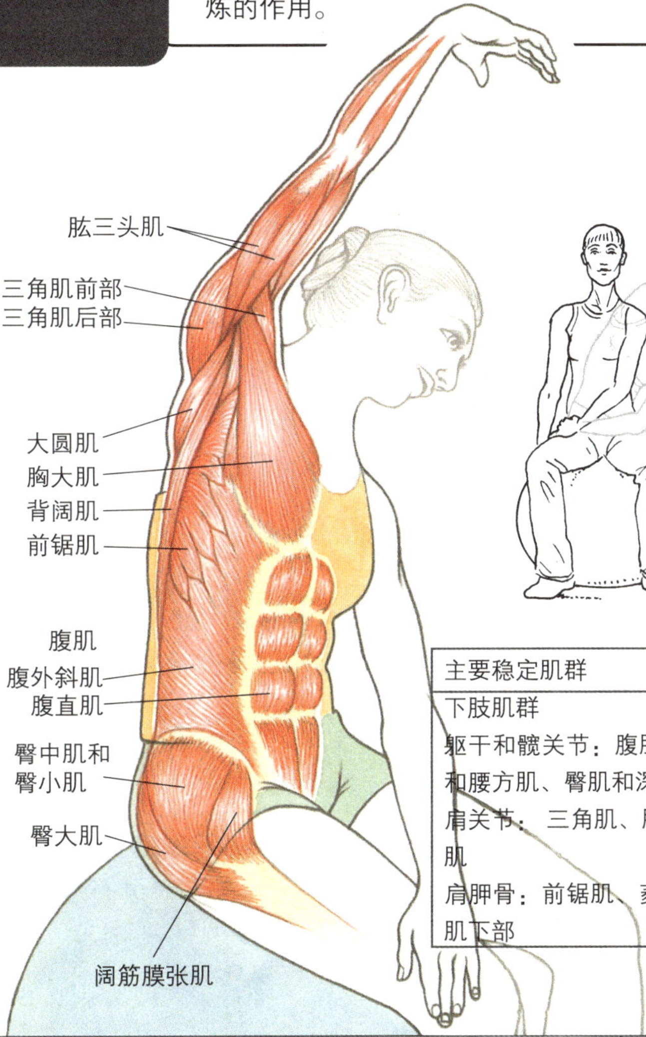

主要稳定肌群
下肢肌群
躯干和髋关节：腹肌群、竖脊肌和腰方肌、臀肌和深筋膜
肩关节：三角肌、肌腱袖和胸大肌
肩胛骨：前锯肌、菱形肌和斜方肌下部

动作分析	关节1	关节2	关节3	关节4
活动关节	脊柱（臂上举）	肩胛骨（臂上举）	肩关节（臂上举）	颈：例如颈椎
关节运动	侧屈	上旋	内收	侧屈
主要拉伸的肌群	竖脊肌 腰方肌 背阔肌 腹肌群	菱形肌下部 斜方肌下部 大圆肌 小圆肌	背阔肌 肌腱袖 胸大肌（重点在胸骨部和腹部） 三角肌（重点是后部） 肱三头肌长头 喙肱肌 腘绳肌	股四头肌

全身伸展

•静态伸展训练•复合/多关节•闭路式训练
•体重•从初级到高级

这种伸展运动源于瑜伽，实际动作比看起来要简单。它是一种几乎随处可做的、极好的全身伸展运动。

主要稳定肌群
下肢肌群 躯干和髋部：腹肌群、竖脊肌和腰方肌 臀肌和深筋膜 肩关节：三角肌、肌腱袖、胸大肌 肩胛骨：前锯肌、菱形肌、和斜方肌下部 颈部：胸锁乳突肌 头外侧直肌

动作过程

坐于凳子边缘，双膝弯曲，双脚平放于地。从髋部起向前倾斜，脊柱向右侧扭转，使左侧肘关节的后面紧靠左膝的内侧，同时打开胸廓，抬起并伸展右侧上肢。将头转向右，注视上举的右手。伸展强度为4～7（全量程为1～10）。还原，两侧交替进行，重复上述动作。

动作要领

• 尽量拉开双臂，扩展胸廓。

• 避免用力伸展，放松进行锻炼。

• 不要耸肩或弓背。保持挺胸，肩部放松，双肩下沉。

• 如果手可以轻松地摸到脚踝，可尝试用一块木块支撑位于下方的手。

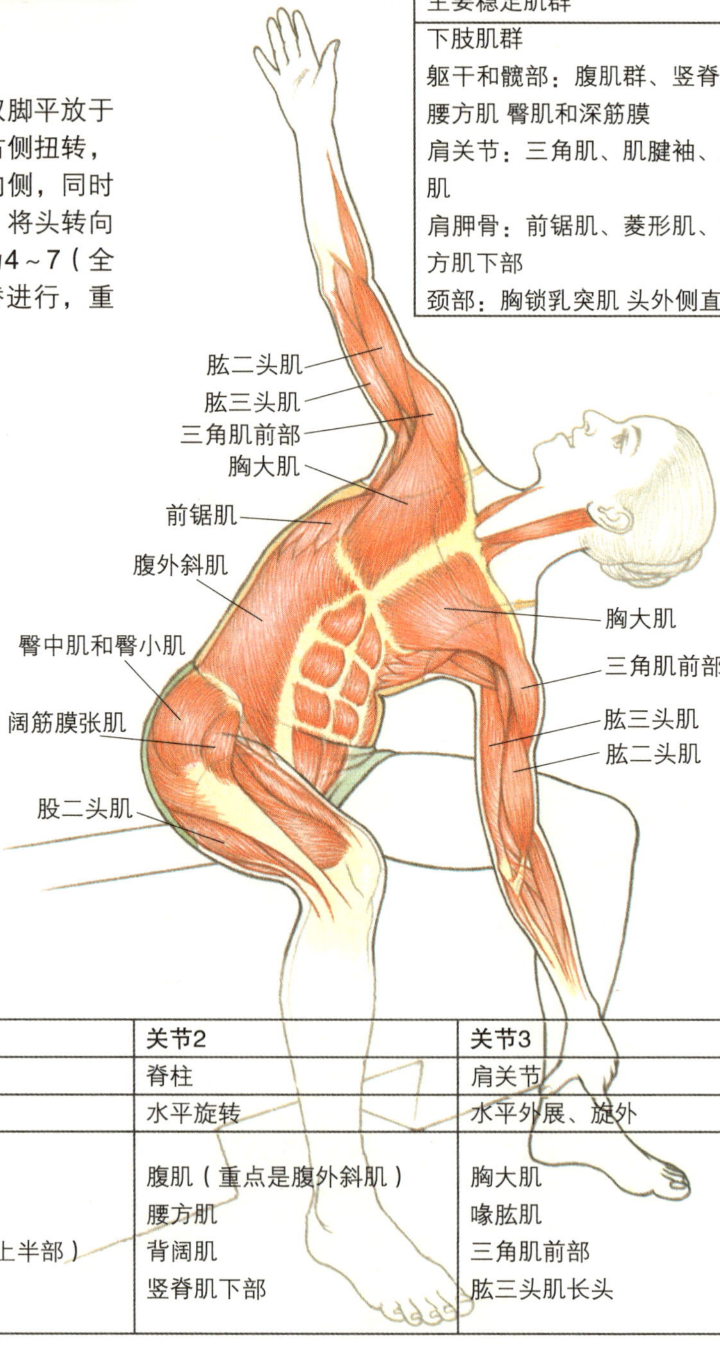

动作分析	关节1	关节2	关节3
主要关节	髋关节	脊柱	肩关节
关节运动	屈	水平旋转	水平外展、旋外
主要拉伸的肌群	臀大肌 腘绳肌（重点在上半部）	腹肌（重点是腹外斜肌） 腰方肌 背阔肌 竖脊肌下部	胸大肌 喙肱肌 三角肌前部 肱三头肌长头

仰卧屈髋伸展

•静态伸展训练 •独立/单关节 •体重 •从初级到高级

这项简单的伸展训练是理想伸展运动，可以减轻由现代生活长期姿势紧张所致的典型的下背部紧张感，也是仰卧做其他下半身伸展运动前的一种较好的热身伸展运动。

动作过程

仰卧，脊柱居中，将右腿拉至胸部，屈髋，屈膝，保持腹部稳定。左腿伸直放平。可感到右侧髋部有轻微的拉伸感，伸展强度为 4 ~ 7（全量程为 1 ~ 10）。作为一种动作变化，也可将双腿同时抱于胸前进行此项训练。

动作要领

• 不要弓背，紧张或上提臀部。如果柔韧性不够，不要勉强，可使髋部轻度伸展，保持大腿位于膝关节下方。

• 避免强力拉伸，训练时要放松。

• 呼吸放松。

• 避免耸肩，保持挺胸，肩部放松，肩胛骨下压。

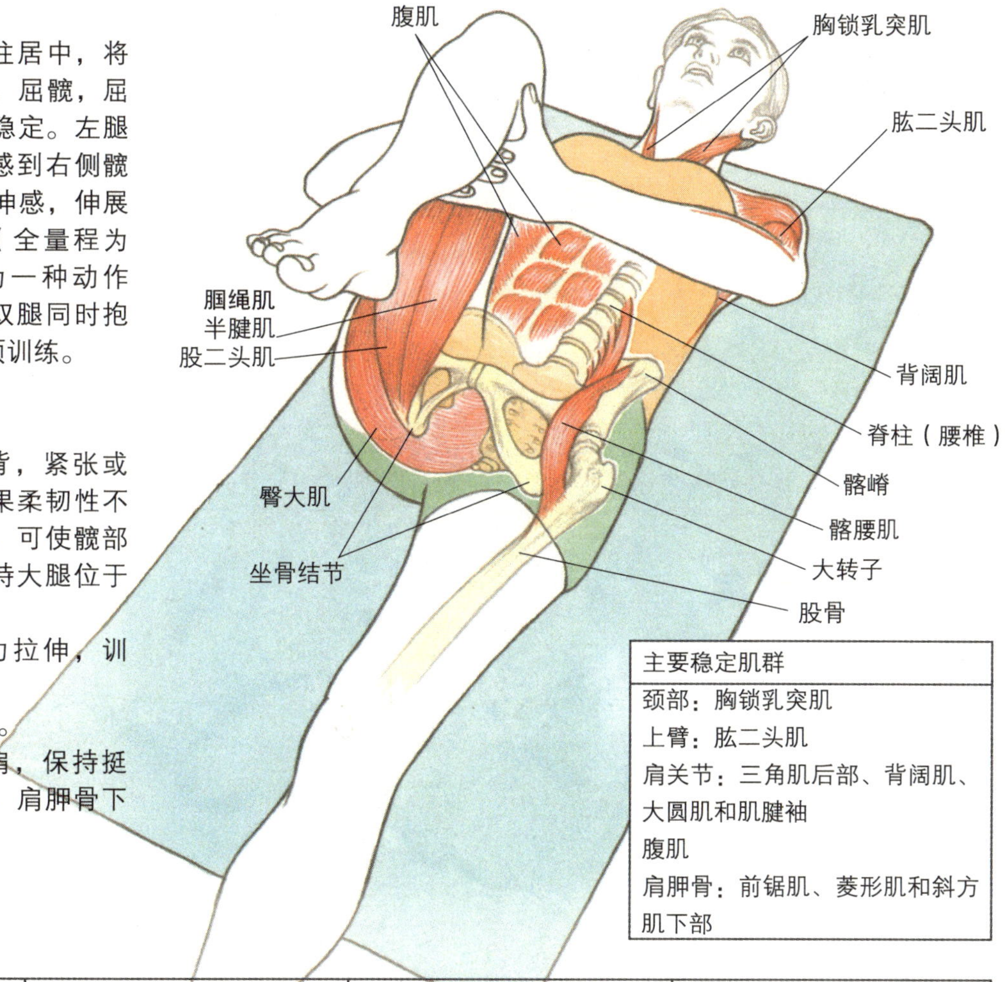

主要稳定肌群
颈部：胸锁乳突肌
上臂：肱二头肌
肩关节：三角肌后部、背阔肌、大圆肌和肌腱袖
腹肌
肩胛骨：前锯肌、菱形肌和斜方肌下部

动作分析	关节1	关节2	关节3
关节	髋关节（屈侧）	膝关节（屈侧）	髋关节（对侧）
关节运动	屈	屈	微伸
主要拉伸的肌肉	臀大肌、腘绳肌	股四头肌	股直肌、髂腰肌

平衡球脊柱俯曲

•静态伸展训练 •复合/多关节 •体重 •从初级到高级

这项简单的伸展训练是理想伸展运动，可以减轻由现代生活长期姿势紧张所致的典型的下背部紧张感，也是仰卧做其他下半身伸展运动前的一种很好的伸展热身运动。

动作过程

如图所示，手脚着地，俯卧于平衡球上。维持脊柱居中。保持腹肌参与维持身体的稳定，收腹。脊柱全长尽量向上拱起。放松，脊柱降低，返回自然中立位，腹部向前微凸，抬起头。

动作要领

• 避免强力拉伸，身体放松。

• 呼吸放松。

• 不要耸肩，保持挺胸，肩部放松，肩胛骨下压。

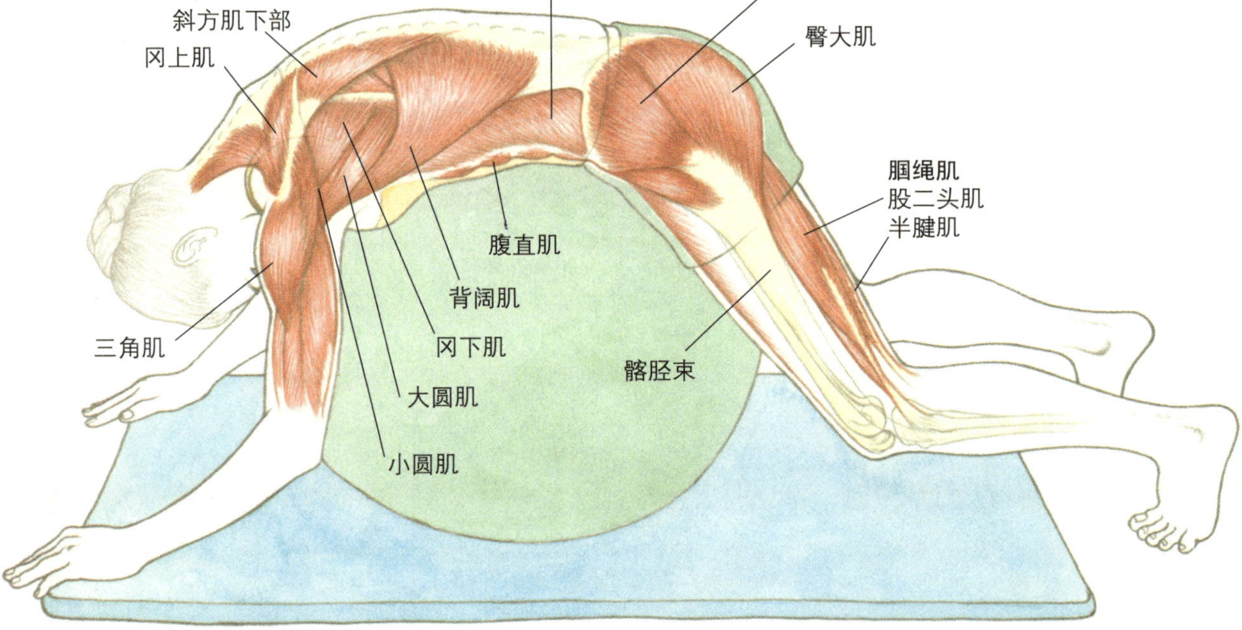

动作分析	关节1	关节2
主要关节	脊柱	髋关节
关节运动	屈	微屈
主要拉伸的肌群	竖脊肌、斜方肌下部和中部、菱形肌 腰方肌、背阔肌	臀大肌 腘绳肌（上部）

主要稳定肌群
上臂：肱三头肌、前臂肌群 肩关节： 三角肌后部、背阔肌、大圆肌、肌腱袖 腹肌 肩胛骨：前锯肌、菱形肌和斜方肌下部

髋关节旋转

•静态伸展训练 •复合/多关节 •体重 •从初级到高级

这是另一项容易做的伸展训练，可以减轻长期积累的下背部紧张，可作为常规训练的一部分，也可在一天的忙碌之后单独进行。

动作过程

仰卧，屈膝，双脚平放。膝部带动髋部轻轻地向一侧翻转着地，保持伸展。还原，双侧交替重复上述动作。

动作要领

- 向一侧翻转时保持脚在同一位置。
- 避免强力拉伸，身体放松。
- 呼吸放松。
- 不要耸肩，保持挺胸，肩部放松，肩胛骨下压。

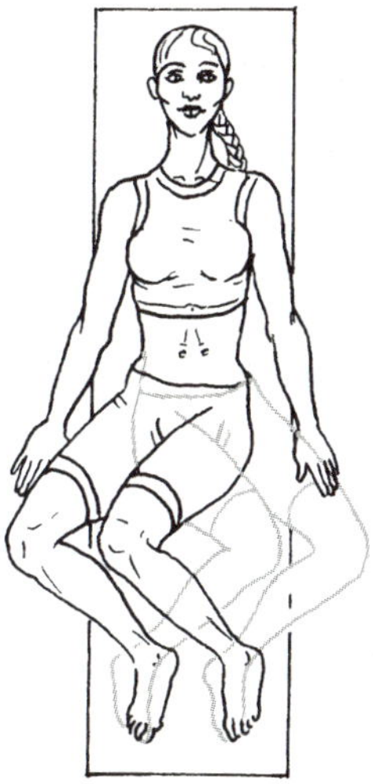

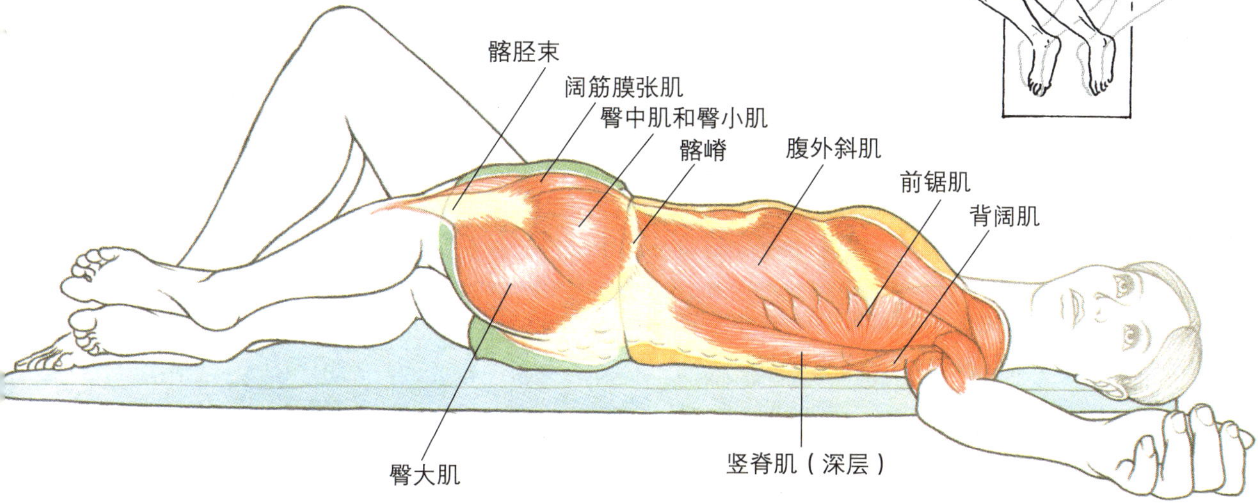

动作分析	关节1	关节2
主要关节	脊柱	髋关节
关节运动	旋转	轻度的内旋和内收
主要拉伸的肌群	腹肌，特别是腹外斜肌 竖脊肌下部 腰方肌	臀大肌、臀中肌和臀小肌 阔筋膜张肌和髂胫束

主要稳定肌群
竖脊肌、腹肌和其他上半身肌起轻度的稳定作用。

仰卧臀肌伸展

•静态伸展训练 •复合/多关节 •体重 •从中级到高级

➡ 臀大肌易于紧张和力量薄弱。臀大肌紧张会增加下背部损伤的风险，在屈膝屈髋训练中易拉伤，例如下蹲和压腿。

动作要领

• 避免强力拉伸，身体放松。

• 呼吸放松。

• 不要耸肩或弓背，保持挺胸，肩部放松，肩胛骨下压。

• 如果不能将腿拉向胸部，不要勉强，当身体柔韧性许可时再进行此项训练。可以按下述方法进行：将右腿压在左腿上，用右手轻推右膝关节。

动作过程

仰卧，屈膝，双脚平放。右腿压在左腿上，右脚置于左膝上。双手环抱左侧大腿的下部，并向胸部牵拉，直至感到有拉伸感，伸展强度为4～7（全量程为1～10）。维持片刻，还原。换另一条腿重复上述动作。

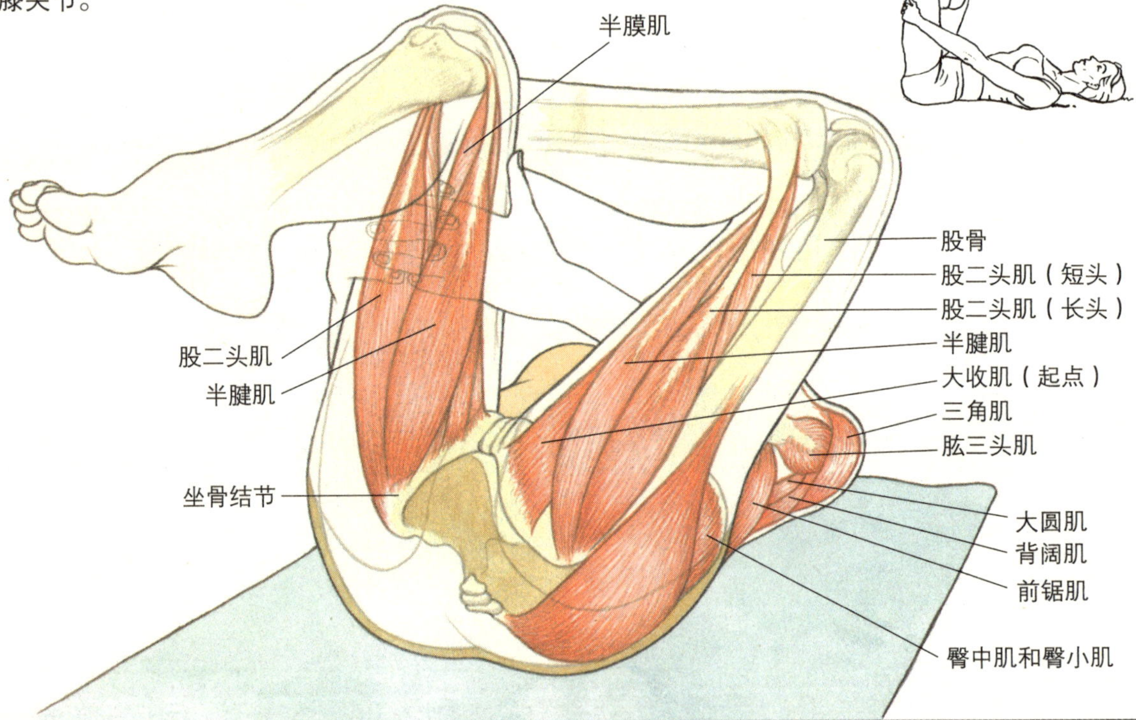

主要稳定肌群
上臂：肱三头肌
肩关节：三角肌后部、背阔肌、大圆肌和肌腱袖
肩胛骨：前锯肌、菱形肌和斜方肌下部
腹肌

动作分析	关节1	关节2
主要关节	髋关节（右侧）	髋关节（左侧）
关节运动	屈，内收和旋外	屈
主要拉伸的肌肉	臀大肌 腘绳肌外侧部	臀大肌 腘绳肌

仰卧单腿腘绳肌伸展

•静态伸展训练 •复合/多关节 •开放式训练 •体重 •从初级到高级

腘绳肌僵硬可增加下背部损伤的风险，尤其是在进行伸膝屈髋训练时。此项训练可帮助提高腘绳肌的柔韧性。

动作过程

坐在垫子上，双手握皮带两端，将皮带置于右脚中部，仰卧，脊柱居中，抬高右腿并垂直牵拉，同时膝关节伸展，但不要过伸。另一条腿平放于垫子上。直至右腿有拉伸感，伸展强度为4～7（全量程为1～10），维持片刻。还原，换另一条腿重复上述动作。

动作要领

• 避免强力拉伸，身体放松。

• 呼吸放松。

• 不要耸肩或弓背，保持挺胸，肩部放松，肩胛骨下压。

• 如果腘绳肌过于紧张，可以在拉伸腿时屈膝。

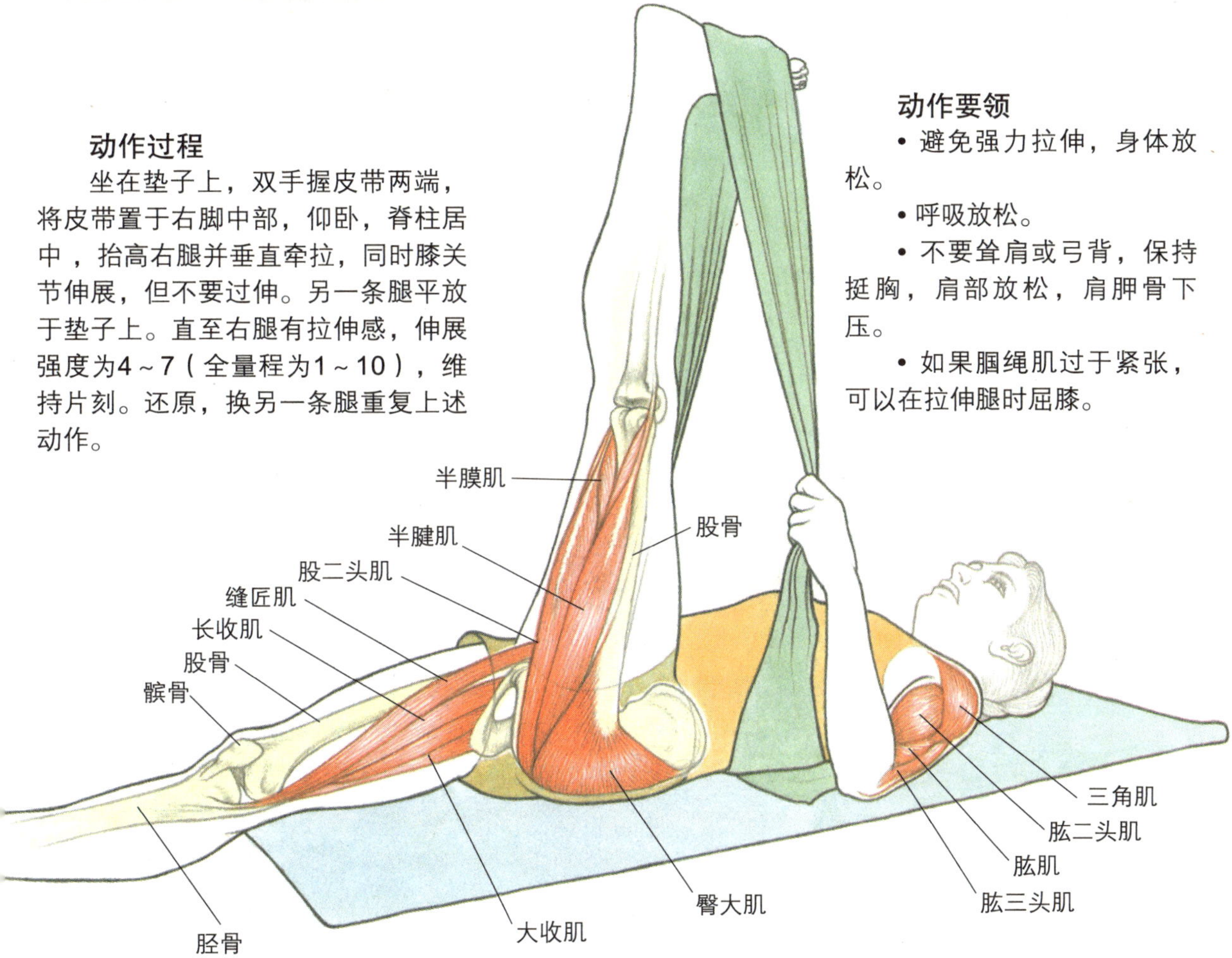

动作分析	关节1	关节2	关节3
主要关节	髋关节	膝关节	对侧髋关节
关节运动	屈	伸	微伸
主要拉伸的肌肉	腘绳肌、臀大肌	腘绳肌、腓肠肌	股直肌、髂腰肌

主要稳定肌群
上臂：肱二头肌 肩关节：三角肌后部、背阔肌、大圆肌和肌腱袖 肩胛骨：前锯肌、菱形肌和斜方肌下部 髋部：髂腰肌 伸展的腿：股四头肌和大腿内侧群肌 对侧腿：大腿内侧群肌

坐姿转体伸展

•静态伸展训练 •独立/单关节 •体重 •从初级到高级

这是另一种全身伸展训练，主要针对下半身。

动作过程

坐直，双腿分开60度并伸直。挺胸，双臂平举。腰部带动胸部和上肢向右侧扭转。呼气，左臂和躯干向前、向下直至左手触及右侧小腿下部的外侧，伸展强度为4～7（全量程为1～10）。维持片刻，换另一侧重复上述动作。

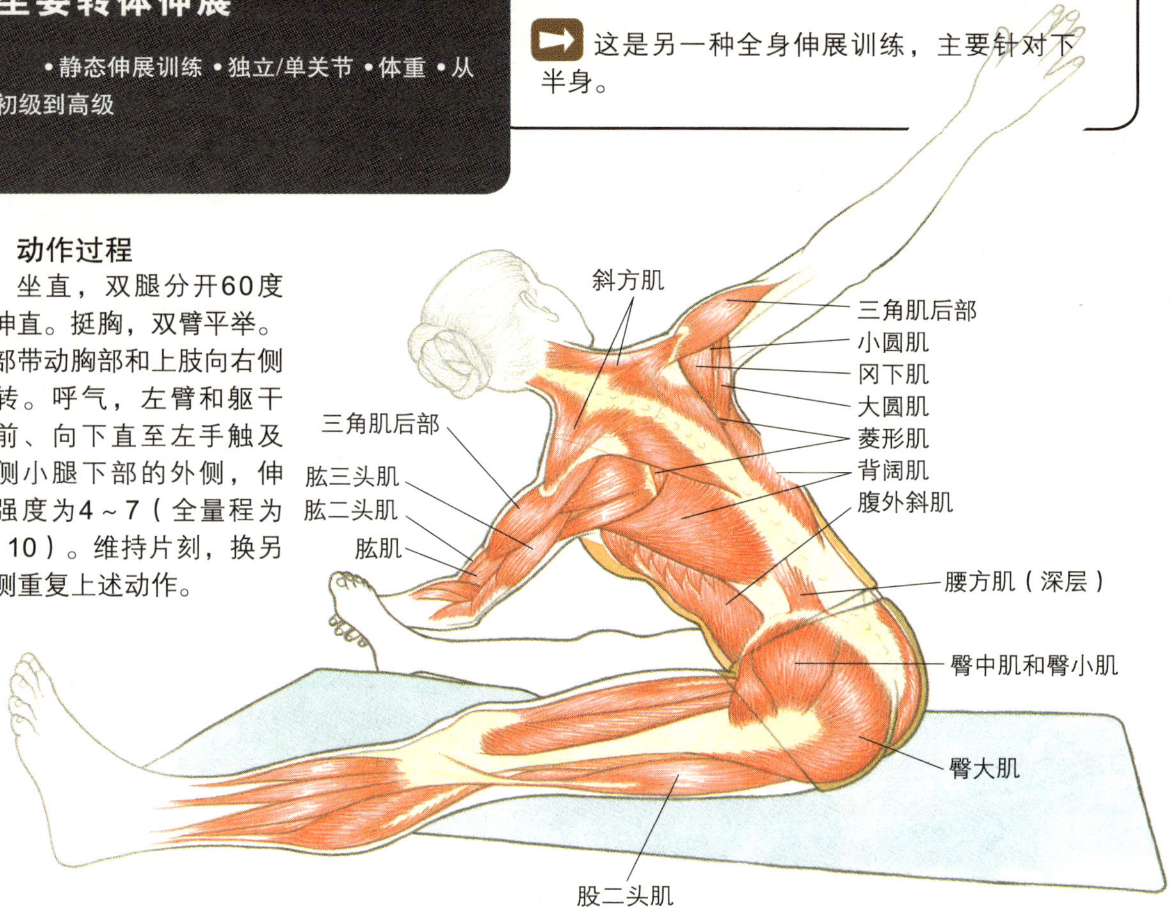

动作要领

• 避免强力拉伸，身体放松。

• 呼吸放松。

• 不要耸肩或弓背，保持挺胸，肩部放松，肩胛骨下压。

• 如果髋关节过紧，可坐在小坐垫或多层毛巾上进行训练。

动作分析	关节1	关节2	关节3
主要关节	髋关节	脊柱	肩胛骨
关节运动	屈、外展	旋转	外展
主要拉伸的肌肉	双腿：臀大肌、腘绳肌内收肌群（耻骨肌、短收肌、长收肌、大收肌和股薄肌） 伸展侧：阔筋膜张肌、臀小肌	伸展侧：腹肌（特别是斜肌）、背阔肌、腰方肌、竖脊肌（下部）	菱形肌、斜方肌中下部

主要稳定肌群
躯干部：腹肌、竖脊肌、腰方肌 肩胛骨：前锯肌、菱形肌和斜方肌下部 肩部：肌腱袖和三角肌

仰卧深部旋外肌伸展

•静态伸展训练 •独立/单关节 •体重 •从初级到高级

髋部深层旋外肌紧张常发生在用力较多的那条腿，可能会压迫坐骨神经，引起麻木和疼痛，即坐骨神经痛。髋肌伸展训练有多种形式，这里介绍的是最常见的一种。

动作过程

仰卧，双腿伸直，双臂伸展置于身体两侧。右腿膝关节和髋关节屈曲，左手置于右膝外侧，向左牵拉右腿，使肌肉伸展至中等紧张程度，右膝关节应和左髋关节位于一条直线上或略低于左髋关节，伸展强度为4～7（全量程为1～10），维持片刻。还原，换另一侧腿重复上述动作。

动作要领

- 牵拉力量应逐渐加强，不要强力拉伸，身体放松。
- 如果用手臂牵拉难以拉动膝关节，可借腿的重量决定伸展程度。
- 确定主要旋转的部位是髋关节，在旋转脊柱下部之前开始运动。
- 不要耸肩或弓背，保持挺胸，肩部放松，肩胛骨下压。
- 呼吸放松。

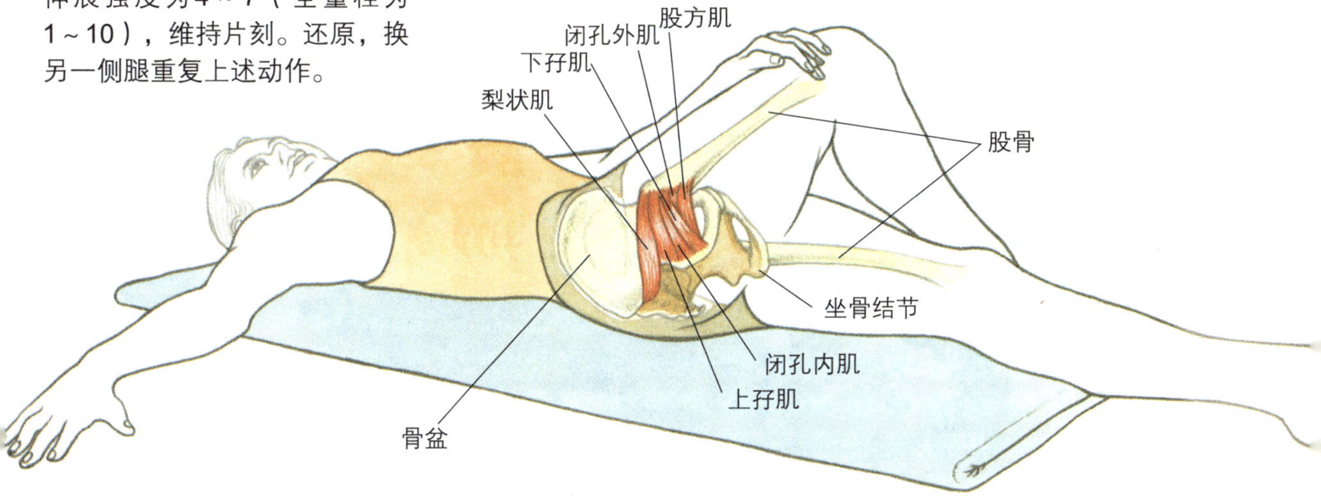

动作分析	关节1	关节2
主要关节	髋关节	骨盆和脊柱
关节运动	屈及水平内收	旋转
主要拉伸的肌肉	髋关节旋外的主要肌肉：梨状肌 上孖肌和下孖肌 闭孔内肌和闭孔外肌 股方肌 阔筋膜张肌和髂胫束 臀大肌、臀中肌和臀小肌	竖脊肌（下部） 腹部斜肌 背阔肌 腰方肌

主要稳定肌群
上臂：肱三头肌 肩关节：三角肌后部、背阔肌、大圆肌和肌腱袖 肩胛骨：前锯肌、菱形肌和斜方肌下部 腹肌

站姿髂腰肌伸展

•静态伸展训练 •独立 •闭路式训练 •体重 •从中级到高级

直立姿势运动时，屈髋肌尤其是髂腰肌紧张，可牵拉脊柱腰部过伸，如果腹肌的稳定力量薄弱将会更为严重。此项训练为一种非常精细的伸展训练，动作一定要缓慢，掌握技巧。

动作过程

双脚前后开立，双脚间距与肩同宽。面向墙，双手扶墙或抓握横杆。前方的脚平放于膝关节下方或稍前方，后腿向后伸直。髋关节顺应脊柱挺直稳定。髋关节轻轻前倾，骨盆后倾。伸展强度为4～7（全量程为1～10），维持片刻。还原，换另一侧腿重复上述动作。

动作要领

• 避免强力拉伸，身体放松。后腿髋关节前面、腹股沟韧带深面的肌肉略感紧张。

• 呼吸放松，保持姿势挺直和稳固。

• 不要耸肩或弓背。保持挺胸，双肩放松，肩胛骨下压。

• 保持前腿的膝关节与脚趾处于一条垂线上。

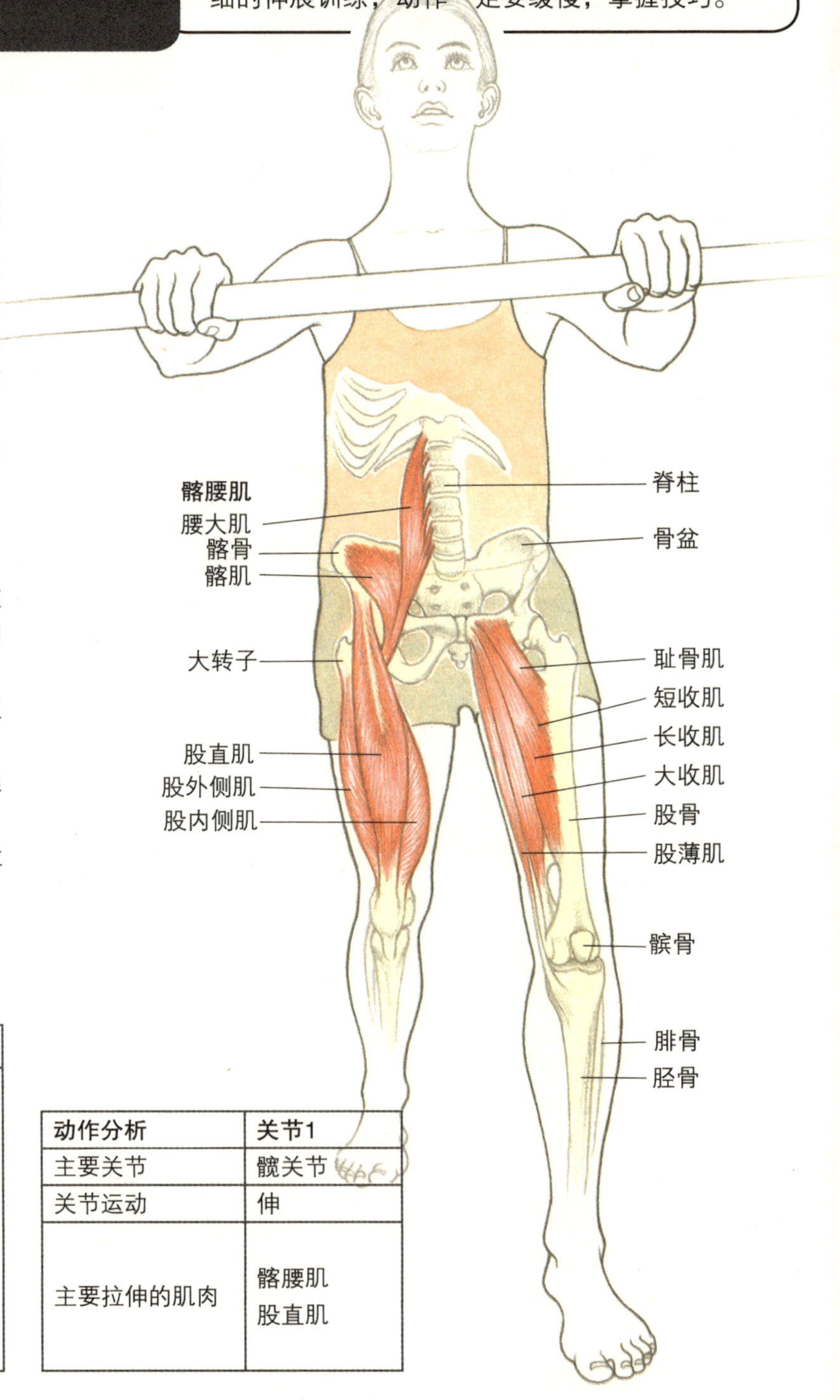

主要稳定肌群
腹肌 躯干和髋部：腰方肌、竖脊肌、大腿内收肌群、臀中肌、臀小肌 腿部：股直肌、内收肌群和腘绳肌 肩胛骨：前锯肌、菱形肌、斜方肌下部

动作分析	关节1
主要关节	髋关节
关节运动	伸
主要拉伸的肌肉	髂腰肌 股直肌

站姿腓肠肌伸展

•静态伸展训练 •独立 •闭路式训练 •体重•从初级到高级

小腿三头肌结构致密结实，是身体内最强大的肌肉之一。小腿三头肌的紧张限制了踝关节背屈，又反过来抑制膝关节屈，增加髋关节屈，也会使腿屈伸和下蹲的训练发生困难。

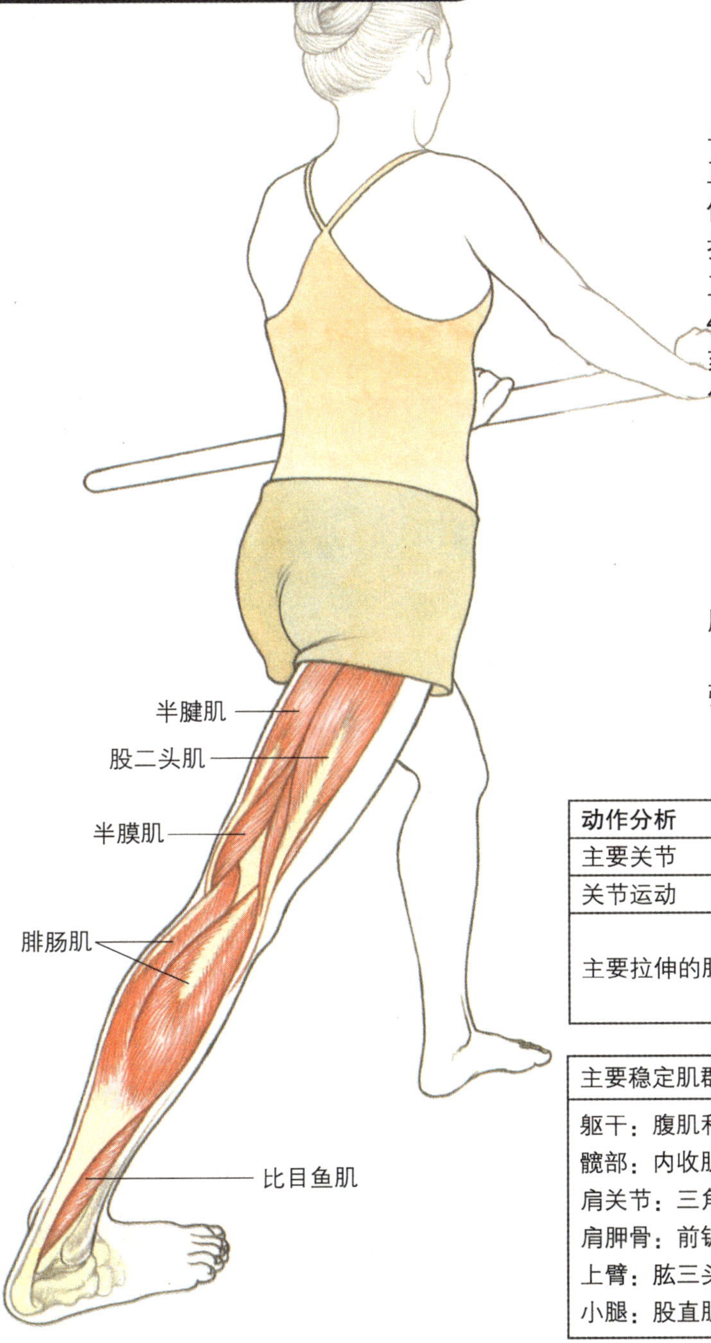

动作过程

面向墙，双脚前后开立，双脚与肩同宽，前脚位于微屈的膝关节正下方，后腿向后伸直。身体前倾，双手扶墙，与上胸部同高。保持双脚平放，姿势稳定。髋部前倾直至小腿有拉伸感，伸展强度为4～7（全量程为1～10），维持片刻。还原，换另一侧腿重复上述动作。

动作要领

• 避免强力拉伸，身体放松。

• 呼吸放松。

• 不要耸肩或弓背。保持挺胸，肩部放松，肩胛骨下压。

• 避免肘关节过伸和肩部紧张。保持肘关节屈曲10度左右。

动作分析	关节1	关节2
主要关节	踝关节	膝关节（后腿）
关节运动	背屈	伸
主要拉伸的肌肉	腓肠肌 比目鱼肌	腓肠肌

主要稳定肌群
躯干：腹肌和竖脊肌
髋部：内收肌群、臀中肌和臀小肌
肩关节：三角肌前部、胸大肌和肌腱袖
肩胛骨：前锯肌、菱形肌和斜方肌下部
上臂：肱三头肌
小腿：股直肌和腘绳肌

瑜伽“山岳式”

•静态/动态伸展训练 •复合/多关节 •闭路式训练 •体重 •从中级到高级

这一动作是瑜伽十二式中拜日式的动作之一，动作舒缓优美，与呼吸协调进行。

主要稳定肌群
躯干：腹肌、腰方肌和竖脊肌 肩关节：肌腱袖、胸大肌和三角肌前部 肩胛骨：前锯肌、菱形肌和斜方肌下部 上臂：肱三头肌

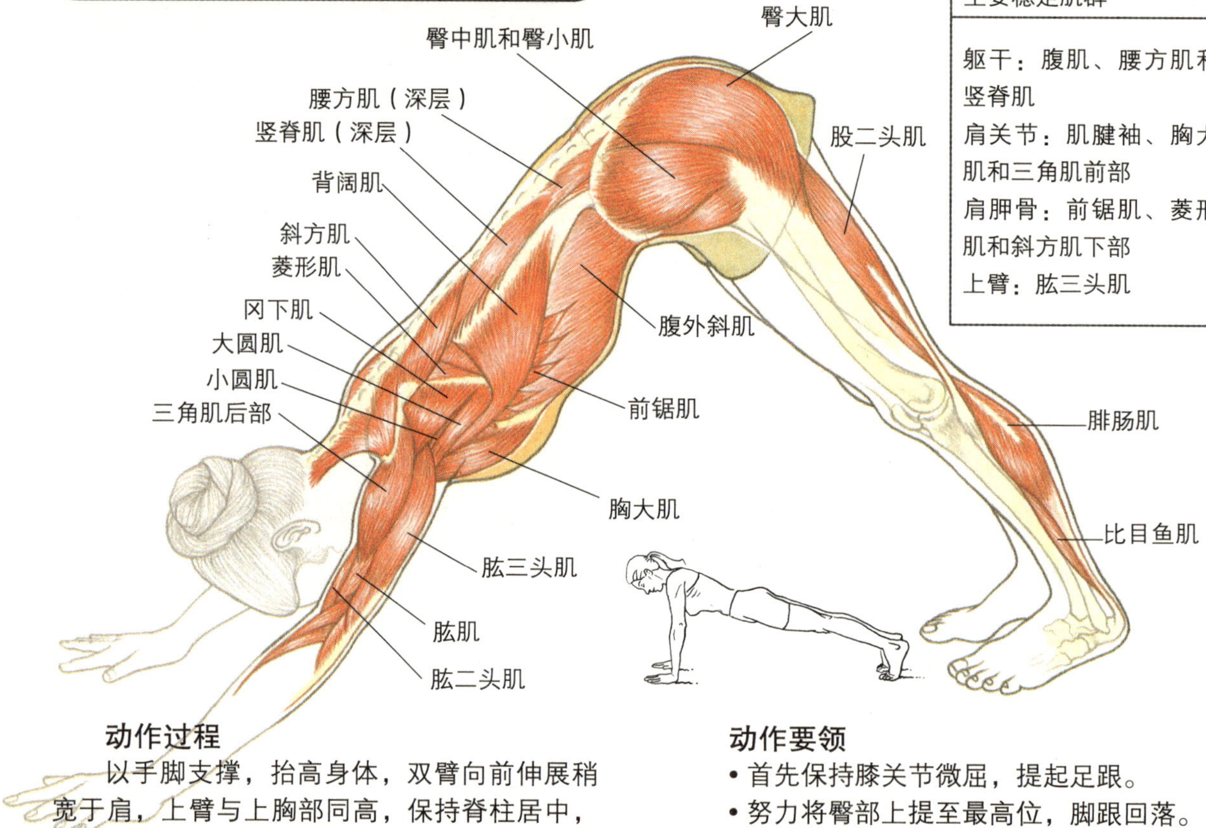

动作过程

以手脚支撑，抬高身体，双臂向前伸展稍宽于肩，上臂与上胸部同高，保持脊柱居中，腹部稳定肌紧张，收腹。呼气，提髋，接着将髋部推向后上方，保持挺胸。

动作要领

• 首先保持膝关节微屈，提起足跟。
• 努力将臀部上提至最高位，脚跟回落。
• 肩胛骨下压。
• 保持手平放于地，手指分开，双侧示指相互平行。

动作分析	关节1	关节2	关节3	关节4
主要关节	踝关节	膝关节	髋关节和骨盆	肩关节
关节运动	背屈	伸	屈	屈和旋内
主要拉伸的肌肉	腓肠肌 比目鱼肌 跖肌 胫骨后肌 趾长屈肌 𧿹长屈肌	腓肠肌 腘绳肌 腘肌	臀大肌 腘绳肌 腰方肌 背阔肌 竖脊肌	肱三头肌 肱二头肌 肌腱袖 背阔肌 大圆肌 三角肌 胸大肌（主要是下部）

婴儿式伸展

• 静态/动态伸展训练 • 复合/多关节 • 闭路式训练 • 体重 • 从初级到高级

婴儿式姿势来源于瑜伽，可在一项或系列剧烈或伸展训练之后练习，以便放松。

动作过程

俯跪于训练垫或瑜伽垫上，双膝稍分开，双臂置于身体两侧。头部的一侧或前额放于垫子之上，以舒适为准。

动作要领

此项伸展运动的关键是放松，身体要自然柔软和舒适。

呼吸和放松要领

放松的或膈式呼吸是人体的自然呼吸方式。长期不断的压力可造成呼吸浅慢，摄氧量较膈式呼吸减少高达90%，所以压力呼吸可引起疲劳和注意力不集中（大脑供氧不足）、消化功能障碍（无精打采）和肌肉僵硬（组织缺氧）。要经常采用放松呼吸或深呼吸。从至少三个深呼吸开始，以鼻吸气，口呼气。腹式呼吸练习可随时随地进行，可以促进放松、头脑清晰和行动敏捷。

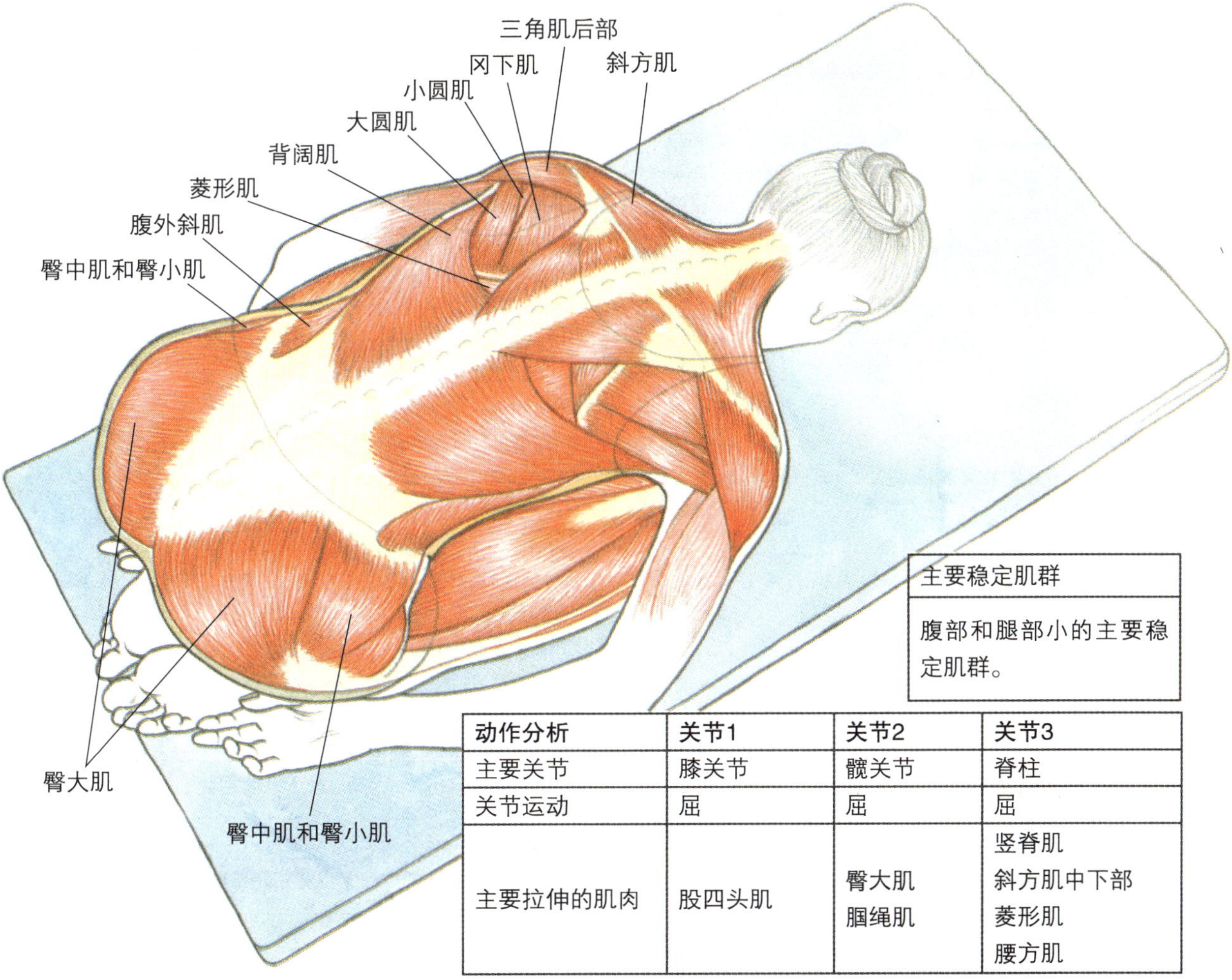

主要稳定肌群
腹部和腿部小的主要稳定肌群。

动作分析	关节1	关节2	关节3
主要关节	膝关节	髋关节	脊柱
关节运动	屈	屈	屈
主要拉伸的肌肉	股四头肌	臀大肌 腘绳肌	竖脊肌 斜方肌中下部 菱形肌 腰方肌

词汇表

1 外展：四肢远离中线的运动，例如手臂伸直向外侧上提。

2 内收：四肢向中线靠拢的运动，例如手臂伸直靠近身体一侧。

3 原动肌：引发运动的肌肉。

4 前（腹侧）：身体的前面。

5 骨盆前倾：假设骨盆是盛满水的桶，前倾即让水从骨盆的前面流出。

6 拮抗肌：与原动肌作用相对抗的肌肉。

7 辅助训练：对核心训练起补充作用的训练，可针对某一块肌或肌的一端进行强化训练。

8 环转：屈、伸、收、展依次结合的环形运动，不含运动骨干的旋转。

9 多关节训练（复合训练）：包含两个或两个以上关节运动的训练。

10 向心收缩：表现为长度缩短的肌肉收缩。

11 核心训练：主要的训练。

12 闭路式训练：受训肢体的末段固定或支持体重的训练。大多数多关节训练均属于闭路式训练。

13 髋关节深部旋外肌群：位于臀大肌的深面，包括梨状肌、上下孖肌、闭孔肌和股方肌。

14 远侧：远离身体中心的部位。

15 动力稳定：跨越两个关节的肌肉，收缩时长度无明显变化，但可缩短靶关节，同时伸长邻近关节，常见于多关节运动。

16 离心收缩：在肌肉伸长过程中的收缩。

17 足外翻：足外侧缘向上，足底朝向外侧的运动。

18 伸：构成关节的两块骨之间的角度变大。

19 旋外：在身体水平面上，沿垂直轴远离中线的运动，表现为朝向身体背面运动。

20 屈：关节的弯曲，表现为构成关节的骨之间的角度变小。

21 功能训练：以提高专项运动能力，训练运动姿势为目的的训练方法，常用于特定训练中（如特殊的运动技能，职业运动员训练，或日常活动）

22 高冲击力训练：对骨骼系统可产生高重力影响的训练类型，例如跑步。

23 过伸：关节伸展超过正常的解剖学位置。

24 向下运动：远离头部的运动。

25 强度：训练中使用的力量的数量，动作重复的最大次数，或努力的程度。

26 旋内：在身体水平面上，关节向内的旋转，表现为朝向身体前面的运动。

27 足内翻：足底朝向内侧的运动。

28 单关节训练：仅涉及一个关节运动的训练。

29 等长收缩：肌肉长度无明显变化的收缩，又称静态张力收缩。

30 等张收缩：肌肉长度缩短，但张力保持不变的收缩。

31 脊柱后凸：脊柱凸向后的弯曲。

32 外侧：距离身体正中矢状面远者为外侧。

33 脊柱前凸：脊柱凸向前的弯曲。

34 低冲击力训练：对骨骼系统有相对较小的重力冲击的训练，如慢走。

35 内侧：距离身体正中矢状面近者为内侧。

36 非承重活动训练：指训练时身体重量被减轻的训练，例如游泳。

37 开放环节训练：受训肢体末段不固定或不支持体重的训练。大多数单关节训练均属于开放环节运动。

38 超负荷：为了产生长期的生理变化，而采用超过受训者身体目前可承受的训练强度。

39 后（背侧）：靠近身体背面者。

40 骨盆后倾：假设骨盆是盛满水的桶，后倾即让水从骨盆的后面流出。

41 旋前：足或前臂向内侧旋转。

42 近侧：靠近身体中心的部位。

43 活动度：关节活动的范围。身体每个关节都有相应的正常活动度。

44 旋转：沿骨长轴的环形运动。

45 矢状面：将人体分为左、右两部分的平面。在矢状面上的运动是前、后方向的。

46 训练伙伴：在训练中帮助你进行训练的人，例如装卸杠铃。

47 协同肌：协助原动肌完成某一动作的肌肉。

48 稳定肌：收缩时不引起明显运动的肌。

49 上：近头者为上。

50 旋后：足或前臂向外的旋转。

51 横切面：将人体分为上下两部分的平面。在横切面上的运动是水平的。

52 外翻：骨向外的旋转，如髋、膝、足的外翻。

53 承重训练：指体重直接对抗重力的训练，如走路。

图书在版编目 (CIP) 数据

女性形体与健美训练图解 / [英] 韦勒编著 ; 李振华等译 . —济南 : 山东科学技术出版社，2012.5（2018.4 重印）
ISBN 978-7-5331-5885-9

Ⅰ. ①女… Ⅱ. ①韦… ②李… Ⅲ. 女性—健美运动—图解
Ⅳ. ① G883-64

中国版本图书馆 CIP 数据核字（2012）第 064389 号

图字：15-2010-015

女性形体与健美训练图解

[英] 马克·韦勒 编著

主管单位:山东出版传媒股份有限公司
出 版 者:山东科学技术出版社
地址:济南市玉函路16号
邮编:250002 电话:(0531)82098088
网址:www.lkj.com.cn
电子邮件:sdkj@sdpress.com.cn
发 行 者:山东科学技术出版社
地址:济南市玉函路16号
邮编:250002 电话:(0531)82098071
印 刷 者:山东临沂新华印刷物流集团有限责任公司
地址:山东省临沂市高新技术产业开发区新华路东段
邮编:276017 电话:(0539)2925659

开本:787mm×1092mm 1/16
印张:9
版次:2012年5月第1版 2018年4月第4次印刷

ISBN 978-7-5331-5885-9

定价:55.00元